Paul-Helmuth Burberg / Thomas Multhaup /
Michael Wolf

Aktionsprogramm
Kommunale Wirtschaftsförderung für die
Region Ludwigslust / Hagenow

In der Schriftenreihe Beiträge zum Siedlungs- und Wohnungswesen und zur Raumplanung werden Ergebnisse von wissenschaftlichen Untersuchungen des Instituts für Siedlungs- und Wohnungswesen der Westfälischen Wilhelms-Universität Münster und des Zentralinstituts für Raumplanung an der Westfälischen Wilhelms-Universität Münster veröffentlicht.

Schriftleitung: Dr. Wolfgang Appold und Dr. Winfried Michels

Beiträge zum Siedlungs- und Wohnungswesen
und zur Raumplanung

Herausgeber:
Werner Ernst · Werner Hoppe · Rainer Thoss

Band 145

Aktionsprogramm
Kommunale Wirtschaftsförderung für die
Region Ludwigslust / Hagenow

Paul-Helmuth Burberg / Thomas Multhaup /
Michael Wolf

Selbstverlag
des Instituts für Siedlungs- und Wohnungswesen
und des Zentralinstituts für Raumplanung der Universität Münster

CIP-Titelaufnahme der Deutschen Bibliothek
Burberg, Paul-Helmuth:
Aktionsprogramm Kommunale Wirtschaftsförderung für die Region Ludwigslust, Hagenow / P.-H. Burberg; Th. Multhaup; M. Wolf. Institut für Siedlungs- und Wohnungswesen und Zentralinstitut für Raumplanung der Universität Münster. — Münster: Inst. für Siedlungs- und Wohnungswesen, 1992

    (Beiträge zum Siedlungs- und Wohnungswesen und zur Raumplanung; Bd. 145)
    ISBN 3-88497-107-7
NE: Multhaup, Thomas:; Wolf, Michael:; GT

Alle Rechte vorbehalten.
© 1992 Selbstverlag des Instituts für Siedlungs- und Wohnungswesen und des Zentralinstituts für Raumplanung der Universität Münster.
Vertrieb: Institut für Siedlungs- und Wohnungswesen,
         Am Stadtgraben 9, 4400 Münster,
         Tel.: 02 51 / 83 - 29 69

VORWORT

Die vorliegende Untersuchung ist Teil eines umfassenden Gutachtens, das im Auftrag der Landkreise Ludwigslust und Hagenow (Mecklenburg-Vorpommern) von einem Beraterteam unter Leitung der Wirtschaftsförderungsgesellschaft für den Kreis Borken mbH (WFG) erarbeitet wurde. Die Bearbeitung erfolgte im Rahmen des Projektes des Bundesministers für Wirtschaft zur "Förderung von Projektteams zur Beratung von Regionen in den neuen Bundesländern bei der Erstellung und Umsetzung von Konzepten zur regionalen Wirtschaftsentwicklung". Ziel der Untersuchung war die Erarbeitung eines praxisnahen, umfassenden und in der Region Ludwigslust/Hagenow tragfähigen Wirtschaftsförderungs- und Entwicklungskonzeptes unter marktwirtschaftlichen Steuerungs- und Entscheidungsmechanismen.

Die Gesamtuntersuchung umfaßte neben dem hier veröffentlichten "Aktionsprogramm Kommunale Wirtschaftsförderung für die Region Ludwigslust/Hagenow" ein Fremdenverkehrskonzept für die Untersuchungsregion (Verfasser: Büro Fremdenverkehr und Freizeit Heinrich Busch) und eine zusammenfassende Darstellung der wichtigsten Ansatzpunkte für die weitere wirtschaftliche Entwicklung in der Region Ludwigslust/Hagenow (Verfasser: Dr. Heiner Kleinschneider). Das Gesamtgutachten ist von der WFG Borken vervielfältigt worden.

Die gesonderte Veröffentlichung des überarbeiteten und ergänzten "Aktionsprogramms Kommunale Wirtschaftsförderung für die Region Ludwigslust/Hagenow" erfolgt aus der Überlegung heraus, daß die Untersuchungsmethode und wesentliche Erkenntnisse auch für andere Regionen in den neuen Bundesländern von Interesse sein dürften. Ausgangspunkt und Grundlage der Untersuchung ist eine Analyse der Standortbedingungen und Potentialfaktoren, die für die Wirtschaftsentwicklung von Bedeutung sind. Die Herausarbeitung von besonderen Stärken und Schwächen dient der Ableitung von Entwicklungschancen und Empfehlungen. Das vorgeschlagene Wirtschaftsförderungskonzept setzt auf das endogene Entwicklungspotential unter Berücksichtigung der vorhandenen wirtschaftlichen, verwaltungsmäßigen und raumordnerischen Strukturen. Auf dieser Grundlage werden in einem weiteren Schritt Zielgruppen für die kommunale Wirtschaftsförderung identifiziert. Für die wichtigsten wirtschaftsrelevanten Handlungsfelder werden sodann detailliert Empfehlungen für wirtschaftsförderungspolitische Maßnahmen gegeben. Die Konzeption ist zwar insgesamt mittel- bis langfristig angelegt; sie enthält aber auch ein kurzfristig umsetzbares "Ideenbündel" konkreter Maßnahmen, um möglichst rasch einen möglichst hohen Wirkungsgrad zur Lösung der drängendsten Probleme zu erzielen.

Für die Erarbeitung des Gesamtgutachtens wurde nach den Vorgaben des Förderprogramms des Bundesministers für Wirtschaft ein Projektteam gebildet, dem neben den westdeutschen Auftragnehmern und Beratern auch Fachleute aus der Region Ludwigslust/Hagenow angehörten. Die Mitglieder des Projektteams aus der Untersuchungsregion erhielten auf diese Weise die Möglichkeit, sich direkt mit Aufgabenstellung, Arbeitsweisen und Ansprüchen kommunaler Wirtschaftsförderung westdeutscher Prägung vertraut zu machen. Zusätzlich wurde ein Projektbeirat aus Experten der Region gegründet. Aufgabe dieses Forums war es, Verfahrensweisen, Zwischenergebnisse und Empfehlungen zu diskutieren sowie die Erfahrungen und Kenntnisse von Experten der Region unmittelbar in die Projektbearbeitung einzubringen. Allen Beteiligten sei auch an dieser Stelle für ihre engagierte Mitwirkung gedankt. Ein besonderer Dank gebührt Herrn Dr. Heiner Kleinschneider, Geschäftsführer der Wirtschaftsförderungsgesellschaft für den Kreis Borken mbH, der als Vertreter des Hauptauftragnehmers und als Leiter des Projektteams die Untersuchungskonzeption entwickelt und die Teilgutachten koordiniert hat.

Das Institut für Siedlungs- und Wohnungswesen konnte bei der Bearbeitung des Gutachtens seinen langjährigen Erfahrungen in der Wirtschaftsforschung neue Erfahrungen hinzufügen. Auftraggeber und Projektbeirat legten großen Wert darauf, daß die Bearbeiter den Fachleuten vor Ort als ständige Berater zur Verfügung standen und Teilergebnisse der Untersuchungen bereits vor Abschluß der Arbeiten in die Praxis umgesetzt wurden. Dieser sonst ungewohnten Parallelität von Analyse, Beratung und Umsetzung haben sich die Verfasser des Gutachtens angesichts des aussergewöhnlichen Problemdrucks in den neuen Bundesländern bereitwillig und engagiert unterzogen.

Münster, im Juni 1992 Prof. Dr. Rainer Thoss

Direktor des Instituts für
Siedlungs- und Wohnungswesen
der Westfälischen Wilhelms-Universität Münster

INHALTSVERZEICHNIS

Seite

1. Einführung 1
   1.1 Problemstellung 1
   1.2 Zielsetzung und Vorgehensweise 2

2. Stärken-Schwächen-Analyse der Region Ludwigslust/Hagenow 4
   2.1 Allgemeine Vorbemerkungen 4
      2.1.1 Methodische Grundlagen 4
      2.1.2 Verwendetes Datenmaterial 5
   2.2 Bestandsaufnahme der Potentialfaktoren 6
      2.2.1 Wirtschaftsgeographische Lage 6
      2.2.2 Bevölkerungspotential 8
         2.2.2.1 Bevölkerungspotential des Landkreises Ludwigslust 8
         2.2.2.2 Bevölkerungspotential des Landkreises Hagenow 11
         2.2.2.3 Vergleich der Region Ludwigslust/Hagenow mit ausgewählten Räumen 14
      2.2.3 Arbeitskräftepotential 15
         2.2.3.1 Arbeitskräfteangebot 15
         2.2.3.2 Arbeitskräftenachfrage 19
         2.2.3.3 Arbeitslosigkeit 21
         2.2.3.4 Ausbildung und Weiterbildung 25
      2.2.4 Kapitalpotential 31
      2.2.5 Gewerbeflächenpotential 32
         2.2.5.1 Gewerbeflächenbestand und -angebot 33
         2.2.5.2 Gewerbeflächenbedarfsanalyse für die Region Ludwigslust/Hagenow 37
         2.2.5.3 Beurteilung des Gewerbeflächenangebotes 40
      2.2.6 Infrastrukturpotential 42
         2.2.6.1 Verkehrsinfrastruktur 43
         2.2.6.2 Kommunikationsinfrastruktur 48
         2.2.6.3 Abfallwirtschaft 48
         2.2.6.4 Wasserversorgung und Abwasserbehandlung 49
         2.2.6.5 Energieversorgung 51
         2.2.6.6 Wohnversorgung 52
         2.2.6.7 Bildungswesen und Kultur 56
      2.2.7 Marktpotential 56
      2.2.8 Umweltpotential 59
      2.2.9 Innovationspotential 62
   2.3 Wirtschaftsstruktur 63
      2.3.1 Sektorale Gliederung 64
         2.3.1.1 Primärer Sektor 65
         2.3.1.2 Sekundärer Sektor 70
            2.3.1.2.1 Beschäftigtenanteile und Betriebsstrukturvergleich 70
            2.3.1.2.2 Treuhandbetriebe 73
            2.3.1.2.3 Existenzgründungen und Handwerk 76
         2.3.1.3 Tertiärer Sektor 77
      2.3.2 Betriebsgrößen- und Betriebstypenstruktur ... 80
   2.4 Zentralörtliche Strukturen 81
   2.5 Wirtschaftsförderung 84

VII

2.6 Zusammenfassung der Stärken und Schwächen 88

3. Zielgruppenanalyse für die kommunale Wirtschaftsförderung in der Region Ludwigslust/Hagenow 93

3.1 Zielsetzung und Vorgehensweise 93
3.2 Analyse der Wirtschaftszweige 95
    3.2.1 Energiewirtschaft 96
    3.2.2 Chemische Industrie, Kunststoff- und Gummiverarbeitung 97
    3.2.3 Steine und Erden, Feinkeramik, Glas 99
    3.2.4 Stahlindustrie 99
    3.2.5 Maschinenbau, Stahl- und Leichtmetallbau, ADV-Geräte 100
    3.2.6 Fahrzeugbau 101
    3.2.7 Elektrotechnik, Feinmechanik und Optik 102
    3.2.8 Leichtindustrie 103
    3.2.9 Nahrungs- und Genußmittelgewerbe 104
    3.2.10 Bauwirtschaft 105
    3.2.11 Ergebnis der Ermittlung von Wachstumsbranchen 105
3.3 Standortanforderungen der Wirtschaftszweige 106
3.4 Vergleich der Standortanforderungen mit dem Standortangebot 109
3.5 Standortangepaßte Wachstumsbranchen 112

4. Empfehlungen 114

4.1 Handlungsfelder 114
    4.1.1 Wirtschaft 114
    4.1.2 Arbeitsmarkt 118
    4.1.3 Infrastruktur 121
    4.1.4 Stadtentwicklung und Dorferneuerung 124
    4.1.5 Landwirtschaft und Umwelt 125
4.2 Maßnahmen 126
    4.2.1 Wirtschaft 126
        4.2.1.1 Organisatorische Maßnahmen im Bereich der Wirtschaftsförderung 126
        4.2.1.2 Maßnahmen zur Gewerbeerhaltung 131
        4.2.1.3 Maßnahmen zur Förderung von Existenzgründungen 135
        4.2.1.4 Maßnahmen zur Gewerbeakquisition 138
        4.2.1.5 Gewerbeflächenpolitik 140
    4.2.2 Arbeitsmarkt 142
    4.2.3 Infrastruktur 146
        4.2.3.1 Maßnahmen zur Modernisierung des Straßennetzes 146
        4.2.3.2 Maßnahmen zur Modernisierung des Schienennetzes 147
        4.2.3.3 Güterverkehrs- und -verteilzentren 148
        4.2.3.4 Maßnahmen zur Verbesserung des ÖPNV 149
        4.2.3.5 Maßnahmen zur Ver- und Entsorgunginfrastruktur 149
    4.2.4 Stadtentwicklung und Dorferneuerung 152
        4.2.4.1 Stadtentwicklung 152
        4.2.4.2 Dorferneuerung 153
    4.2.5 Landwirtschaft und Umwelt 154

5. Zusammenfassung 159

Anhang 161

Literaturverzeichnis 199

VERZEICHNIS DER ABBILDUNGEN

Seite

Abb. 1: Die Lage der Region Ludwigslust/Hagenow im norddeutschen Raum 7

Abb. 2: Bevölkerungsverteilung im Landkreis Ludwigslust (1990) 10

Abb. 3: Bevölkerungsverteilung im Landkreis Hagenow (1990) 12

Abb. 4: Arbeitslosenquoten in den Landkreisen Ludwigslust und Hagenow im Vergleich zum Arbeitsamtsbezirk Schwerin (Juli 1990 bis Juni 1991) 21

Abb. 5: Arbeitslosigkeit nach Problemgruppen in den Landkreisen Ludwigslust und Hagenow und im Arbeitsamtsbezirk Schwerin 23

Abb. 6: Überregionales Verkehrsnetz in der Region Ludwigslust/Hagenow 45

Abb. 7: Ablaufschema der Zielgruppenanalyse 94

VERZEICHNIS DER TABELLEN

Seite

Tab. 1:	Siedlungsstruktur im Landkreis Ludwigslust (1990)	9
Tab. 2:	Verteilung der arbeitsfähigen Bevölkerung und der Rentner im Landkreis Ludwigslust (1990)	11
Tab. 3:	Siedlungsstruktur im Landkreis Hagenow (1990)	13
Tab. 4:	Verteilung der arbeitsfähigen Bevölkerung und der Rentner im Landkreis Hagenow (1990)	13
Tab. 5:	Siedlungsstrukturen in ausgewählten Räumen Mecklenburg-Vorpommerns (1990)	14
Tab. 6:	Berechnung des Erwerbspersonenpotentials im Landkreis Ludwigslust	16
Tab. 7:	Berechnung des Erwerbspersonenpotentials im Landkreis Hagenow	17
Tab. 8:	Entwicklung des Erwerbspersonenpotentials in der Region Ludwigslust/Hagenow (1989-2000)	18
Tab. 9:	Ermittlung der Arbeitskräftenachfrage in den Landkreisen Ludwigslust und Hagenow	20
Tab. 10:	Arbeitslosigkeit in ausgewählten Berufsgruppen in den Landkreisen Ludwigslust und Hagenow sowie im Arbeitsamtsbezirk Schwerin (März 1991)	24
Tab. 11:	Verteilung der Lehrlinge auf die Gewerke im Landkreis Ludwigslust (November 1991)	26
Tab. 12:	Industrieller Gewerbeflächenbestand in der Region Ludwigslust/Hagenow 1989 nach Branchen	34
Tab. 13:	Neue Gewerbeflächen im Landkreis Ludwigslust (in ha, November 1991)	35
Tab. 14:	Neue Gewerbeflächen im Landkreis Hagenow (in ha, August 1991)	36
Tab. 15:	Ergebnisse der Gewerbeflächenbedarfsberechnungen für den Landkreis Ludwigslust (in ha)	38
Tab. 16:	Ergebnisse der Gewerbeflächenbedarfsberechnungen für den Landkreis Hagenow (in ha)	39
Tab. 17:	Entwicklung des Wohnungsbestandes in ausgewählten Gemeinden des Landkreises Hagenow (1982-1989)	53
Tab. 18:	Ausstattung der Wohnungen in ausgewählten Räumen	55

Tab. 19:	Emissionswerte unterschiedlicher Schadstoffe in ausgewählten Regionen (in Tonnen pro qkm)	60
Tab. 20:	Prozentuale Beschäftigtenanteile der Sektoren in den Landkreisen Ludwigslust und Hagenow sowie im Arbeitsamtsbezirk Schwerin 1989	64
Tab. 21:	Beschäftigtenstruktur des Produzierenden Gewerbes in den Landkreisen Ludwigslust und Hagenow sowie im Arbeitsamtsbezirk Schwerin 1989	71
Tab. 22:	Aktive Unternehmen in ausgewählten Regionen nach Branchen (in vH)	72
Tab. 23:	Beschäftigtenstruktur des tertiären Sektors in den Landkreisen Ludwigslust und Hagenow sowie im Arbeitsamtsbezirk Schwerin 1989	78
Tab. 24:	Durchschnittliche Betriebsgrößen im Handwerk in den Landkreisen Ludwigslust und Hagenow sowie im ehemaligen Bezirk Schwerin 1989	81
Tab. 25:	Verwaltungsgemeinschaften in der Region Ludwigslust/Hagenow	83
Tab. 26:	Standortprofil der Region Ludwigslust/Hagenow	89
Tab. 27:	Entwicklung der Wirtschaftszweige des Produzierenden Gewerbes in der Bundesrepublik Deutschland (1984-1988)	95
Tab. 28:	Standortanforderungen einzelner Wirtschaftsbereiche für ausgewählte Standortfaktoren	108

ABKÜRZUNGSVERZEICHNIS

AA	Arbeitsamtsbezirk
AFG	Arbeitsplatzförderungsgesetz
BauNVO	Baunutzungsverordnung
cbm	Kubikmeter
DIW	Deutsches Institut für Wirtschaftsforschung
ha	Hektar
HEW	Hamburger Elektrizitätswerke
HWWA	Hamburger Weltwirtschaftliches Archiv
HVG	Hagenower Verkehrsgesellschaft
IFO	Institut für Wirtschaftsforschung
inkl.	inklusiv
insbes.	insbesondere
KWh	Kilowatt-Stunde
LK	Landkreis
LPG	Landwirtschaftliche Produktionsgenossenschaft
ÖPNV	Öffentlicher Personennahverkehr
qkm	Quadratkilometer
qm	Quadratmeter
rd.	rund
RO	Raumordnungsregion
RWI	Rheinisch-Westfälisches Institut für Wirtschaftsforschung
s.o.	siehe oben
VEG	Volkseigene Güter
WEMAG	Westmecklenburgische Energieversorgung GmbH
WMW	Westmecklenburger Wasser GmbH

SYMBOLVERZEICHNIS

AL^*	erwartete Zahl der Arbeitslosen
Bau	Baugewerbe (Index)
BE	Beschäftigte
CPR	private Konsumgüternachfrage
CST	staatliche Konsumgüternachfrage (Staatsverbrauch)
EX	Exporte
FL	Fläche/Flächenbedarf
FKZ	Flächenkennziffer
G	Gewerbeflächen (Index)
ges	gesamt (Index)
Ha	Handel (Index)
HW	Handwerk (Index)
Ind	Industrie (Index)
IPR	private Investitionsgüternachfrage
IST	staatliche Investitionsgüternachfrage
M	Importe
r	Region (Index)
SO	Sonstiges Gewerbe (Index)
V	Verkehr (Index)
VG	Verarbeitendes Gewerbe (Index)
Y	Nachfrage nach Gütern und Dienstleistungen

XIII

1 Einführung

1.1 Problemstellung

Der rasche Übergang von der zentralen Planwirtschaft in der ehemaligen DDR zu einer sozialen Marktwirtschaft in einem vereinten Deutschland hat in den fünf neuen Bundesländern zu einem tiefgreifenden wirtschaftlichen und sozialen Anpassungsprozeß geführt. Die wirtschaftliche Situation ist gekennzeichnet durch hohe Arbeitslosigkeit, zum großen Teil veraltete Produktionsanlagen und -verfahren sowie - dadurch bedingt - durch eine mangelnde Wettbewerbsfähigkeit ostdeutscher Unternehmen und ihrer Produkte. Hinzu kommen schwerwiegende Defizite im Bereich der wirtschaftsnahen Infrastruktur.

Neuansiedlungen von westdeutschen Unternehmen, an die viele Menschen Hoffnungen auf eine Verbesserung der wirtschaftlichen und sozialen Situation knüpfen, werden zur Zeit noch durch ungeklärte Eigentumsverhältnisse und durch den Mangel an erschlossenen Gewerbeflächen behindert. Der Aufbau einer funktionsfähigen Verwaltung, die hier Abhilfe schaffen könnte, ist in vielen Regionen noch nicht abgeschlossen. Bund und Länder haben zwar auf die Herausforderungen des wirtschaftlichen und sozialen Aufbaus in den neuen Bundesländern reagiert. Die von ihnen beschlossenen Programme und Maßnahmen zeigen auch schon erste Wirkungen. Dennoch sind in Zukunft enorme Anstrengungen aller am Wirtschaftsleben beteiligten Wirtschaftssubjekte notwendig, um das im § 1 Raumordnungsgesetz festgelegte Leitbild der gleichwertigen Lebensverhältnisse in allen Teilräumen des Bundesgebietes zu erreichen.

Die Bewältigung der ökonomischen und sozialen Krise in den ostdeutschen Bundesländern stellt insbesondere auch an die staatlichen Instanzen hohe Anforderungen. Diese müssen durch eine günstige Gestaltung der ökonomischen Rahmenbedingungen, aber auch durch prozeßpolitische Maßnahmen die regionale und sektorale Entwicklung so lenken, daß die Probleme schnellstmöglich bewältigt werden. In einem föderativen System wie in der Bundesrepublik Deutschland kommt dabei den Kreisen, Städten und Gemeinden bei der Problemlösung und der weiteren Entwicklung "vor Ort" eine wichtige Rolle zu. Die große Bedeutung der Kommunalpolitik in den fünf neuen Bundesländern wird auch durch die Tatsache deutlich, daß sich die meisten Landesbehörden zum gegenwärtigen Zeitpunkt erst noch in der Aufbau- und Orientierungsphase befinden. Landes- und Gebietsentwicklungspläne werden zur Zeit erst beraten bzw. erstellt. Damit fehlen den Kreisen wichtige Zielvorgaben der übergeordneten Landesbehörden für ihre eigenen Entwicklungsplanungen. Nun können die Kreise aber nicht warten, bis die Landesbehörden solche Pläne verabschiedet haben. Die kommunalen Institutionen, vor allem die Kreise, müssen vielmehr ihre Entwicklungsplanungen unter Berücksichtigung übergeordneter Belange selbst in die Hand nehmen.

Die geschilderte Situation trifft zu einem großen Teil auch auf die Region Ludwigslust/Hagenow im Südwesten des Bundeslandes Mecklenburg-Vorpommern zu. Um den Verantwortlichen in der Region in dieser Situation eine Hilfestellung zu geben, ist daher ein Konzept erforderlich, mit dem in Form eines kurz- bis mittelfristigen Maßnahmenprogramms die ökonomischen und sozialen Probleme in den Landkreisen Ludwigslust und Hagenow offensiv angegangen und die Weichen für eine langfristig positive Entwicklung gestellt werden können.

1.2 Zielsetzung und Vorgehensweise

Die Untersuchung beinhaltet die folgenden Zielsetzungen:

- Analyse und Darstellung der Stärken und Schwächen der beiden Landkreise,
- Entwicklung eines Verfahrens zur Auswahl von Zielgruppen für eine Neuansiedlungswerbung von Unternehmen,
- Erarbeitung von Maßnahmen zur Sicherung bestehender und Schaffung neuer Arbeitsplätze,
- Aufzeigen von Möglichkeiten zur Verbesserung der sozialen und wirtschaftlichen Struktur in der Region Ludwigslust/Hagenow,
- Aufzeigen von Entwicklungsmöglichkeiten der Region unter Ausnutzung des vorhandenen Standortpotentials,
- Erarbeitung von Empfehlungen für eine aktive kommunale Wirtschaftsförderung,
- Aufzeigen von Ansatzpunkten in den Bereichen öffentliche Infrastruktur, Städtebau und Dorferneuerung sowie Landwirtschaft und Umweltschutz.

Die Untersuchung gliedert sich in drei Hauptuntersuchungsbereiche. Zunächst werden im zweiten Kapitel die Stärken und Schwächen des Untersuchungsgebietes auf der Grundlage einer Analyse der Standortfaktoren dargestellt und bewertet. Aufbauend auf dieser Bestandsaufnahme wird dann im dritten Kapitel eine Zielgruppenanalyse durchgeführt, um Adressaten für die kommunale Wirtschaftspolitik der Kreise und ihrer Gemeinden zu ermitteln. Im vierten Kapitel wird aus den Ergebnissen der Stärken-Schwächen-Analyse und der Zielgruppenanalyse der Handlungsbedarf für die Träger der kommunalen Wirtschaftspolitik abgeleitet. Darauf aufbauend schließt sich das Maßnahmenprogramm an, in dem konkrete Empfehlungen für die Region Ludwigslust/Hagenow gegeben werden. Das Maßnahmenprogramm kann dabei nicht umfassender Art sein; vielmehr werden vielfältige Maßnahmen in Form eines "Ideenbündels" vorgestellt. Die Untersuchung schließt mit einer Zusammenfassung.

2 Stärken-Schwächen-Analyse der Region Ludwigslust/Hagenow

2.1 Allgemeine Vorbemerkungen

2.1.1 Methodische Grundlagen

Grundlage für die Stärken-Schwächen-Analyse ist die Ermittlung des endogenen Entwicklungspotentials in beiden Landkreisen. Dabei wird von dem seit Jahren in der Regionalwissenschaft bewährten Ansatz der endogenen Entwicklung von Regionen ausgegangen. Er unterstellt, daß sich eine Region verstärkt auf die eigenen Potentiale konzentrieren soll, zumal bei der fortwährend angespannten Lage der öffentlichen Haushalte von anderer Seite nur geringe Impulse für die Region zu erwarten sind.

Unter dem Begriff "endogenes Entwicklungspotential" einer Region wird die Gesamtheit aller in einer Region zu einem Zeitpunkt zur Verfügung stehenden demographischen, geographischen, sozioökonomischen und ökologischen Potentialfaktoren verstanden, die in dieser Region Aktivitäten zur Erzeugung von Wohlfahrt ermöglichen[1]. Folgende Potentiale ermöglichen Aktivitäten zur Erzeugung von Wohlfahrt und spielen somit bei der wirtschaftlichen Entwicklung einer Region eine wichtige Rolle:
- Demographisches Potential (Bevölkerungspotential),
- Arbeitskräftepotential,
- Kapitalpotential,
- Gewerbeflächenpotential,
- Infrastrukturpotential,
- Umweltpotential,
- Nachfragepotential und
- Innovationspotential.

Diese Faktoren sind dabei untereinander so verknüpft, daß zur vollen Nutzung eines Faktors die anderen Potentialfaktoren in bestimmten Relationen vorhanden sein müssen. Jeder Faktor kann zu einem Engpaßfaktor werden, der dazu führt, daß die übrigen Faktoren dann latentes Potential, d.h. nicht voll genutztes Potential, darstellen.

Ziele der kommunalen bzw. regionalen Wirtschaftspolitik sind der Abbau der Arbeitslosigkeit, das regionale Wirtschaftswachstum, die Konjunkturstabilität des Wirtschaftsraumes und die Stärkung der kommunalen Finanzkraft. Mit Hilfe der endoge-

---

[1] Vgl. R. Thoss (1984), S. 21. Unter Aktivitäten werden die sozialen, wirtschaftlichen oder ökologischen Tätigkeiten der Menschen verstanden. Vgl. hierzu R. Thoss (1983), S. 9.

nen Entwicklung von Regionen sollen diese gesetzten Ziele erreicht werden. Gleichzeitig ist das vorhandene Entwicklungspotential besser auszuschöpfen. Im Hinblick auf die regionale Entwicklung soll zusätzlich das latente Potential durch Beseitigung der Engpässe besser ausgelastet werden. Um die gesetzten Ziele zu erreichen, ist eine Aufdeckung der Stärken und der Schwächen (Engpässe) mittels einer Stärken-Schwächen-Analyse notwendig. Es geht also bei diesem Konzept darum, die ermittelten Schwächen einer Untersuchungsregion durch Maßnahmen aus der Region heraus abzubauen und ihre Stärken weiter zu entwickeln[2]. Dabei kann es nicht Aufgabe dieser Analyse sein, alle Potentialfaktoren eingehend zu analysieren und zu bewerten. Es soll daher im folgenden vielmehr auf jene Standortfaktoren eingegangen werden, die für die wirtschaftliche Entwicklung der Landkreise Ludwigslust und Hagenow wichtig sind. Es kommt mit anderen Worten darauf an, jene Standortfaktoren zu analysieren, die für Standortentscheidungen von Wirtschaftsunternehmen relevant sind.

Standortuntersuchungen belegen, daß für Standortentscheidungen von Unternehmen vor allem die folgenden physischen Faktoren von Bedeutung sind:
- Arbeitskräftepotential,
- Gewerbeflächenangebot,
- Verkehrslage und
- Wohnungsangebot[3].

Im Vergleich zu den genannten Faktoren sind die anderen Standortfaktoren, wie z.B. die Ver- und Entsorgungsinfrastruktur, für die Unternehmen von geringerer Bedeutung. Die sogenannten "weichen" Standortfaktoren, wie z.B. Wohn- und Freizeitwert und das kulturelle Angebot einer Region, gewinnen um so mehr an Bedeutung für die Standortentscheidungen der Unternehmen, je stärker sich das Standortangebot bei den physischen Faktoren angleicht[4].

2.1.2 Verwendetes Datenmaterial

Bevor im folgenden die Standortfaktoren in der Untersuchungsregion eingehender behandelt werden, soll kurz auf das in der Untersuchung verwendete Datenmaterial eingegangen werden.

---

2 Es sei hier allerdings darauf hingewiesen, daß zur Durchführung der geplanten Maßnahmen im Rahmen der endogenen Entwicklung Fördermittel übergeordneter staatlicher Träger (Bund, Land) erforderlich sind.
3 Vgl. *D. Fürst, K. Zimmermann* (1973); vgl. *R. Clemens, H. Tengler* (1983); vgl. *R. Clemens, H. Tengler* (1983a).
4 Vgl. *P.-H. Burberg, W. Michels, P. Sallandt* (1983), S. 14 f.

Die in der Standortanalyse verwendeten Daten basieren auf den monatlichen Veröffentlichungen des Statistischen Landesamtes Mecklenburg-Vorpommern und des Arbeitsamtes Schwerin. Da zum gegenwärtigen Zeitpunkt viele aktuelle Daten in der benötigten regionalen Tiefe nicht vorliegen, mußte auf die Veröffentlichungen des Statistischen Bezirksamtes Schwerin[5] von 1990 zurückgegriffen werden. Bei Vergleichen mit dem Landesdurchschnitt wurden analog die Veröffentlichungen der Statistischen Bezirksämter Neubrandenburg und Rostock verwendet[6]. Diese Daten entsprechen nicht den in den alten Bundesländern gebräuchlichen Abgrenzungen. So enthalten beispielsweise die Beschäftigtenzahlen der Landwirtschaft nach der DDR-Systematik auch Beschäftigte, die in den alten Bundesländern zum Baugewerbe gezählt werden. Die Richtigkeit einiger Daten, vor allem im Bereich der Produktionskennziffern, ist ebenfalls anzuzweifeln. Weiterhin fehlen bei den Berufstätigenerhebungen die Beschäftigten des X-Bereichs[7]. Dennoch wurde in dieser Untersuchung auch auf die o.g. Regionalstatistiken zurückgegriffen, um einen groben Überblick über die Region Ludwigslust/Hagenow zu vermitteln.

Zusätzlich zu den Daten der amtlichen Statistik wurden Informationen aus den Kreis- und Gemeindeverwaltungen sowie aus Gesprächen vor Ort verwendet. Ferner wurde eine Befragung der Gewerbebetriebe in den beiden Landkreisen Ludwigslust und Hagenow durchgeführt. Insgesamt wurden 396 Betriebe im Landkreis Ludwigslust und 333 Betriebe im Landkreis Hagenow angeschrieben. Zwar sind die Rücklaufquoten mit 30,4 bzw. 31,5 vH eher als gering einzustufen. Es konnten aber aus der Befragung einige Anhaltspunkte für einzelne Aspekte der Stärken-Schwächen-Analyse gewonnen werden.

2.2 Bestandsaufnahme der Potentialfaktoren

2.2.1 Wirtschaftsgeographische Lage

Die Region Ludwigslust/Hagenow besteht aus den beiden Landkreisen Hagenow und Ludwigslust. Beide Kreise gehören zu den zur Zeit 31 Landkreisen des Landes Mecklenburg-Vorpommern. Abbildung 1 zeigt die Lage der Region im südwestlichen Teil des Landes. Die Nachbarkreise sind im Westen der Kreis Lauenburg in Schleswig-Holstein, im Norden die Landkreise Gadebusch und Schwerin, im Nordosten der

---

5 Vgl. *Statistisches Bezirksamt Schwerin* (1990).
6 Vgl. *Statistisches Bezirksamt Neubrandenburg* (1990); vgl. *Statistisches Bezirksamt Rostock* (1990).
7 Zum X-Bereich zählen z.B. Nationale Volksarmee, Polizei mit Strafvollzug, Staatssicherheit und Grenztruppen. Vgl. auch *H. Rudolph* (1990), S. 475.

Landkreis Parchim, im Südosten der Landkreis Perleberg (Land Brandenburg) und im Süden der Kreis Lüchow-Dannenberg (Land Niedersachsen). Die Region Ludwigslust/Hagenow wird im Süden durch die Elbe begrenzt.

Aus wirtschaftsgeographischer Sicht liegt die Region Ludwigslust/Hagenow in zentraler Lage im norddeutschen Raum. Wichtige wirtschaftliche Zentren liegen in gut erreichbarer Nähe. Abbildung 1 zeigt, daß die Landeshauptstadt Schwerin und auch Hamburg und Lübeck innerhalb eines Radius von 100 km liegen; Zentren wie Berlin, Hannover, Bremen und Kiel liegen innerhalb eines Radius von 200 km.

Abb. 1: Die Lage der Region Ludwigslust/Hagenow im norddeutschen Raum

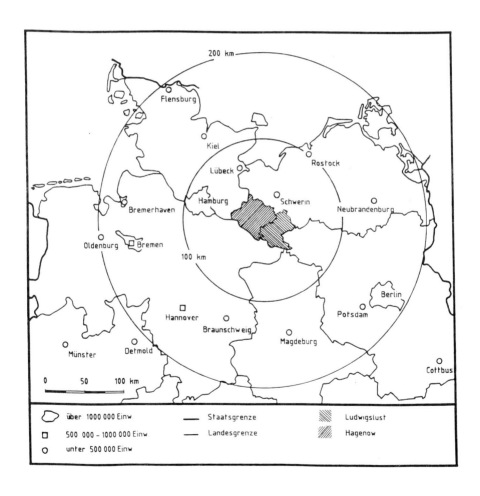

Diese zentrale Lage der Untersuchungsregion wird durch sehr gute Verkehrsanbindungen begünstigt. Durch die gesamte Region verläuft in Ost-West-Richtung die wichtige Autobahn A 24 Hamburg-Berlin mit einem Abzweig nach Schwerin. Ferner verlaufen durch beide Landkreise wichtige Bundesstraßen. Zu nennen sind vor allem die B 5 (Hamburg-Boizenburg-Ludwigslust-Berlin), die B 106 (Ludwigslust-Schwerin), die B 321 (Hagenow-Schwerin) und die B 191 (Celle-Dömitz-Ludwigslust-Parchim). Durch den Bau einer Straßenbrücke über die Elbe bei Dömitz wird sich ab 1993 die wirtschaftsgeographische Lage hinsichtlich einer Nord-Süd-Achse erheblich verbessern. Auch die Eisenbahnlinie Hamburg-Berlin mit Anschluß an Schwerin, Wismar und Rostock trägt zu der günstigen wirtschaftsgeographischen Lage der Region Ludwigslust/Hagenow bei.

Durch den zum Zeitpunkt der Gutachtenerstellung diskutierten Bau einer Autobahnverbindung von Magdeburg an die A 24 im Kreisgebiet Ludwigslust könnte die Untersuchungsregion in naher Zukunft zu einem wichtigen Verkehrsknotenpunkt im südwestlichen Mecklenburg werden.

2.2.2 Bevölkerungspotential

Das Bevölkerungspotential umfaßt alle in der Untersuchungsregion lebenden Einwohner. Entwicklung und Verteilung der Bevölkerung im Raum stellen aus zwei Gründen wichtige Größen dar. Einerseits bilden Umfang und Entwicklung der Bevölkerung die Grundlage für das Arbeitskräfteangebot, andererseits ist die Verteilung der Bevölkerung im Raum maßgeblich für die Ausstattung der zentralen Orte im Untersuchungsgebiet mit Infrastruktureinrichtungen. Im folgenden wird daher auf die Bevölkerung, ihre Entwicklung und ihre Verteilung in beiden Landkreisen eingegangen.

2.2.2.1 Bevölkerungspotential des Landkreises Ludwigslust

Im Landkreis Ludwigslust lebten am 30.06.1990 59.317 Einwohner. 52 vH der Einwohner waren Frauen. Von den 59.317 Einwohnern waren 9.570 Rentner und 11.940 Kinder. Die Erwerbsquote[8] belief sich auf 63,7 vH.

---

[8] Als Erwerbsquote wird hier der Anteil der erwerbsfähigen Bevölkerung an der gesamten Einwohnerzahl definiert.

Der Landkreis Ludwigslust kann in die folgenden drei räumlichen Bevölkerungsschwerpunkte eingeteilt werden[9]:

- Schwerpunktraum "Städtedreieck"[10],
- Entwicklungsachse B 191[11] und der
- überwiegend ländlich geprägte sonstige Raum[12].

Die Bevölkerungsentwicklung dieser Teilräume in den letzten zwanzig Jahren ist aus Tabelle A1 im Anhang ersichtlich[13]. Danach nahm die Bevölkerung im Kreisgebiet zwischen 1971 und 1990 kontinuierlich ab. Diese Entwicklung kann besonders für den überwiegend ländlich geprägten Raum des Landkreises Ludwigslust festgestellt werden. Der Einwohnerschwerpunkt liegt im "Städtedreieck". In diesem Raum leben mit rd. 30.400 Einwohnern 51,3 vH der Wohnbevölkerung des Kreises. Entlang der Entwicklungsachse B 191 zwischen Dömitz und Eldena wohnen rd. 9.300 Einwohner oder 15,8 vH der Wohnbevölkerung.

Tab. 1: Siedlungsstruktur im Landkreis Ludwigslust (1990)

Teilräume	Bevölkerung* absolut	vH	Fläche qkm	vH	Bevölkerungsdichte
Schwerpunktraum "Städtedreieck"	30.424	51,3	237,13	20,4	128,3
Entwicklungsachse B 191	9.361	15,8	146,78	12,7	63,8
Sonstiger Raum	19.532	32,9	776,45	66,9	25,2
Landkreis Ludwigslust	59.317	100,0	1.160,36	100,0	51,1

*Stand: 30.6.1990
Quelle: Landkreis Ludwigslust; eigene Berechnungen.

Tabelle 1 bezieht die Wohnbevölkerung in den Teilräumen des Kreises auf die Fläche[14]. Danach leben im Landkreis Ludwigslust durchschnittlich rd. 51 Einwohner je qkm. Im Schwerpunktraum "Städtedreieck" beträgt die Bevölkerungsdichte rd.

---

9 Vgl. hierzu auch *Gesellschaft für Absatzberatung mbh* (1991), S. 15.
10 Der Schwerpunktraum "Städtedreieck" umfaßt die Städte Ludwigslust, Grabow und Neustadt-Glewe sowie die Gemeinden Groß Laasch und Karstädt.
11 Die Entwicklungsachse B 191 liegt im Bereich zwischen Eldena und Dömitz.
12 Die gewählte Schwerpunktbildung impliziert natürlich nicht, daß wirtschaftspolitische Maßnahmen nur in den Entwicklungsschwerpunkten des Kreises durchgeführt werden. Im sonstigen Raum gibt es einige Gemeinden, die unter wirtschaftsgeographischen Gesichtspunkten eine sehr gute Lage besitzen.
13 Tabelle A1 im Anhang gibt die Bevölkerungsentwicklung der einzelnen Gemeinden des Landkreises Ludwigslust von 1950 bis 1990 wieder.
14 Die Fläche des Landkreises Ludwigslust nach Gemeinden wird im Anhang A3 dargestellt.

Abb. 2: Bevölkerungsverteilung im Landkreis Ludwigslust (1990)

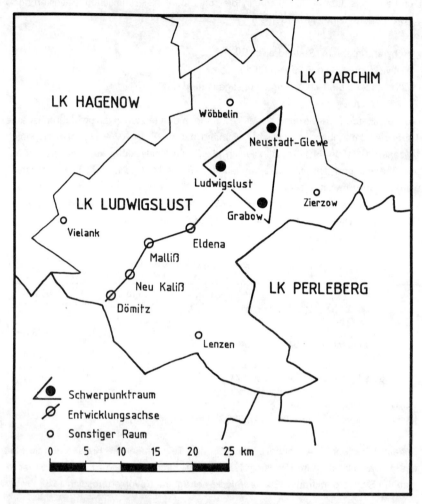

128 Einwohner je qkm, während es im sonstigen Raum lediglich 25 Einwohner je qkm sind. Tabelle 1 zeigt auch, daß im Schwerpunkt- und im Entwicklungsraum B 191 des Landkreises auf einem Drittel der Fläche zwei Drittel der Einwohner leben. Von der arbeitsfähigen Bevölkerung wohnen 52,3 vH im Schwerpunktraum "Städtedreieck" und 15,8 vH entlang der Entwicklungsachse B 191 (vgl. Tabelle 2). Wie aus Tabelle 2 auch zu erkennen ist, leben lediglich 48,5 vH der Rentner im "Städtedreieck". Damit weist dieser Raum eine deutlich jüngere Bevölkerung auf. Im überwiegend ländlich geprägten Raum wohnen dagegen mehr ältere Menschen.

Tab. 2: Verteilung der arbeitsfähigen Bevölkerung und der Rentner im Landkreis Ludwigslust (1990)

Teilräume	Arbeitsfähige Bevölkerung		Rentner	
	abs.	vH	abs.	vH
Schwerpunktraum "Städtedreieck"	19.755	52,3	4.638	48,5
Entwicklungsachse B 191	5.974	15,8	1.477	15,4
Sonstiger Raum	12.074	31,9	3.455	36,1
Landkreis Ludwigslust	37.803	100,0	9.570	100,0

Quelle: Landkreis Ludwigslust; eigene Berechnungen.

2.2.2.2 Bevölkerungspotential des Landkreises Hagenow

Der Landkreis Hagenow hatte am 30.06.1990 eine Bevölkerung von 70.601 Einwohnern. Mit einem Frauenanteil von 48,4 vH lag der Landkreis Hagenow damit unter dem Anteil des Landkreises Ludwigslust. Im Landkreis Hagenow lebten 10.880 Rentner und 14.940 Kinder. Die Erwerbsquote belief sich auf 63,4 vH. Eindeutige räumliche Bevölkerungsschwerpunkte im Landkreis Hagenow lassen sich nur schwer feststellen, da der Raum in viele kleine und kleinste Siedlungen zersplittert ist. Im Hinblick auf die künftige wirtschaftliche Entwicklung spricht aber einiges für die folgende räumliche Einteilung:
- Schwerpunktraum Hagenow-Wittenburg[15],
- Entwicklungsachse Boizenburg-Hagenow[16] und
- der überwiegend ländlich geprägte sonstige Raum im Landkreis Hagenow.

Aus Tabelle A2 im Anhang ist die Entwicklung der Bevölkerung in den Teilräumen von 1971 bis 1990 ersichtlich. Danach nahm die Bevölkerung im Landkreis Hagenow im Beobachtungszeitraum von 77.962 auf 70.601 Personen ab. Bevölkerungsverluste mußte besonders der ländlich geprägte sonstige Raum hinnehmen. Bemerkenswert ist auch die gewachsene Bedeutung des Raumes Hagenow-Wittenburg als Bevölkerungsschwerpunkt. Hingegen ist die Bedeutung der Entwicklungsachse Boizenburg-Hagenow in etwa konstant geblieben. Neuere Bevölkerungszahlen[17] vom 28.2.1991

---

15 Zum Schwerpunktraum Hagenow-Wittenburg gehören die Städte Hagenow und Wittenburg sowie die Gemeinde Bobzin.
16 Die Entwicklungsachse Boizenburg-Hagenow verläuft von Nostorf und Boizenburg im Westen entlang der B 5 bis Pritzier. Zusätzlich werden die Gemeinden Setzin und Toddin erfaßt. Die Stadt Hagenow bleibt in dieser Entwicklungsachse unberücksichtigt.
17 Vgl. auch die Bevölkerungsdaten nach Gemeinden für den Landkreis Hagenow im Anhang A2.

Abb. 3: Bevölkerungsverteilung im Landkreis Hagenow (1990)

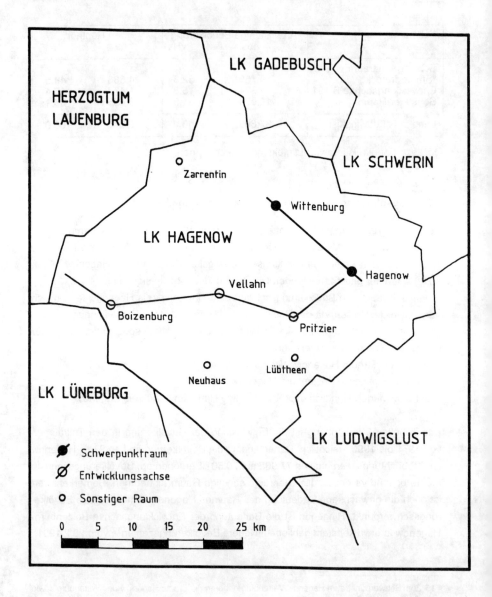

zeigen, daß sich seit Mitte 1990 keine großen Veränderungen in der räumlichen Verteilung der Bevölkerung ergeben haben.

Tab. 3: Siedlungsstruktur im Landkreis Hagenow (1990)

Teilräume	Bevölkerung* absolut	vH	Fläche qkm	vH	Bevölkerungsdichte
Hagenow-Wittenburg	19.940	28,3	119,72	7,7	166,6
Boizenburg-Hagenow[1]	16.124	22,8	194,96	12,6	82,7
Sonstiger Raum	34.537	48,9	1.234,91	79,7	28,0
Landkreis Hagenow	70.601	100,0	1.549,59	100,0	45,6

* Stand: 30.6.1990
1 Ohne Stadt Hagenow.

Quelle: Landkreis Hagenow; eigene Berechnungen.

Tabelle 3 zeigt die Einwohnerdichte im Landkreis Hagenow. Danach leben im Kreisgebiet rd. 46 Einwohner je qkm[18]. Im Teilraum Hagenow-Wittenburg leben 167 Einwohner je qkm, im Bereich der Entwicklungsachse Boizenburg-Hagenow rd. 83 Einwohner je qkm. Aus der Tabelle ist auch ersichtlich, daß wie im Landkreis Ludwigslust die Bevölkerungsdichte des ländlichen Raumes äußerst gering ist.

Tab. 4: Verteilung der arbeitsfähigen Bevölkerung und der Rentner im Landkreis Hagenow (1990)

Teilräume	Arbeitsfähige Bevölkerung abs.	vH	Rentner abs.	vH
Hagenow-Wittenburg	12.751	28,5	2.549	23,4
Boizenburg-Hagenow[1]	10.363	23,1	2.397	22,0
Sonstiger Raum	21.667	48,4	5.934	54,6
Landkreis Hagenow	44.781	100,0	10.880	100,0

1 Ohne Stadt Hagenow.

Quelle: Landkreis Hagenow; eigene Berechnungen.

Tabelle 4 zeigt die räumliche Verteilung der arbeitsfähigen Bevölkerung und der Rentner. Im Landkreis Hagenow zählten am 30.6.1990 44.781 Menschen zur arbeitsfähigen Bevölkerung. Hiervon lebten 28,5 vH im Schwerpunktraum Hagenow-Wittenburg und 23,1 vH im Entwicklungsschwerpunkt Boizenburg-Hagenow. Ein Vergleich mit der räumlichen Bevölkerungsverteilung (Tabelle 3) zeigt keine signifikanten

---

18 Die Flächendaten nach Gemeinden sind für den Landkreis Hagenow aus dem Anhang A4 zu entnehmen.

Unterschiede. Vergleicht man hingegen die räumliche Verteilung der Rentner mit der Bevölkerungsverteilung, so kann ein erheblicher Unterschied im Raum Hagenow-Wittenburg und im sonstigen Raum festgestellt werden. Rd. 54,6 vH der Rentner leben im ländlich geprägten sonstigen Raum. Hingegen leben nur 23,4 vH im Schwerpunktraum Hagenow-Wittenburg.

2.2.2.3 Vergleich der Region Ludwigslust/Hagenow mit ausgewählten Räumen

Zur Einstufung der Region nach der Bevölkerung erscheint ein Vergleich mit den Bevölkerungsdaten der Nachbarkreise sinnvoll. Tabelle 5 zeigt die Bevölkerung, die Fläche und die Einwohnerdichte beider Untersuchungskreise, der Nachbarkreise Gadebusch, Parchim und Schwerin sowie der Raumordnungsregion Schwerin und des Landes Mecklenburg-Vorpommern.

Tab. 5: Siedlungsstrukturen in ausgewählten Räumen Mecklenburg-Vorpommerns (1990)

Kreise	Bevölkerung 30.06.1990	Fläche absolut [qkm]	Bevölkerungsdichte
LK Gadebusch	23.612	535,33	44,1
LK Hagenow	70.156	1.549,59	45,3
LK Ludwigslust	59.317	1.160,36	51,1
LK Parchim	38.916	676,60	57,5
LK Schwerin (Land)	34.100	856,31	39,8
Raumordnungsregion Schwerin	541.591	7.397,32	73,2
Land Mecklenburg-Vorpommern	1.944.656	23.835,26	81,6

Quelle: Statistisches Landesamt Mecklenburg-Vorpommern (o.J.), S. 1-49; eigene Berechnungen.

Aus der Tabelle geht hervor, daß die Bevölkerungsdichte der Region unter der Bevölkerungsdichte der Raumordnungsregion Schwerin und weit unter dem Landesdurchschnitt liegt. Ein Vergleich mit den Nachbarkreisen zeigt, daß die Landkreise Schwerin und Gadebusch noch unter der Bevölkerungsdichte der Region Ludwigslust/Hagenow liegen. Die Werte in der Tabelle lassen erkennen, daß die Untersuchungsregion nur dünn besiedelt und daher als eine ländliche Region einzustufen ist[19].

---

[19] Vgl. auch Bundesforschungsanstalt für Landeskunde und Raumordnung (Hrsg.,1991), S. 3.

2.2.3 Arbeitskräftepotential

Ein wichtiger Standortfaktor für die wirtschaftliche Entwicklung einer Region ist das Arbeitskräftepotential in seiner quantitativen und qualitativen Ausprägung. Das regionale Arbeitskräfte- bzw. Erwerbspersonenpotential setzt sich zusammen aus allen Einwohnern dieser Region, die eine auf Erwerb gerichtete Tätigkeit ausüben oder suchen[20]. Hierzu zählen somit Beschäftigte, Erwerbslose, sowie der Berufspendler- und Wanderungssaldo. Bei den Erwerbslosen unterscheidet man die in der Arbeitsamtsstatistik erfaßten Arbeitslosen und die nicht registrierten Erwerbslosen[21].

2.2.3.1 Arbeitskräfteangebot

Aufgrund des enormen Strukturwandels seit Mitte 1990 fehlen aktuelle Daten über das Arbeitskräftepotential[22]. Das Erwerbspersonenpotential im 1. Halbjahr 1991 wird daher ausgehend von Daten zum Jahresende 1989 geschätzt (vgl. Tabellen 6 und 7).

Ausgangspunkt für die Berechnung der Erwerbspersonen ist die arbeitsfähige Bevölkerung. Laut Definition umfaßt diese Größe die weibliche Wohnbevölkerung im Alter von 15 bis unter 60 Jahren und die männliche Wohnbevölkerung im Alter von 15 bis unter 65 Jahren, sowie einen Anteil von 5/12 aus der Altersgruppe von 14 bis unter 15 Jahren[23]. Es wird unterstellt, daß sich der Anteil der arbeitsfähigen Bevölkerung an der gesamten Bevölkerung seit 1989 nicht wesentlich geändert hat. Gleiches gilt für die Erwerbsquote. Die für Ende 1989 ermittelten Quoten werden daher für die Schätzung des Arbeitskräftepotentials für Mitte 1991 übernommen.

Tabelle 6 gibt die Berechnung des Arbeitskräfteangebots für den Landkreis Ludwigslust wieder. Es wird dabei von einem Abwanderungssaldo von 1,5 vH für das 2. Halbjahr 1990 und das 1. Halbjahr 1991 ausgegangen. Die Schätzung ergibt ein Bevölkerungspotential in Höhe von 58.400 Personen für Ende Juni 1991. Die Multiplikation mit der Arbeitsfähigenquote (Faktor 1) ergibt eine arbeitsfähige Bevölkerung

---

20 Vgl. *P.-H. Burberg, W. Michels, P. Sallandt* (1983), S. 17.
21 Die nicht registrierten Erwerbslosen werden auch als Stille Reserve bezeichnet.
22 Die vom Arbeitsamt seit 1990 benutzten Bezugszahlen zur Ermittlung der Arbeitslosenquote in Höhe von 33.600 Personen im Landkreis Ludwigslust bzw. 34.700 Personen im Landkreis Hagenow sind mit aller Wahrscheinlichkeit zu hoch ausgewiesen. In Gesprächen vor Ort wurde öfters vermutet, daß diese auf 1989 basierenden Ausgangszahlen viel zu hoch gegriffen seien. Da ein Überprüfen dieser Schätzungen aus Zeitgründen nicht möglich war, wird in dieser Untersuchung von den vom Arbeitsamt Schwerin angegebenen (niedrigeren) Zahlen ausgegangen. Vgl. auch *K. Belwe* (1991), S. 32.
23 Vgl. *Statistisches Bezirksamt Rostock* (1990), S. 20.

von ca. 37.300 für den Landkreis Ludwigslust. Multipliziert man diese Zahl mit der Erwerbsquote, so ergibt sich ein unbereinigtes Erwerbspersonenpotential von ca. 32.700. Von dieser Zahl sind noch die bis Ende des ersten Halbjahres in Vorruhestand getretenen Arbeitnehmer abzuziehen[24]. Damit ergibt sich für den Landkreis Ludwigslust ein bereinigtes Erwerbspersonenpotential von 30.700 Personen.

Tab. 6: Berechnung des Erwerbspersonenpotentials im Landkreis Ludwigslust

	31.12.1989+	Schätzung* 1. Halbjahr 1991
Bevölkerung - Abwanderungssaldo[1]	59.977 -	59.300 900
= Bevölkerung (korrigiert) x Faktor 1[2] (in vH)	59.977 63,8	58.400 63,8
= arbeitsfähige Bevölkerung x Faktor 2[3] (in vH)	38.295 87,7	37.300 87,7
= Erwerbspersonen (unbereinigt) - Vorruheständler	33.600[4] -	32.700 2.000
= Erwerbspersonen (bereinigt)	33.600	30.700

1 Als Abwanderungssaldo wird für das 2. Halbjahr 1990 und das 1. Halbjahr 1991 eine Quote von 1,5 vH angenommen.
2 Faktor 1 gibt den Anteil der arbeitsfähigen Bevölkerung an der gesamten Bevölkerung vom 31.12.1989 wieder.
3 Faktor 2 gibt die Erwerbsquote wieder.
4 Erwerbspersonen lt. Arbeitsamt Schwerin.
+ Die Daten entsprechen den Berechnungen des Gutachtens der Gesellschaft für Absatzberatung mbH.
* Die Zahlen der Schätzung für das 1. Halbjahr 1991 sind gerundete Werte.

Quelle: Gesellschaft für Absatzberatung mbH (1991), S. 14; eigene Berechnungen.

Die Berechnung der Erwerbspersonen des Landkreises Hagenow wird in Tabelle 7 dargestellt. Dabei wird analog zur Vorgehensweise bei der Ermittlung des Arbeitskräftepotentials im Landkreis Ludwigslust vorgegangen. Für den Landkreis Hagenow ergibt sich laut Tabelle 7 ein unbereinigtes Erwerbspersonenpotential von 33.700 Personen. Hiervon sind wiederum die Vorruheständler abzuziehen. Somit ergibt sich ein bereinigtes Arbeitskräfteangebot in Höhe von 31.700 Personen im Landkreis Hagenow. Bei der Interpretation der Ergebnisse ist zu berücksichtigen, daß mangels anderer Daten die in beiden Landkreisen voneinander abweichenden Erwerbsquoten verwendet wurden.

---

24 Der Anteil der Vorruheständler an den unbereinigten Erwerbspersonen wird in der Region Ludwigslust/Hagenow auf 6 vH geschätzt. Vgl. auch K. Belwe (1991), S. 33.

Tab. 7: Berechnung des Erwerbspersonenpotentials im Landkreis Hagenow

	31.12.1989+	Schätzung* 1. Halbjahr 1991
Bevölkerung - Abwanderungssaldo[1]	71.921 -	70.600 700
= Bevölkerung (korrigiert) x Faktor 1[2] (in vH)	71.921 63,3	69.900 63,3
= arbeitsfähige Bevölkerung x Faktor 2[3] (in vH)	45.509 76,2	44.200 76,2
= Erwerbspersonen (unbereinigt) - Vorruheständler	34.671[4] -	33.700 2.000
= Erwerbspersonen (bereinigt)	34.671	31.700

1 Die Abwanderungsquote zwischen dem ersten Halbjahr 1990 und dem ersten Halbjahr 1991 wird auf 0,95 vH geschätzt.
2 Faktor 1 gibt den Anteil der arbeitsfähigen Bevölkerung an der gesamten Bevölkerung vom 31.12.1989 wieder.
3 Faktor 2 gibt die Erwerbsquote wieder.
4 Erwerbspersonen lt. Arbeitsamt Schwerin
+ Die Daten entsprechen den Berechnungen des Gutachtens der Gesellschaft für Absatzberatung mbH.
* Die Zahlen der Schätzung für das 1. Halbjahr 1991 sind gerundete Werte.

Quelle: Gesellschaft für Absatzberatung mbh (1991) S. 14; Landkreis Hagenow (1991); eigene Berechnungen.

Eine Prognose der Entwicklung des Arbeitskräfteangebotes bis zum Jahr 2000 ist angesichts des gegenwärtigen wirtschaftlichen Umbruchs nur schwer möglich, zumal vergleichbare Erfahrungswerte fehlen. Die Entwicklung der Arbeitskräfte hängt entscheidend von der wirtschaftlichen Entwicklung der nächsten Jahre ab[25]. Sollte sich die Situation nicht verbessern, so muß mit einer weiteren Abwanderung von Arbeitskräften und ihrer Familienangehörigen aus der Region vor allem nach Westdeutschland gerechnet werden. Die im Raumordnungsreport '90[26] prognostizieren Rückgänge des Erwerbspersonenpotentials für den Zeitraum von 1989 bis 2000 im Land Mecklenburg-Vorpommern um 3 vH (bei einem Angleichen der Erwerbsquoten an das westdeutsche Niveau sogar um 10 vH) sind schon überholt. Es muß auch davon ausgegangen werden, daß ein hoher Prozentsatz der Berufs- und Ausbildungspendler, die in Westdeutschland einen Arbeitsplatz gefunden haben und

---

25 Die Abschätzung von demographischen Determinanten, wie z.B. der Geburtenrate, ist zur Zeit bei einer Prognose des zukünftigen Arbeitskräfteangebotes nicht so problematisch wie die Abschätzung der zukünftigen wirtschaftlichen Entwicklung.
26 Vgl. W. Ostwald (Hrsg., 1990), S. 34 ff., insbes. S. 37.

die noch zum Erwerbspersonenpotential gezählt werden, bei gleichbleibend schlechter Wirtschaftslage abwandern wird.

Legt man dennoch die im Raumordnungsreport '90 prognostizierten Erwerbsquoten für den Zeitraum 1989-2000 zugrunde, so ergeben sich für die Region Ludwigslust/Hagenow die in Tabelle 8 ermittelten Werte. Danach würde im Landkreis Ludwigslust das unbereinigte Erwerbspersonenpotential von 1989 bis 2000 zwischen 1.000 und 3.400 Personen abnehmen. Im Landkreis Hagenow wäre mit einem Rückgang zwischen 1.100 und 3.500 Personen im gleichen Zeitraum zu rechnen. Es sei an dieser Stelle nochmals darauf verwiesen, daß aufgrund des Strukturbruchs eine Prognose nur schwer möglich ist. Es ist vielmehr davon auszugehen, daß die verwendeten Quoten schon überholt sind, d.h. zu niedrig angesetzt sind.

Tab. 8: Entwicklung des Erwerbspersonenpotentials in der Region Ludwigslust/Hagenow (1989-2000)

Variante	1989	1995+	2000+
Variante 1: (Gleichbleibende Erwerbsbeteiligung) LK Ludwigslust LK Hagenow	33.600 34.700	32.300 33.400	32.600 33.600
Variante 2: (Angleichen der Erwerbsbeteiligung) LK Ludwigslust LK Hagenow	33.600 34.700	30.100 31.100	30.200 31.200

+ Schätzwerte

Quelle: W. Ostwald (Hrsg.,1990), S. 37; eigene Berechnungen.

Zur Beurteilung des Arbeitskräftepotentials sind auch die Einschätzungen der Gewerbebetriebe in der Region Ludwigslust/Hagenow wichtig. Die Befragungsergebnisse ergaben, daß das Arbeitskräfteangebot hinsichtlich der Quantität von den Betrieben im Landkreis Ludwigslust als mittelmäßig bis gut angesehen wird. Lediglich 7,8 vH der befragten Unternehmen sind der Auffassung, daß das Arbeitskräfteangebot nicht ausreichend ist. Hinsichtlich der Qualifikation der Arbeitskräfte ergibt sich ein anderes Bild. Von den befragten Betrieben stuften 73,9 vH die Qualifikation als mittelmäßig oder schlecht ein. Besonders der Sektor "Holzverarbeitung und -bearbeitung" stufte die Qualität des Arbeitsangebots als negativ ein (30,8 vH)[27]. Im Landkreis Hagenow wird die Quantität des Arbeitsangebotes ebenfalls überwie-

---

[27] Zum Vergleich: Baugewerbe: 25 vH; Stahl-, Maschinen-, Fahrzeugbau: 6,7 vH; Handwerk: 14,3 vH und Existenzgründer: 13,5 vH.

gend als mittelmäßig bis gut bezeichnet. Lediglich 14,8 vH der befragten Betriebe sehen das Arbeitskräfteangebot eher als unzureichend an. Bei der Qualifikation der Arbeitskräfte ergibt sich ein ähnliches Bild wie im Landkreis Ludwigslust. Die Mehrheit der befragten Betriebe stuft die Qualifikation als mittelmäßig oder schlecht ein. Nur 29,5 vH sind der Meinung, daß die Arbeitskräfte gut ausgebildet sind. Wie beim Landkreis Ludwigslust ist der Sektor "Holzverarbeitung und -bearbeitung" mit der Qualifikation des Arbeitsangebotes am unzufriedensten (50 vH)[28].

2.2.3.2 Arbeitskräftenachfrage

Die Berechnung und Prognose der Nachfrage nach Arbeitskräften ist wesentlich schwieriger als die Ermittlung des Erwerbspersonenpotentials, da eine ausreichende Datenbasis zur Zeit nicht vorhanden ist. Dennoch soll hier eine grobe Schätzung der Arbeitsnachfrage für das Ende des 1. Halbjahres 1991 versucht werden.

Die Beschäftigten einer Region setzen sich zusammen aus den in dieser Region lebenden sozialversicherungspflichtig Beschäftigten, den Selbständigen, den Beamten und den mithelfenden Familienangehörigen[29]. Da kein ausreichendes Datenmaterial über diese Beschäftigtengruppen vorhanden ist, wird bei der Berechnung der Beschäftigten von den in Kapitel 2.2.3.1 ermittelten Erwerbspersonen[30] für das erste Halbjahr 1991 ausgegangen. Zieht man von dieser Zahl den Auspendlersaldo, die Vorruheständler und die Erwerbslosen ab, so erhält man die Beschäftigten in der Untersuchungsregion. Tabelle 9 zeigt die Ermittlung der Arbeitskräftenachfrage. In der Berechnung wird der Auspendlersaldo auf 12 vH der Erwerbspersonen und der Anteil der Vorruheständler auf 6 vH geschätzt[31]. Bei der Ermittlung der Erwerbslosen wird lediglich auf die vom Arbeitsamt Schwerin ermittelten registrierten Erwerbslosen zurückgegriffen. Die sogenannte Stille Reserve wird vernachlässigt.

Nach Tabelle 9 waren im Landkreis Ludwigslust Ende Juni 1991 23.900 Personen beschäftigt. Davon waren 7.000 Personen bzw. 21,4 vH der Erwerbspersonen Kurzarbeiter. Ca. 43 vH der Kurzarbeiter waren auf eine Arbeitszeit von 0 Stunden

---

28 Zum Vergleich: Baugewerbe: 25 vH; Stahl-, Maschinen-, Fahrzeugbau: 17,6 vH; Handwerk: 19,4 vH und Existenzgründer: 23,7 vH. Zu der hohen Quote von 50 vH in der Holzbranche muß hier allerdings angemerkt werden, daß nur acht Betriebe dieser Branche die Fragen über Quantität und Qualität des Arbeitskräftepotentials beantwortet haben.
29 Vgl. *P.-H. Burberg, M. König, A. Tillessen* (1988), S. 6.
30 Unbereinigte Erwerbspersonen.
31 In Gesprächen vor Ort wird ein Pendlersaldo von mindestens 10 vH der Erwerbspersonen vermutet. Zur Vorruhestandsquote von 6 vH vgl. *K. Belwe* (1991), S. 33.

gesetzt. Es ist sehr wahrscheinlich, daß diese Personengruppe demnächst auch arbeitslos wird.

Tab. 9: Ermittlung der Arbeitskräftenachfrage in den Landkreisen Ludwigslust und Hagenow (1. Halbjahr 1991)

	Schätzung der Arbeitskräftenachfrage 1991/I	
	Ludwigslust	Hagenow
Erwerbspersonen	32.700	33.700
- Auspendlersaldo (12 vH)	3.900	4.000
- Vorruhestand (6 vH)	2.000	2.000
- Arbeitslose (Juni 1991)	2.900	3.400
= Beschäftigte	23.900	24.300
davon Kurzarbeiter insgesamt	7.000	7.800 *
Kurzarbeiter 0-Stunden	3.100	3.400
ABM-Beschäftigte	600	500

* Aufgrund fehlender Angaben wurde dieser Wert geschätzt.

Quelle: Eigene Berechnungen.

Zählt man zu den im Kreisgebiet Beschäftigten noch die Auspendler hinzu und vergleicht diesen Wert mit den ständig Berufstätigen von 1989[32], so kann man feststellen, daß aufgrund der Strukturkrise in den neuen Bundesländern im Kreis Ludwigslust 1991 rd. 4.600 Personen weniger beschäftigt sind als zwei Jahre zuvor.

Im Landkreis Hagenow waren Ende Juni 1991 24.300 Personen beschäftigt. Davon waren 7.800 Personen oder 32,1 vH der Beschäftigten Kurzarbeiter. Gegenüber 1989 hat sich die Zahl der Beschäftigten um 5.100 Personen verringert[33].

Ende Juni 1991 waren im Landkreis Ludwigslust rd. 600 Personen durch Arbeitsbeschaffungsmaßnahmen beschäftigt. Im Landkreis Hagenow waren es rd. 500 Personen. Bezieht man diese Zahlen auf die vom Arbeitsamt Schwerin verwendeten Erwerbspersonendaten, so liegt der Landkreis Ludwigslust mit einer Quote von 1,7 vH über dem Arbeitsamtsdurchschnitt (1,4 vH), der Landkreis Hagenow im Durchschnitt des Arbeitsamtsbezirks (1,4 vH).

---

[32] Laut Statistik gab es 1989 rund 32.400 ständig Berufstätige im Landkreis Ludwigslust. Vgl. *Statistisches Bezirksamt Schwerin* (1990), S. 30.
[33] Im Landkreis Hagenow waren 1989 rund 33.400 Personen ständig beschäftigt. Vgl. *Statistisches Bezirksamt Schwerin* (1990), S. 30.

2.2.3.3 Arbeitslosigkeit

Bei der Kennzeichnung der wirtschaftspolitischen Lage der Region Ludwigslust/Hagenow spielt die Arbeitslosigkeit und ihre Ausprägung eine wichtige Rolle. Der strukturpolitische Wandel in Ostdeutschland hat zu einer Freisetzung von Arbeitskräften in vielen Sektoren geführt. Dieser Freisetzungsprozeß wird durch Abbildung 4 für die Landkreise Ludwigslust und Hagenow, sowie für den übergeordneten Arbeitsamtsbezirk Schwerin wiedergegeben.

<u>Abb. 4:</u> Arbeitslosenquoten in den Landkreisen Ludwigslust und Hagenow im Vergleich zum Arbeitsamtsbezirk Schwerin (Juli 1990 bis Juni 1991)

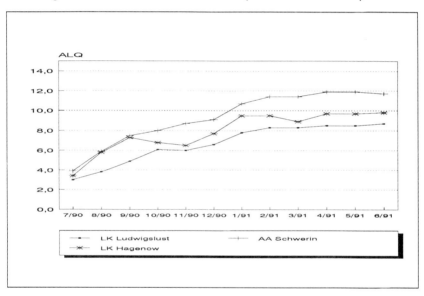

Aus der Abbildung wird deutlich, daß die Region Ludwigslust/Hagenow von der wirtschaftlichen Krise bisher nicht in dem Ausmaß betroffen ist wie der gesamte westmecklenburgische Raum. Im Juni 1991 waren 8,7 vH der Erwerbspersonen oder 2.925 Personen im Landkreis Ludwigslust arbeitslos. Im Landkreis Hagenow waren es 3.383 Personen oder 9,8 vH der Erwerbspersonen. Der gesamte Arbeitsamtsbezirk Schwerin weist dagegen eine Arbeitslosenquote von 11,7 vH im gleichen Monat auf.

Die relativ niedrige Arbeitslosenquote von 8,7 vH bzw. 9,8 vH in der Region Ludwigslust/Hagenow dürfte vor allem auch auf ihre Grenzlage zu den Altbundesländern zurückzuführen sein. So besitzen nach unseren Schätzungen ca. 12 vH der vom Arbeitsamt Schwerin angegebenen Erwerbspersonen einen Arbeitsplatz in Westdeutschland.

Ein Vergleich der Entwicklung der Arbeitslosenquoten von Juli 1990 bis Juni 1991 ergibt ebenfalls eine günstigere Ausgangslage für die Region Ludwigslust/Hagenow. Im gesamten Vergleichszeitraum lag die Arbeitslosenquote des Landkreises Ludwigslust deutlich unter den Quoten des Landkreises Hagenow und des Arbeitsamtbezirks Schwerin. Auch die Arbeitslosenquote des Landkreises Hagenow hat sich nach September 1990 deutlich unter der Quote des Arbeitsamtsbezirks Schwerin bewegt.

Es sei hier angemerkt, daß die Arbeitslosenquoten insgesamt zu niedrig ausgewiesen sind. Das Arbeitsamt Schwerin geht z.B. bei seinen Berechnungen für den Landkreis Ludwigslust immer noch von 33.600 Erwerbspersonen als Basiswert und einer Arbeitslosenquote von 8,7 vH aus. Unsere Schätzungen belaufen sich hingegen nur auf ca. 30.700 Erwerbspersonen. Die sich daraus ergebende Arbeitslosenquote erhöht sich dann auf 9,5 vH. Es ist aber davon auszugehen, daß sich durch eine Korrektur der Erwerbspersonenzahlen auch in den anderen Kreisen des Arbeitsamtsbezirks Schwerin die günstige Ausgangslage der Untersuchungsregion auf dem Arbeitsmarkt nur unwesentlich verändert.

Zusätzlich werden die Arbeitsmarktprobleme dadurch verschleiert, daß die Kurzarbeiter, Umschüler und Vorruheständler nicht zu den Arbeitslosen gezählt werden. Bei einer Berücksichtigung von Kurzarbeitern und Vorruheständlern würde die Arbeitslosenquote im Landkreis Ludwigslust auf 36 vH und im Landkreis Hagenow auf 39 vH steigen. Die Einbeziehung von Umschülern würde die Quoten noch höher treiben. Die von den Arbeitsämtern angegebenen Arbeitslosenquoten verschleiern also die wirkliche Arbeitsmarktlage[34].

Zur Beurteilung der Lage auf dem Arbeitsmarkt reicht eine Gesamtbetrachtung der Arbeitslosenzahlen nicht aus. Es ist vielmehr eine Aufspaltung der Arbeitslosigkeit nach Problemgruppen und Berufen notwendig. Abbildung 5 zeigt die Anteile der Gruppen "Frauen", "Jugendliche unter 20 Jahren", "Alleinerziehende" und "Schwerbehinderte" an der Gesamtzahl der Arbeitslosen für die Landkreise Ludwigslust und Hagenow sowie für den Arbeitsamtsbezirk Schwerin insgesamt. Aus der Abbildung ist ersichtlich, daß bei drei Problemgruppen der Landkreis Ludwigslust im Vergleich zum Arbeitsamtsdurchschnitt überproportional vertreten ist. Der Landkreis Hagenow weist lediglich bei den Gruppen "Frauen" und "Jugendliche unter

---

[34] Es herrscht also in hohem Maße verdeckte Arbeitslosigkeit in der Region Ludwigslust/Hagenow.

20 Jahren" noch höhere Prozentwerte als der Landkreis Ludwigslust auf. Daraus kann als erster Schluß die Forderung nach zielorientierten Arbeitsmarktmaßnahmen für die genannten Problemgruppen gezogen werden (z. B. Arbeitsbeschaffungsmaßnahmen für Frauen und Jugendliche, Schaffung von besonderen Arbeitsplätzen für Schwerbehinderte).

Abb. 5: Arbeitslosigkeit nach Problemgruppen in den Landkreisen Ludwigslust und Hagenow und im Arbeitsamtsbezirk Schwerin

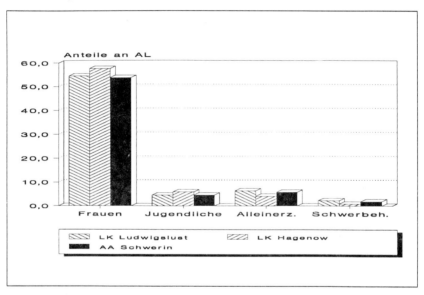

Eine weitere wichtige Untergliederung der Arbeitslosen besteht in der Berücksichtigung von Berufsgruppen. Hierdurch können Problemberufe identifiziert werden. Vergleicht man die Arbeitslosen nach Berufsgruppen mit dem Bedarf an Arbeitskräften, den die Unternehmen nach der Umstrukturierung der Wirtschaft haben, so kann die Umschulungsrichtung grob angegeben werden[35]. Tabelle 10 zeigt die Arbeitslosigkeit nach Berufsgruppen in den Landkreisen Ludwigslust und Hagenow sowie im Arbeitsamtsbezirk Schwerin im März 1991.

---

35 Inwieweit die ermittelten Berufsgruppen auch mittel- und langfristig Problemgruppen auf dem Arbeitsmarkt bleiben werden, kann mit dieser Analyse nicht ermittelt werden. Hierzu werden aufwendige Prognoseverfahren über die Entwicklung von Arbeitsangebot und -nachfrage in der Untersuchungsregion benötigt. Aufgrund des vielfältigen Strukturbruchs fehlt dazu allerdings die Datenbasis in Form ausreichender Zeitreihen. Zur Methodik der Prognosemethoden vgl. *R. Thoss, H. Kleinschneider* (1982); vgl. auch *H. Kleinschneider* (1983) und *P.-H. Burberg, M. König, A. Tillessen* (1988).

Tab. 10: Arbeitslosigkeit in ausgewählten Berufsgruppen in den Landkreisen Ludwigslust und Hagenow sowie im Arbeitsamtsbezirk Schwerin (März 1991)

Berufsgruppen	Landkreis Ludwigslust abs.	vH	Landkreis Hagenow abs.	vH	Arbeitsamtsbezirk Schwerin abs.	vH
Pflanzenbauer, Tierzüchter	446	16,0	699	22,5	5.069	15,6
Bergleute, Mineralgewinner	2	0,1	1	0,0	21	0,1
Steinbearbeiter, Baustoffher.	16	0,6	9	0,3	57	0,2
Keramiker, Glasmacher	8	0,3	41	1,3	76	0,2
Chemiearbeiter, Kunststoffver.	12	0,4	9	0,3	107	0,3
Papierhersteller, Drucker	27	1,0	4	0,1	98	0,3
Holzaufbereiter	26	0,9	19	0,6	179	0,5
Metallerzeuger, -bearbeiter	36	1,3	36	1,2	370	1,1
Schlosser, Mechaniker	193	6,9	192	6,2	2.279	7,0
Elektriker, Elektrogerätemont.	37	1,3	23	0,7	417	1,3
Montierer	9	0,3	8	0,3	80	0,2
Textil- und Bekleidungsberufe	40	1,4	42	1,4	697	2,1
Lederhersteller, -verarbeiter	20	0,7	4	0,1	278	0,9
Ernährungsberufe	346	12,4	212	6,8	2.848	8,7
Bauberufe	118	4,2	152	4,9	1.539	4,7
Bau- und Raumausstatter	9	0,3	15	0,5	148	0,5
Tischler, Modellbauer	23	0,8	19	0,6	262	0,8
Maler, Lackierer	23	0,8	25	0,8	297	0,9
Warenprüfer	32	1,1	44	1,4	311	1,0
Hilfsarbeiter	43	1,5	31	1,0	269	0,8
Maschinisten	71	2,5	61	2,0	643	2,0
Ingenieure, Chemiker	19	0,7	27	0,9	719	2,2
Techniker	40	1,4	61	2,0	491	1,5
Warenkaufleute	153	5,5	144	4,6	2.008	6,2
Dienstleistungskaufleute	23	0,8	21	0,7	186	0,6
Verkehrsberufe	292	10,5	248	8,0	3.178	9,7
Organisations-, Verwaltungs- und Büroberufe	269	9,6	289	9,3	3.557	10,9
Ordnungs- u. Sicherheitsberufe	112	4,0	188	6,1	1.398	4,3
Schriftwerksch., Künstler	14	0,5	16	0,5	241	0,7
Gesundheitsdienstberufe	34	1,2	47	1,5	530	1,6
Sozialberufe	78	2,8	99	3,2	1.031	3,2
Allg. Dienstleistungsberufe	199	7,1	306	9,9	2.918	9,0
Sonstige Arbeitskräfte	23	0,8	10	0,3	293	0,9

Quelle: Arbeitsamt Schwerin (1991), S. 10 f.

Auffallend ist, daß sowohl in der Region als auch im gesamten Arbeitsamtsbezirk die Berufsgruppen, die einen Anteil von über 6 vH an den gesamten Arbeitslosen aufweisen, identisch sind. Von der Arbeitslosigkeit sind besonders die land- und forstwirtschaftlichen Berufe, die Verkehrsberufe sowie die Organisations-, Verwaltungs- und Büroberufe betroffen. Mit 6 vH im Landkreis Ludwigslust bzw. über 22 vH im Landkreis Hagenow besitzen die landwirtschaftlichen Berufe den höchsten Anteil an den Arbeitslosen. Im Landkreis Ludwigslust folgt mit 12,4 vH die Berufsgruppe "Ernährungsberufe". Der Anteil an Arbeitslosen in dieser Berufsgruppe liegt damit weit über dem Landesdurchschnitt (8,7 vH). An dritter Stelle stehen die Verkehrsberufe mit 10,5 vH der Arbeitslosen. Im Landkreis Hagenow folgen an zweiter Stelle die allgemeinen Dienstleistungsberufe, die mit 9,9 vH ebenfalls über dem Arbeitsamtsdurchschnitt liegen (9,0 vH). An dritter Stelle liegen im Landkreis Hagenow die Organisations-, Verwaltungs- und Büroberufe.

Abschließende Aussagen über die Entwicklung der Arbeitslosigkeit, insbesondere in den einzelnen Berufs- und Problemgruppen, lassen sich nicht machen. Struktur und Niveau der Arbeitslosigkeit hängen vielmehr von der zukünftigen wirtschaftlichen Entwicklung ab. Aufgrund der allgemein prognostizierten Entwicklung der Branchen muß jedoch davon ausgegangen werden, daß die Arbeitslosen aus den land- und forstwirtschaftlichen Berufen nicht mehr in ihrem alten Beruf arbeiten werden. Hier muß vielmehr mit einem weiteren Anstieg der Arbeitslosen gerechnet werden. Die ausgewiesene Arbeitslosigkeit in den Bauberufen (4,2 vH im Landkreis Ludwigslust bzw. 4,9 vH im Landkreis Hagenow) ist zum Zeitpunkt der Erstellung des Abschlußberichts bereits abgebaut. Vielmehr herrscht nach Auskunft der Handwerkerschaften Knappheit an ausgebildeten Facharbeitern. Es ist davon auszugehen, daß in Zukunft aufgrund des hohen Nachholbedarfs im Wohnungswesen, im Wirtschaftsbau und im Tiefbau, verbunden mit einer Klärung der Eigentumsverhältnisse, eher mit steigenden Bauaufträgen zu rechnen ist. Positive Entwicklungen zeichnen sich auch in den Berufsgruppen des Anlagenbaus ab[36].

2.2.3.4 Ausbildung und Weiterbildung

Für die zukünftige wirtschaftliche Entwicklung der Region Ludwigslust/Hagenow ist nicht nur die quantitative Seite des Arbeitsmarktes, sondern auch seine qualitative Seite bedeutend[37]. Unter dem Aspekt der Qualität des Arbeitskräftepotentials sind vor allem die Aus- und Weiterbildung von Interesse.

Die Aus- und Weiterbildung kann in die Bereiche der beruflichen Erstausbildung und der Fort- und Weiterbildung unterteilt werden. Im Bereich Ausbildung wurden 1989 im Landkreis Ludwigslust 1.350 Lehrlinge und im Landkreis Hagenow 1.419 Lehrlinge ausgebildet[38]. Dies entspricht einem Anteil an den Erwerbstätigen von rd. 4 vH in

---

36 Vgl. auch *Wirtschaft aktuell* vom Juni 1991, S. 30. Angaben über den Qualifizierungs- und Umschulungsbedarf, der sich aus der Arbeitsmarktlage in der Untersuchungsregion ergibt, werden in Kapitel 4.2.2 gemacht.
37 Vgl. auch die Ergebnisse der Fragebogenauswertungen in Kapitel 2.2.3.1.
38 Vgl. *H. Rudolph* (1990), S. 489.

den Landkreisen Ludwigslust und Hagenow. Damit lagen beide Landkreise über dem Durchschnitt des Arbeitsamtsbezirks Schwerin (3,3 vH).

Tab. 11: Verteilung der Lehrlinge auf die Gewerke im Landkreis Ludwigslust (November 1991)

Nr.	Gewerk	Abgeschlossene Lehrverträge					
		1988	1989	1990	1991	Insgesamt abs.	vH
1	Bäcker	0	8	10	11	29	8,08
2	Bau	0	19	30	16	65	18,10
3	Elektroinstallateur	0	5	11	8	24	6,68
4	Fleischer	0	4	1	5	10	2,79
5	Friseure	0	3	12	6	21	5,84
6	Gas-, Wasser-, Heizungsinst.	0	3	4	16	23	6,41
7	Kfz	6	4	7	16	33	9,19
8	Maler u. Lackierer	0	6	11	10	27	7,52
9	Metallbau	0	24	14	3	41	11,42
10	Raumausstatter	0	2	2	3	7	1,94
11	Tischler	0	12	15	16	43	11,98
12	Schornsteinfeger	0	0	0	2	2	0,56
13	Schilder- u. Leuchtreklameherst.	0	1	0	1	2	0,56
14	Zahntechniker	0	0	0	3	3	0,84
15	Dachdecker	0	2	1	6	9	2,51
16	Glaser	0	2	3	3	8	2,23
17	Orth. Schuhmacher	1	1	1	0	3	0,84
18	Damenschneider	0	0	0	1	1	0,28
19	Augenoptiker	0	1	0	0	1	0,28
21	Bürokauffrau	0	2	0	2	4	1,11
22	Fotograf	0	1	0	0	1	0,28
23	Keramiker	0	0	1	0	1	0,28
24	Steinmetz	0	1	0	0	1	0,28
	Insgesamt	7	101	123	128	359	100,00

Quelle: Informationen der Kreishandwerkerschaft Ludwigslust; eigene Berechnungen.

Zur Zeit (Stand 4.11.1991) werden beispielsweise im Landkreis Ludwigslust 359 Lehrlinge im Handwerk ausgebildet. Tabelle 11 zeigt die Verteilung der Lehrlinge auf die einzelnen Gewerke und die Lehrjahre. Die meisten Lehrverträge wurden im Bauhandwerk abgeschlossen (18,1 vH). Mit einem Anteil von jeweils über 10 vH aller Lehrverträge folgen die Handwerksberufe Metallbauer und Tischler. Ein Vergleich der betrieblichen Ausbildungsplätze insgesamt mit den Zahlen von 1989 ist nicht möglich, da Daten über die Arbeitsplätze im Bereich der Industrie und des tertiären Sektors fehlen.

Aufgrund der wirtschaftlichen Krise in der gesamten Region muß davon ausgegangen werden, daß auch im Landkreis Hagenow durch Betriebsschließungen und Unternehmensverkleinerungen Ausbildungsplätze im produzierenden Sektor abgebaut wurden. Aus einer Umfrage im Auftrag des Kultusministeriums des Landes Mecklenburg-Vorpommern im Mai 1991 an den Schulen ergab sich für den Landkreis Hagenow, daß von den Schulabgängern der 10. Klasse, die eine betriebliche Erstausbildung beginnen wollten, immerhin ca. 85 vH eine feste oder vorläufige Zusage auf einen Ausbildungsplatz erhalten haben. Für den Landkreis Ludwigslust liegen keine derartigen Ergebnisse vor. Es ist jedoch aufgrund der ähnlichen Ausgangslage des Landkreises davon auszugehen, daß die Quote für eine feste oder vorläufige Zusage ähnlich hoch ist.

Eine Umfrage in der zweiten Mai-Hälfte 1991 ergab für die neuen Bundesländer insgesamt, daß 25 vH der Schulabgänger einen unterschriebenen Lehrvertrag und weitere 29 vH eine Ausbildungsstelle in Aussicht haben[39]. Vergleicht man die Quote der neuen Bundesländer (54 vH) mit der Quote der Region Ludwigslust/Hagenow, so schneidet die Region hinsichtlich der Erstausbildung besser ab. Ein wichtiger Grund liegt in der Grenzlage zu den alten Bundesländern und - damit verbunden - in der hohen Zahl an Ausbildungspendlern aus der Region. Dieser Sachverhalt führte in Teilbereichen des regionalen Ausbildungsmarktes zu Engpässen. So herrscht laut Auskunft der Handwerkerschaften in Ludwigslust und Hagenow ein Mangel an Auszubildenden im Bauhandwerk.

Unterstellt man, daß alle vorläufigen Zusagen auf einen Lehrvertrag eingehalten werden, so entspricht die Relation des Lehrstellenangebotes zur Lehrstellennachfrage bestenfalls der Relation in den ländlichen Räumen der alten Bundesländer[40].

Ein wichtiger Bereich zur Qualifizierung des Arbeitskräftepotentials ist die Fort- und Weiterbildung, zu der auch der Umschulungsbereich gehört. Die Fort- und Weiterbildung richtet sich in starkem Maße auf die Verbesserung der Qualität des vorhandenen Arbeitskräftepotentials, während die Umschulungen auch einer besseren Auslastung des Arbeitsangebotes dienen und damit an der quantitativen Seite des Potentialfaktors Arbeit ansetzen.

Ergebnisse einer Untersuchung von Infratest, DIW und vom Institut für Arbeitsmarkt- und Berufsforschung (IAB) über die Bildungs- und Qualifikationsstruktur in der ehemaligen DDR zeigen, daß dort das formale berufliche Qualifikationsniveau höher als in den alten Bundesländern ist. Lediglich 4 vH der Erwerbstätigen in den neuen Bundesländern besitzen keinen Berufsabschluß. In den alten Bundesländern sind es da-

---

39 Vgl. *K. Schober* (1991), S. 236.
40 Vgl. *M. Lohkamp-Himmighofen* (1990), S. 26.

gegen 23 vH[41]. Dabei spielt in der ganzen Bundesrepublik Deutschland die Facharbeiterausbildung eine wichtige Rolle im beruflichen Ausbildungsspektrum. Allerdings war der Facharbeiterabschluß "in der ehemaligen DDR vielfach nicht Resultat einer qualifizierten Ausbildung, sondern erfolgte durch Zuerkennung für Angelernte aufgrund langjähriger Betriebszugehörigkeit"[42]. Andererseits entspricht das Qualifikationsniveau eines Facharbeiters in einigen Berufsgruppen nicht den marktwirtschaftlichen und technologischen Anforderungen. Die in der Region durchgeführte Umfrage bestätigt diese Ergebnisse[43]. Teilweise überholte Technologien beim Kapitalpotential können als ein Grund angeführt werden.

Aufgrund der kritischen Arbeitsmarktlage besitzt die Ausbildung in überbetrieblichen Einrichtungen eine große Bedeutung. So gehören rd. 27 vH aller Ausbildungsplätze in den neuen Bundesländern überbetrieblichen Einrichtungen an. Im Landkreis Ludwigslust bieten zur Zeit 20 Bildungsträger 59 Umschulungsmaßnahmen (über drei Monate) und 21 Fortbildungsmaßnahmen (über 3 Monate) mit 1590 Teilnehmern an. Darüber hinaus laufen ständig 35 kurzfristige Maßnahmen unter drei Monaten mit ca. 240 Teilnehmern[44]. Im Landkreis Hagenow ist das von einer Vielzahl westdeutscher Bildungsträger angebotene Fortbildungs- und Umschulungsangebot nach Auffassung des Arbeitsamtes ausreichend genug, um allen potentiellen Lehrlingen eine Ausbildung zu sichern. Die Berufsschule Jessenitz soll zu einer außer- und überbetrieblichen Ausbildungsstätte für verschiedene Handwerksberufe ausgebaut werden. Darüber hinaus wird die Volkshochschule zu einem Weiterbildungszentrum für den gesamten Landkreis entwickelt.

Die Berufsbildungsstätte "Start" GmbH i.G. wurde im März 1991 mit dem Ziel gegründet, die Arbeitslosigkeit abzubauen und Jugendarbeitslosigkeit zu verhindern. Weitere Aufgaben dieser überbetrieblichen Einrichtung bestehen darin, die derzeitigen Ausbildungskapazitäten der Betriebe in der Region zu erhalten, die Ausbildungen zu optimieren und die Fortführung der abgeschlossenen Lehrverhältnisse zu erleichtern.

Gesellschafter der Berufsbildungsstätte ist der Landkreis Ludwigslust[45]. Die Bildungseinrichtung ist mit Niederlassungen in Ludwigslust, Hagenow und Güstrow überregional tätig. Aus Sicht des Landkreises Ludwigslust als des zur Zeit einzigen Gesellschafters kann diese Lösung nicht befriedigend sein, da der Kreis wichtige arbeitsmarktpolitische Maßnahmen auch außerhalb der Region mitfinanziert. Eine Be-

---

41 Vgl. *Forschungsinstitut der Friedrich-Ebert-Stiftung, Abt. Wirtschaftspolitik* (Hrsg., 1990), S. 17.
42 Ebenda, S. 17 f.
43 Vgl. auch Kapitel 2.2.3.1.
44 Die Qualifizierungsrichtungen werden in Anhang A5 dargestellt.
45 Es werden zur Zeit noch weitere Gesellschafter gesucht.

teiligung anderer Gesellschafter, wie z.B. des Landkreises Hagenow, erscheint daher geboten.

Die Berufsbildungsstätte führt Erstausbildung, aber auch Umschulungen überwiegend in den Bauberufen durch. In den letzten Monaten sind Ausbildungen in den Bereichen der Industrie- und Energieelektronik, der Holztechnik und im Metallbereich hinzugekommen. Die Kapazitäten der Berufsbildungsstätte sehen wie folgt aus (Stand Mai/Juni 1991)[46]:

- 243 Erstausbildungsverhältnisse (Berufsausbildung der Lehrlinge), davon 65 vH in bauwirtschaftlichen Berufen,
- Berufsvorbereitungsjahr mit zwei Klassen,
- Benachteiligten-Programm nach dem AFG mit 63 Lehrlingen,
- Umschulungen von 259 Arbeitslosen bzw. Kurzarbeitern in den Berufsgruppen des Bauhaupt- und Baunebengewerbes,
- Weiterbildung von Beschäftigten in den Bereichen Meistervorbereitung und bauberufliche Fortbildungslehrgänge mit über 60 Teilnehmern.

Zur Bewältigung der Aufgaben stehen der Berufsbildungsstätte insgesamt 54 Beschäftigte, darunter 42 Ausbilder, zur Verfügung. Laut Auskunft der Berufsbildungsstätte gibt es vor allem Probleme bei der Ausbildung im Metallbereich. Zwar sind das erste und zweite Lehrjahr gesichert. Aufgrund fehlender Maschinen (CNC, Pneumatik) gibt es jedoch Probleme, die Ausbildung an den Standard in den alten Bundesländern anzugleichen. Es wurde ferner mitgeteilt, daß die Nachfrage nach Ausbildung bzw. Umschulung in den Metall- und Holzberufen sehr hoch ist. Im Baubereich, in dem Arbeitskräfte dringend gesucht werden, scheint es dagegen zu wenig Nachwuchs zu geben. Die Berufsbildungsstätte versucht, dieses Problem durch zusätzliche Informationsveranstaltungen zu lösen.

Im Umschulungs- und Fortbildungsbereich bieten auch die Volkshochschulen in beiden Landkreisen umfangreiche Kurse im EDV- und kaufmännisch-administrativen Bereich an[47]. Hier ist vor allem das seit Oktober 1990 eingerichtete Technologie-Förderungs-Zentrum e.V. zu nennen. Dieser Verein führt Umschulungen für Bürokaufleute, Groß-, Außen-, Einzelhandels- und Datenverarbeitungskaufleute durch. Hinzu kommen Fortbildungsmaßnahmen für Sachbearbeiter im Bereich Finanzbuchhaltung mit Steuerrecht und Verkaufstraining. Diese Einrichtung ist mit ca.

---

46 Vgl. *Wirtschaft aktuell* vom Juni 1991, S. 31.
47 Die Teilnahme an einigen berufsorientierten Weiterbildungslehrgängen an den Volkshochschulen kann nach dem AFG vom Arbeitsamt gefördert werden.

350 Teilnehmern zur Zeit im Landkreis Ludwigslust die größte Bildungseinrichtung für den kaufmännischen Bereich.

Ein wichtiges Instrument der Arbeitsmarkt- und Strukturpolitik in Krisenbranchen bzw. -regionen stellen neben solchen Gesellschaften der überbetrieblichen Aus- und Weiterbildung die Beschäftigungs- und Qualifizierungsgesellschaften dar. Ziele der Beschäftigungsgesellschaften sind die Verhinderung von Arbeitslosigkeit und der Versuch, den Betroffenen mit einer sinnvollen Weiterbeschäftigung den Einstieg in den Arbeitsmarkt zu erleichtern. Qualifizierungsgesellschaften haben vor allem die Erstausbildung, Fortbildung und Umschulung zum Ziel[48]. Dabei ist für die neuen Bundesländer eine Kombination beider Gesellschaften ein geeigneter Weg, einerseits den Beschäftigungsabbau zu stoppen und andererseits in der Übergangsphase durch Qualifizierung der Beschäftigten die Qualität des Arbeitskräftepotentials zu verbessern. Im Landkreis Ludwigslust wurde im Oktober im Bereich des Lederwerkes in Neustadt-Glewe eine Beschäftigungs- und Qualifizierungsgesellschaft gegründet. Ob im Landkreis Hagenow eine ähnliche Gesellschaft bei der Elbewerft Boizenburg aufgebaut wird, hängt vom Ausgang der Sanierungsverhandlungen mit der Treuhand ab.

Trotz aller Mängel kann grundsätzlich davon ausgegangen werden, daß das bisherige Qualifikationsniveau der Arbeitsbevölkerung in der Region Ludwigslust/Hagenow gute Voraussetzungen für den erforderlichen Strukturwandel bietet. Es ist jedoch ein erheblicher Bedarf an beruflicher Fortbildung bzw. Qualifikation vorhanden. Zur Zeit können berufliche Defizite in den Bereichen Theorie (z.B. Grundlagen des betriebs- und volkswirtschaftlichen Denkens, Managementwissen), berufspraktisches Handeln (z.B. Nutzungen moderner Informations- und Kommunikationstechniken) und bei den Arbeitsvollzügen (u.a. Organisations- und Kommunikationsstrukturen) festgestellt werden. Bei der Facharbeiterausbildung im Produzierenden Gewerbe sind Mängel in den Schwerpunkten Steuerung, Führung, Programmierung, Wartung und Instandhaltung moderner technischer Anlagen erkennbar[49].

Das überbetriebliche Aus- und Weiterbildungsangebot kann als weitgehend befriedigend angesehen werden. Dennoch stuften rd. 85 vH der befragten Betriebe im Landkreis Ludwigslust das Ausbildungsangebot als nur mittelmäßig bzw. schlecht ein. Im Landkreis Hagenow belief sich diese Quote auf rd. 77 vH. Allerdings konnten auch im Bereich der betrieblichen Ausbildung negative Einschätzungen festgestellt werden. So ergab die Umfrage, daß rd. 69 vH der befragten Betriebe überhaupt nicht ausbil-

---

48 Vgl. *E. Holst* (1990), S. 12.
49 Vgl. *Forschungsinstitut der Friedrich-Ebert-Stiftung, Abt. Wirtschaftspolitik* (Hrsg.), 1990), S. 19.

den. Im Landkreis Hagenow beläuft sich der Anteil dieser Betriebe auf rd. 72 vH. Problematisch erscheint auch die Tatsache, daß rd. 70 vH der befragten Betriebe im Landkreis Ludwigslust und 52 vH im Landkreis Hagenow in der nächsten Zeit keine Ausbildungsplätze mehr anbieten wollen.

Zu diesen aus Sicht der Aus- und Weiterbildung schlechten Ergebnissen muß allerdings angemerkt werden, daß die Aussagen der Befragung, die im Kreis Ludwigslust im März/April 1991 durchgeführt wurde, aufgrund der damaligen schlechten wirtschaftlichen Lage verzerrt sein könnten. Zudem könnten sich die Einstellungen durch die oben angesprochenen beschäftigungspolitischen Maßnahmen in der Region zwischenzeitlich grundlegend geändert haben. Den Kreisverwaltungen wird daher eine nochmalige Befragung in Zusammenarbeit mit der IHK zu Schwerin und den Handwerkskammern empfohlen. Die Ergebnisse dieser Befragung könnten dann gegebenenfalls Grundlage für weitere Maßnahmen im Bereich der überbetrieblichen Aus- und Weiterbildung sein.

2.2.4 Kapitalpotential

Die Produktion von Gütern und Dienstleistungen setzt neben einem ausreichenden Arbeitskräftepotential einen entsprechenden Bestand an Anlagevermögen[50] voraus. Quantitative Aussagen über die Höhe und die Qualität des Kapitalstocks liegen auf regionaler Ebene nicht vor. Es lassen sich aber mit Hilfe einiger Indikatoren Rückschlüsse auf das Kapitalpotential in der Region Ludwigslust/Hagenow ziehen.

Neben der Quantität des Kapitalstocks sind Faktoren wie Qualität und Nutzungsgrad maßgeblich für die Höhe der Produktion einer Volkswirtschaft bzw. Region in einer Periode bestimmend. Diese Faktoren beeinflussen gleichzeitig die Entwicklung der Arbeitsproduktivität und der Produktionskosten.

In der ehemaligen DDR wurden im Rahmen der zentralwirtschaftlichen Investitionslenkung die Bereiche der Grundstoffindustrie bevorzugt. Diese Entwicklung war u.a. auf Bestrebungen nach wirtschaftlicher Autarkie, z.T. auf westliche Embargobestimmungen und auf die Ausrichtung der Volkswirtschaft auf die RGW-Staaten zurückzuführen. Folge dieser Investitionspolitik sind überdimensionale Kapitalpotentiale in den Wirtschaftssektoren der Grundstoffindustrie[51]. Die seit 1987 verstärkte Um-

---

50 Die Begriffe Anlagevermögen und Kapitalstock bzw. -potential werden als Synonyme verwendet. Das Anlagevermögen setzt sich aus den bisher getätigten Investitionen der Unternehmen in Ausrüstungen und Bauten zusammen. Vgl. auch *Statistisches Bundesamt* (Hrsg., 1990a), S. 72 f..
51 Vgl. *W. Ostwald* (1990), S. 48.

lenkung der Investitionen in den Bereich der Verarbeitenden Industrie konnte an dieser Tatsache bislang nichts ändern. Die Investitionspolitik in der ehemaligen DDR hatte aber auch ein in Quantität und Qualität unzureichendes Anlagevermögen im Verkehrs- und Fernmeldesektor zur Folge[52].

Zwar stieg der Kapitalstock in den 80er Jahren an. Dies ist aber auch den geringen Abgängen aus dem Anlagevermögen zuzuschreiben. Damit erhöhte sich einerseits die Verschleißquote des Kapitalstocks[53]. Andererseits behinderten die geringen Abgänge gleichzeitig den technischen Fortschritt, da im Produktionsprozeß bei steigenden Kosten überholte Technologien eingesetzt wurden. Hinzu kamen z.t. erhebliche Organisationsmängel. Diese Hemmnisse führten zu einem erhöhten Bedarf an Arbeitskräften und zu einem Sinken der Wachstumsraten der Arbeitsproduktivität. So sind die Veränderungsraten der Arbeitsproduktivität[54] in der ehemaligen DDR von 9,1 vH im Jahre 1986 auf 3,8 vH im Jahre 1989 gesunken[55].

Wegen fehlender Daten muß die geschilderte Entwicklung auch für die Region Ludwigslust/Hagenow angenommen werden. Zur Zeit stellt der Kapitalstock in der Region Ludwigslust/Hagenow unter qualitativen Gesichtspunkten einen Engpaß dar. Da davon auszugehen ist, daß künftige Investitionen im Vergleich zum alten Kapitalbestand einen hohen Rationalisierungscharakter besitzen, wird der Faktor Kapital in der Untersuchungsregion im Hinblick auf die Arbeitslosen- und Kurzarbeiterzahlen derzeit zu einem quantitativen Engpaßfaktor.

2.2.5 Gewerbeflächenpotential

Für die wirtschaftliche Entwicklung einer Region ist das Angebot an Gewerbeflächen eine bestimmende Größe. Dies trifft besonders zu, wenn in Zeiten des wirtschaftlichen Umbruchs neue Betriebe angesiedelt oder vorhandene Betriebe aus städtebaulichen Gründen umgesiedelt werden müssen. Die kommunalen und regionalen Entscheidungsträger sollten daher genügend Flächen vorhalten.

---

52 Vgl. auch Kapitel 2.2.6.
53 Die Verschleißquote des Kapitalstocks der gesamten Volkswirtschaft der ehemaligen DDR stieg von 43,6 vH im Jahre 1980 auf 45 vH 1990. Bei den Ausrüstungen betrug die Verschleißquote 1989 sogar 55,4 vH. Vgl. *Institut für angewandte Wirtschaftsforschung* (Hrsg., 1990), S. 55. In Mecklenburg-Vorpommern betrug der Verschleißgrad der Ausrüstungen 52 vH. Vgl. *W. Ostwald* (Hrsg., 1990), S. 58.
54 Als Arbeitsproduktivität wird das Verhältnis von Produktion bzw. Output pro eingesetzter Arbeitskraft bezeichnet.
55 Vgl. *Institut für angewandte Wirtschaftsforschung* (Hrsg., 1990), S. 77.

Untersuchungen[56] zeigen, daß sofort verfügbare Grundstücke in guter Lage zu günstigen Preisen bei den Standortentscheidungen der Unternehmen eine wichtige Rolle spielen. Die wirtschaftspolitisch Verantwortlichen in den Landkreisen Ludwigslust und Hagenow sollten daher darauf achten, daß
- entsprechend den unterschiedlichen Vorstellungen der Ansiedlungsinteressenten über Lage, Zuschnitt, Größe, Nutzungsmöglichkeiten, Preis usw. eine ausreichende Auswahl an Grundstücken in unterschiedlicher Lage angeboten wird und
- innerhalb der Gewerbegebiete eine räumliche Trennung zwischen emittierenden und nicht-emittierenden Betrieben sichergestellt wird[57].

Im folgenden wird eine Übersicht über das derzeitige Gewerbeflächenpotential gegeben. Anschließend erfolgt eine Ermittlung des Gewerbeflächenbedarfs für die Untersuchungsregion. Abschließend werden die geplanten Gewerbeflächen einer kritischen Beurteilung unterzogen.

2.2.5.1 Gewerbeflächenbestand und -angebot

Zur Zeit umfassen die Gewerbeflächen der Industrie im Landkreis Ludwigslust rd. 237 ha. Im Landkreis Hagenow sind es rd. 176 ha. In Tabelle 12 wird der industrielle Gewerbeflächenbestand nach Branchen untergliedert. Die dort aufgeführten Flächen umfassen die Bruttogrundstücksflächen einschließlich Erweiterungsflächen.

Obwohl Angaben über den Gewerbeflächenbestand der Bauwirtschaft und des Handwerks fehlen, ergeben sich aus den vorliegenden Daten über den industriellen Gewerbeflächenbestand gute Aussagemöglichkeiten. So kann festgestellt werden, daß die Hälfte der bestehenden Fläche im Landkreis Ludwigslust von der Leichtindustrie genutzt wird. Im Landkreis Hagenow werden 40 vH der Flächen vom Sektor "Maschinen- und Fahrzeugbau" genutzt.

Untersuchungen über die räumliche Verteilung der Gewerbeflächen im Landkreis Ludwigslust durch die Gesellschaft für Absatzberatung mbH[58] zeigen, daß der Schwerpunkt eindeutig auf dem "Städtedreieck" Ludwigslust, Grabow und Neustadt-Glewe liegt. Gut zwei Drittel des Gewerbeflächenbestandes des Kreises Ludwigslust sind hier zu finden. Im Raum der Entwicklungsachse B 191 einschließlich der Stadt Lenzen konzentrieren sich rd. 25 vH der Gewerbeflächen. Mit einem Flächenanteil

---
56 Vgl. z.B. P.-H. Burberg, W. Michels, P. Sallandt (1983), S. 27.
57 Vgl. ebenda.
58 Vgl. Gesellschaft für Absatzberatung mbH (1991), S. 19 ff.

von 43,2 vH kann die Stadt Neustadt-Glewe als industrieller Schwerpunkt im Landkreis Ludwigslust bezeichnet werden[59]. Der Schwerpunkt der industriellen Gewerbebestandsflächen im Landkreis Hagenow liegt in den Städten Boizenburg und Hagenow. Mit einigem Abstand folgen die Städte Wittenburg und Lübtheen.

Tab. 12: Industrieller Gewerbeflächenbestand in der Region Ludwigslust/Hagenow 1989 nach Branchen

Branche	Industrie-Gewerbeflächen			
	LK Hagenow		LK Ludwigslust	
	qm	vH	qm	vH
Energie/Brennstoffe	171.006	9,7	57.503	2,4
Chemische Industrie	7.200	0,4	4.220	0,2
Metallurgie	19.300	1,1	6.000	0,3
Baumaterialien	419.019	23,8	336.250	14,2
Maschinen/Fahrzeugbau	705.489	40,1	313.750	13,2
Elektrotechnik	7.402	0,4	123.431	5,2
Leichtindustrie	78.445	4,5	1.194.088	50,4
Textilindustrie	34.182	1,9	-	-
Lebensmittelindustrie	317.665	18,1	333.871	14,1
Industrie insgesamt	1.759.708	100,0	2.369.113	100,0

Quelle: Gesellschaft für Absatzberatung mbH (1991), S. 18.

Für die wirtschaftliche Entwicklung der Region Ludwigslust/Hagenow sind allerdings die neu geplanten Gewerbeflächen wesentlich bedeutsamer. Zum einen muß davon ausgegangen werden, daß auf den bestehenden Flächen Altlasten und z.T. ungeklärte Eigentumsfragen, vor allem aber auch eine überalterte Bausubstanz dazu führen, daß ansiedlungswillige Unternehmen diese Gewerbegebiete meiden. Andererseits besteht aus städtebaulichen Gründen ein Verlagerungsbedarf von bestehenden Unternehmen aus den Stadtzentren heraus[60]. Um den Strukturwandel in der Untersuchungsregion zu unterstützen und neue Arbeitsplätze zu schaffen, sollte die Erschließung neuer Gewerbegebiete für ansiedlungswillige Unternehmen beschleunigt werden.

Tabelle 13 gibt einen Überblick über die geplanten Gewerbeflächen in den Gemeinden des Landkreises Ludwigslust. Danach wird laut Flächennutzungsplanung der Städte und Gemeinden ein (Brutto-) Gewerbeflächenangebot von 231,7 ha bzw. eine

---

59 Vgl. Gesellschaft *für Absatzberatung mbH* (1991), S. 21.
60 So wäre z.B. die Verlagerung der Firmen "Güldenstern GmbH" und "Mecklenburger Wurstfabrik GmbH" aus dem Zentrum der Stadt Ludwigslust in ein neues Gewerbegebiet unter dem Gesichtspunkt der Entwicklung des Stadtzentrums und unter Berücksichtigung der zentralen Einstufung der Stadt Ludwigslust dringend erforderlich.

Nettofläche von 153,8 ha ausgewiesen[61]. Davon sind bereits 32,7 ha als Gewerbeflächenangebot vorhanden, 121,1 ha befinden sich noch in der Erschließungsphase. Von den vorhandenen Flächen wurden 82,6 vH schon vergeben. Spätestens Ende des ersten Quartals 1992 werden weitere 97,9 ha erschlossen sein. Vergleicht man das Gewerbeflächenangebot in Höhe von 231,7 ha mit dem von Ansiedlungsinteressenten angemeldeten Flächenbedarf in Höhe von rd. 80 ha, so muß befürchtet werden, daß schon in der ersten Erschließungsphase zu viele Gewerbeflächen angeboten werden[62]. Zudem muß davon ausgegangen werden, daß viele der ansiedlungswilligen Unternehmen auch in den Nachbarregionen den gleichen Bedarf an Gewerbeflächen angemeldet haben und so eventuell als tatsächliche Nachfrager nach Grundstücken ausfallen.

Tab. 13: Neue Gewerbeflächen im Landkreis Ludwigslust (in ha, November 1991)

Gemeinde	Flächenangebot		vorhandene Flächen		(Netto-) Flächen Erschließungsphase		
	brutto	netto	vergeben	verfügbar	zur Zeit	I/1992	II/1992
Brenz	47,0	38,0	11,0	-	-	27,0	-
Dömitz	10,0	4,5	4,5	-	-	-	-
Fahrbinde	16,0	10,0	-	-	-	10,0	-
Grabow	30,0	15,0	-	-	-	15,0	-
Groß Laasch	10,0	8,0	-	-	-	8,0	-
Kummer	10,5	8,0	-	-	-	8,0	-
Lenzen	6,7	4,6	-	-	4,6	-	-
Ludwigslust	21,0	16,0	11,5	4,5	-	-	-
Lüblow	5,5	3,0	-	-	-	-	3,0
Neu Kaliß	6,5	5,0	-	-	-	-	5,0
Neustadt-Glewe	12,0	7,0	-	-	-	-	7,0
Tewswoos	19,0	8,3	-	-	-	8,3	-
Vielank	13,5	9,4	-	1,2	-	-	8,2
Wöbbelin	24,0	17,0	-	-	-	17,0	-
LK Ludwigslust	231,7	153,8	27,0	5,7	4,6	93,3	23,2

Quelle: Angaben des Landkreises Ludwigslust; eigene Berechnungen.

Tabelle 14 zeigt, daß im Landkreis Hagenow an neuen Gewerbegebieten rd. 352 ha beplant werden. Davon stehen für Ansiedlungsinteressenten rd. 97 ha zur Verfügung. Nach Angaben der Kreisverwaltung Hagenow sollen die meisten Erschließungsarbeiten bis Ende 1991 abgeschlossen sein bzw. begonnen werden. Zur Gewerbefläche der Stadt Hagenow sei angemerkt, daß die in der Tabelle aufgeführten Flächen

---

61 Laut Auskunft der Kreisverwaltung Ludwigslust kann das Flächenangebot noch um 56,4 ha erweitert werden.
62 Es sei an dieser Stelle darauf hingewiesen, daß Mitte 1991 noch ein Gewerbeflächenangebot von rund 313 ha beplant wurde.

die neu ausgewiesenen Flächen des Gewerbegebietes "Steegener Straße" darstellen. In diesem Gebiet werden allerdings nur noch wenige Grundstücke zum Verkauf angeboten. Um einem Engpaß an Gewerbeflächen vorzubeugen, sollte nach Abzug der sowjetischen Garnison ein neues Gewerbegebiet beplant werden. Abschließende Planungen hierzu liegen allerdings noch nicht vor.

Tab. 14: Neue Gewerbeflächen im Landkreis Hagenow (in ha, August 1991)

Gemeinde	Flächenangebot brutto	netto	verfügbare Flächen	Anmerkungen
Boizenburg	45,5	.*	11,5	Oktober/November 1991 Erschließungsphase
Brahlstorf	6,4	5,0	3,5	Erschließungsphase
Hagenow	24,0	.	.	nur Neufläche; Erschließung beendet
Lübtheen	11,0	.	8,0	Erschließung Ende November beendet
Neuhaus	20,2	.	7,0	teilweise in Erschließung
Wittenburg	45,0	.	7,0	Erschließungsphase
Zarrentin/Gudow	200,0	.	60,0	Erschließungsphase
LK Hagenow	352,1	.	97,0	

* keine Angabe.

Quelle: Angaben der Kreisverwaltung Hagenow, Amt für Wirtschaftsförderung und Tourismus; eigene Berechnungen.

Eine Sonderrolle spielt das geplante Transportgewerbegebiet am ehemaligen Kontrollpunkt Zarrentin/Gudow. Mit einer geplanten Geländegröße von 200 ha ist dieses Logistikvorhaben auch im bundesdeutschen und europäischen Vergleich als flächenintensiv einzuschätzen[63]. Hohe Flächennachfragen (Bruttobaulandbedarf plus Erweiterungs- und strategische Reserven) sind wahrscheinlich. Trotz der absolut gesehen hohen Arbeitsplatzgewinne für die Region sind die relativen Beschäftigungswirkungen - gemessen am Gewerbeflächenverbrauch - eher gering einzustufen. Zieht man daher die 200 ha des Transportgewerbegebietes von den gesamten in der Erschließungsphase befindlichen Gewerbeflächen ab, so wird das Gewerbeflächenangebot des Landkreises Hagenow in den nächsten Monaten um knapp 152 ha erhöht.

Um unnötig hohe Kosten für die Gewerbeflächenerschließung und ruinösen Wettbewerb zwischen den Gemeinden um die Ansiedlung von Gewerbe zu vermeiden, ist eine realistische Einschätzung des Gewerbeflächenbedarfs erforderlich.

---

[63] Vgl. Verkehrsforum Bahn e.V. (Hrsg., 1991), S. 34 f.

2.2.5.2 Gewerbeflächenbedarfsanalyse für die Region Ludwigslust/Hagenow

Gewerbeflächeninanspruchnahme und Flächennutzungssteuerung spielen auf allen Ebenen der Raumordnung eine wichtige Rolle. Dabei steht das Problem des knappen Raumes und der industriellen Zersiedlung im Vordergrund. Letzteres ist aus raumordnungspolitischen Gründen unerwünscht[64]. Eine Vorhaltung von Gewerbe- und Industrieflächen erscheint nicht zuletzt deswegen problematisch, weil anderweitig zu nutzendes Bauland gebunden wird[65]. Auf der anderen Seite besteht die Gefahr von Fehlinvestitionen durch eine überhöhte Ausweisung von Gewerbegebieten[66]. Dadurch werden öffentliche Gelder gebunden und stehen für andere wichtige Aufgaben nicht mehr zur Verfügung. Angesichts leerer öffentlicher Kassen ist eine solche Gewerbeflächenpolitik nicht akzeptabel. Daher empfiehlt es sich, eine Analyse des voraussichtlichen Gewerbeflächenbedarfs für die Untersuchungsregion durchzuführen.

Die zur Prognose des Gewerbe- und Industrieflächenbedarfs angewendeten Verfahren lassen sich in sogenannte angebots- und nachfrageorientierte Ansätze unterscheiden. Grundlage bei den angebotsorientierten Ansätzen ist entweder eine prognostizierte Arbeitsmarktbilanz oder die zukünftige Entwicklung des Erwerbspersonenpotentials[67]. Während sich im ersten Fall der zukünftige Gewerbeflächenbedarf aus den prognostizierten Arbeitslosen ergibt, bestimmen im zweiten Fall die prognostizierten Erwerbspersonen den Flächenbedarf. Die Umsetzung in den Flächenbedarf erfolgt über Flächenkennziffern, die den Flächenbedarf pro gewerblich Beschäftigten in qm angeben. Zusammenfassend kann festgehalten werden, daß die angebotsorientierten Konzepte "den Flächenbedarf bestimmen, der erforderlich ist, um durch Neuansiedlungen bzw. Betriebserweiterungen im industriell-gewerblichen Bereich ein mögliches Arbeitsmarktdefizit decken zu können."[68] Der Flächenbedarf, der aus intraregionalen Verlagerungen resultiert, wird bei diesen Ansätzen nicht berücksichtigt, da hierbei i.d.R. keine zusätzlichen Arbeitsplätze geschaffen werden. Bei den nachfrageorientierten Ansätzen wird auf die zu erwartende Gewerbeflächennachfrage der gewerblich-industriellen Unternehmen abgestellt. Anhand von Unternehmensbefragungen und Trendextrapolationen wird der Flächenbedarf, nach Umfang, Art[69] und

---

64 Dies ist vermutlich einer der Gründe, weshalb das Amt für Regionalplanung in Schwerin der Ausweisung vieler Gewerbeflächen im ländlichen Raum ablehnend gegenüber steht.
65 Vgl. *K. Hottes, H. Kersting* (1977), S. 231.
66 Vgl. ebenda, S. 232.
67 Vgl. *M. Bauer, H.W. Bonny* (1987), S. 24 ff.
68 *L. Klausing* (1988), S. 9.
69 Hierunter sind Erweiterungen am Standort und Verlagerungen zu verstehen.

Planungszeitraum differenziert, ermittelt[70]. Die regionale Arbeitsplatzentwicklung bleibt allerdings unberücksichtigt.

Aus unserer Sicht erscheint die Verwendung eines nachfrageorientierten Ansatzes zur Ermittlung des Gewerbeflächenbedarfs nicht sinnvoll. Zum einen basieren die bei diesen Verfahren verwendeten Ansiedlungs-, Verlagerungs- und Stillegungsquoten auf den Erfahrungen in den alten Bundesländern. Es ist jedoch zweifelhaft, ob angesichts des Strukturwandels nach der Wirtschafts- und Währungsunion diese Quoten ohne weiteres auf die neuen Bundesländer übertragbar sind. Zum anderen sollten aus Sicht der Entscheidungsträger in beiden Kreisen Gewerbeflächen in dem Umfang bereitgestellt werden, daß das geschätzte Arbeitsplatzdefizit durch Neuansiedlungen oder Betriebserweiterungen abgebaut wird. Der in diesem Gutachten vorgestellte Bedarfsansatz beruht daher auf einem leicht modifizierten angebotsorientierten Verfahren. Zur Ermittlung des Gewerbeflächenbedarfs werden Szenarien verwendet, bei denen die für Juni 1991 ermittelten Arbeitslosen- und Kurzarbeiterzahlen die Grundlage für das zukünftige Arbeitsplatzdefizit bilden.

Tab. 15: Ergebnisse der Gewerbeflächenbedarfsberechnungen für den Landkreis Ludwigslust (in ha)

	Szenario I	Szenario II	Szenario III
Arbeitslose*	2.900	6.000	9.900
unkorrigierter Flächenbedarf (FK_{VG}=221 qm/BE_{VG} FK_{SO}=150 qm/BE_{SO})	30,6	63,3	104,4
bodenpreiskorrigierter Flächenbedarf (FK_{VG}=295 qm/BE_{VG} FK_{SO}=200 qm/BE_{SO})	40,8	84,4	139,3

* Werte für das Jahr 1991

Szenario I: Flächenbedarf bei Berücksichtigung der Arbeitslosen
Szenario II: Flächenbedarf bei Berücksichtigung der Arbeitslosen und Kurzarbeiter (0-Stunden)
Szenario III: Flächenbedarf bei Berücksichtigung der Arbeitslosen und Kurzarbeiter (insgesamt)

FK: Flächenkennziffer (Quadratmeter pro Beschäftigter)
BE: Beschäftigte
VG: Verarbeitendes Gewerbe
SO: Sonstige Branchen

Quelle: Eigene Berechnungen.

---

[70] Vgl. M. Bauer, H.W. Bonny (1987), S. 27 f.

Eine genauere Darstellung der methodologischen Grundlagen dieses Verfahrens und der Szenarien findet sich in Anhang A6. Tabelle 15 zeigt die Ergebnisse der Gewerbeflächenbedarfsanalyse für den Landkreis Ludwigslust. Je nach unterstelltem Szenario schwankt der Gewerbeflächenbedarf zwischen 30,6 ha und 139,3 ha[71].

Unterstellt man, daß die niedrigeren Bodenpreise in den ländlichen Räumen auch im Landkreis Ludwigslust zu einer höheren Gewerbeflächennachfrage seitens der Unternehmen führen, so werden zwischen 40,8 ha und 139,3 ha in der Untersuchungsregion benötigt.

Tabelle 16 zeigt den Gewerbeflächenbedarf für den Landkreis Hagenow. Je nach Szenario und unterstellten Flächenkennziffern ergibt sich hier ein Flächenbedarf zwischen 28,3 ha und 124,5 ha. Unter der Annahme einer erhöhten Gewerbeflächennachfrage aufgrund niedriger Bodenpreise liegt der Bedarf zwischen 37,8 und 124,5 ha.

Tab. 16: Ergebnisse der Gewerbeflächenbedarfsberechnungen für den Landkreis Hagenow (in ha)

	Szenario I	Szenario II	Szenario III
Arbeitslose*	3.400	6.800	11.200
unkorrigierter Flächenbedarf (FK_{VG}=221 qm/BE_{VG} FK_{SO}=150 qm/BE_{SO})	28,3	56,6	93,3
bodenpreiskorrigierter Flächenbedarf (FK_{VG}=295 qm/BE_{VG} FK_{SO}=200 qm/BE_{SO})	37,8	75,6	124,5

* Werte für das Jahr 1991

Szenario I: Flächenbedarf bei Berücksichtigung der Arbeitslosen
Szenario II: Flächenbedarf bei Berücksichtigung der Arbeitslosen und Kurzarbeiter (0-Stunden)
Szenario III: Flächenbedarf bei Berücksichtigung der Arbeitslosen und Kurzarbeiter (insgesamt)

FK: Flächenkennziffer (Quadratmeter pro Beschäftigter)
BE: Beschäftigte
VG: Verarbeitendes Gewerbe
SO: Sonstige Branchen

Quelle: Eigene Berechnungen.

---

[71] Im Lichte dieser Gewerbeflächenbedarfsanalyse erscheint die Flächenbedarfsausweisung der Gesellschaft für Absatzberatung mbH zwischen 160 ha und 245 ha als vergleichsweise zu hoch. Vgl. *Gesellschaft für Absatzberatung mbH* (1991), S. 27.

Diese Bedarfszahlen können allerdings nur als Ober- bzw. Untergrenze für das zusätzliche Gewerbeflächenangebot gewertet werden. Die Zahl der potentiellen Nachfrager im Landkreis Ludwigslust zeigt, daß für beide Landkreise eine Fläche von jeweils 80 bis 90 ha in der ersten Erschließungsphase einen realistischen Richtwert darstellt. Dabei sollten die Kreisverwaltungen darauf hinwirken, daß vor allem die Flächen in verkehrsgünstiger Lage (z.B. Hagenow, Fahrbinde/Wöbbelin und Brenz) schnell erschlossen werden. Die abseits liegenden Gemeinden in den ländlichen Gebieten sollten aus finanziellen Gründen Gewerbeflächen nur im konkreten Bedarfsfalle ausweisen.

2.2.5.3 Beurteilung des Gewerbeflächenangebotes

Die Ausweisung und Bebauung neuer preiswerter Gewerbeflächen ist aus Sicht der Wirtschaftsförderung vor allem dort günstig, wo Eigentumsfragen eine schnelle Realisierung nicht behindern, Nutzungsbeschränkungen nicht auftreten und die Lage im überörtlichen Verkehrsnetz Konflikte mit anderen Zielsetzungen (Städtebau, Raumordnung) minimiert.

Hinsichtlich der Eigentumsverhältnisse scheinen bei einem Großteil der Flächen keine Probleme aufzutreten, da sie sich im Eigentum der Kommunen befinden und damit sofort verfügbar sind, sofern nicht alte Eigentumsansprüche angemeldet werden oder einzelne Privateigentümer den Ankauf verhindern wollen. So konnte die Planung eines Gewerbegebietes an der Schweriner Straße in Hagenow nicht weitergeführt werden, da diesem Projekt die Interessen einer Vielzahl von privaten Kleinparzelleneigentümern entgegenstanden. In Neustadt-Glewe haben ähnliche Verhältnisse dazu geführt, daß die Stadt ihr geplantes Gewerbegebiet halbieren und mit der Bauleitplanung von neuem beginnen mußte. Dies stellt einen erheblichen Nachteil im Hinblick auf die Bereitstellung sofort verfügbarer Flächen in verkehrsgünstiger Lage dar.

Zu den Grundstückspreisen gibt es noch keine Erfahrungen. Nach Angaben des Amtes für Wirtschaftsförderung des Landkreises Hagenow schwanken die Preise für zu erschließende Gewerbegebiete zwischen 2 DM/qm und maximal 8 bis 10 DM/qm. Im Bereich des Gewerbegebietes Fahrbinde/Wöbbelin wurden Preise für erschlossene Flächen um 30 DM/qm angedeutet. Von noch niedrigeren Bodenpreisen ist angesichts des ohnehin sehr niedrigen Bodenpreisniveaus keine Verbesserung der Wettbewerbssituation zu erwarten. So beträgt z.B. im Landkreis Parchim der Preis für unerschlossene Gewerbeflächen zwischen 3,75 und 8 DM/qm und für erschlossenes Gelände zwischen 10 und 15 DM/qm. Höhere Preise als 30 DM/qm werden aufgrund der Konkurrenzsituation zu westdeutschen Standorten wahrscheinlich kaum durchzusetzen sein[72]. So wird beispielsweise im Saarland erschlossenes Industriegelände für kaum mehr als 30 DM/qm verkauft. Andere strukturschwache Gebiete im Westen bieten Gewerbeflächen zu ähnlich niedrigen Preisen an[73].

Interessant ist auch die Frage, inwieweit bei den Gewerbeflächenplanungen Konflikte mit anderen Zielen auftreten können. Aus raumordnungspolitischer Sicht können vor allem die Gewerbegebiete in den Städten der Landkreise als günstig und förderungswürdig betrachtet werden. Hier sind z.B. die Städte Ludwigslust und Neustadt-Glewe im Landkreis Ludwigslust sowie Wittenburg und Boizenburg im Landkreis Hagenow zu nennen. Die Verkehrsanbindung der aufgeführten Standorte ist als gut zu bezeichnen. Konflikte mit anderen Nutzungsarten können nach den vorliegenden Bauleitplänen weitgehend vermieden werden.

Als weniger günstig müssen die meisten geplanten Gewerbegebiete im ländlichen Raum der Region bezeichnet werden. Beispiele hierfür sind Lüblow und Vielank im Landkreis Ludwigslust[74]. In vielen Fällen läuft das Ziel einer Gewerbeflächenplanung auch den Vorstellungen der überregionalen Landesplanung zuwider, die darin eine Zersiedelung des Raumes sieht und daher einer solchen Gewerbeflächenplanung ablehnend gegenüber steht. Für die Stadt Lübtheen als alten Gewerbestandort ergeben sich Probleme durch die schlechten Verkehrsanbindungen. Eine Anbindung an die mit der Elbbrücke bei Dömitz geschaffene regionale Nord-Süd-Verbindung könnte hier Abhilfe schaffen.

Hierzu ist anzumerken, daß es eine ganze Reihe von verkehrsgünstig liegenden Gewerbegebieten im ländlichen Raum der Untersuchungsregion gibt. Zu nennen sind hier vor allem die Gewerbegebiete in Brenz und Fahrbinde/Wöbbelin sowie der Bereich des Transportgewerbegebietes bei Gallin/Valluhn. Da sich einige ansiedlungswillige Unternehmen um diese Flächen bemühen, muß von den bewilligenden Landesbehörden hier schnell eine eindeutige Entscheidung über die beantragten Gewerbegebiete getroffen werden. In den letzten Monaten war dies nicht immer der Fall. So wurden Ansiedlungswünsche vor allem in Brenz und Gallin/Valluhn durch einige überregionale Fachressorts stark behindert. Als Grund kann hier ein ungelöster Konflikt zwischen der Ökonomie einerseits und ökologischen und/oder siedlungsstruktu-

---

72 Eine Ausnahme hiervon könnten allenfalls Grundstücke in verkehrsgünstig guter Lage (z.B. in unmittelbarer Lage zu einem Autobahnanschluß) sein.
73 Vgl. F. Maier (1991), S. 88.
74 Trotz seiner Eigenschaft als zentraler Ort gilt dies eingeschränkt auch für Brahlstorf im Landkreis Hagenow.

rellen Gesichtspunkten andererseits genannt werden. In Brenz hätte dies beispielsweise fast zu einer Abwanderung des Interessenten geführt. Dies hätte zur Folge gehabt, daß ca. 450 neue Arbeitsplätze nicht entstanden wären. Das Land Mecklenburg-Vorpommern muß angesichts seiner schlechten Wirtschafts- und Arbeitsmarktlage an Investoren interessiert sein. Sonst könnten neue, interessante Arbeitsplätze beispielsweise an das Land Brandenburg als Mitkonkurrenten um neue Unternehmensansiedlungen verloren gehen. Diese Schwäche, die sich auch auf den Bereich der Wirtschaftsförderung bezieht, kann aber nicht der Region Ludwigslust/Hagenow angelastet werden. Vielmehr ist das Land Mecklenburg-Vorpommern hier gefordert, den oben erwähnten Zielkonflikt durch eine Klärung der Ziele der obersten (Landes-) Ebene aufzulösen. Dazu sollte so schnell wie möglich das geplante Landesplanungsgesetz verabschiedet und ein Landesentwicklungsprogramm entwickelt werden. Ferner müßte auf Landesebene durch eine bessere Koordination der Ministerien und Ämter das Bewilligungsverfahren beschleunigt werden[75].

Insgesamt ist davon auszugehen, daß nach Erschließung der geplanten Gewerbegebiete verkehrsgünstig gelegene, preiswerte Grundstücke in ausreichender Menge vorhanden sein werden. Ein Angebot weit über den realistisch zu erwartenden Bedarf, d.h. also maximal 140 ha im Landkreis Ludwigslust und 125 ha im Landkreis Hagenow, hinaus würde nicht nur eine Verschwendung von Flächen bedeuten, sondern vor allem knappe finanzielle Mittel der Kommunen für Ankauf und Erschließung nicht benötigter Grundstücke binden. Es spricht allerdings nichts dagegen, weitere Gewerbeflächen in einer Flächennutzungsplanung auszuweisen, um unter langfristigen Gesichtspunkten bei Bedarf schnell weitere Flächen bereitstellen zu können. Bei Realisierung der kommunalen Planungen wird das Gewerbeflächenpotential in beiden Landkreisen kurz- bis mittelfristig wahrscheinlich keinen Engpaßfaktor für die wirtschaftliche Entwicklung darstellen.

2.2.6 Infrastrukturpotential

Die Entwicklung des endogenen Entwicklungspotentials einer Region kann durch eine mangelhafte Ausstattung einer Region mit Infrastruktur stark behindert werden, da die Infrastruktur im Bereich der Wirtschaft als wichtige Vorleistung für die regionale Produktion dient. Eine Unterausstattung dieses Potentialfaktors, wie z.B. im

---

[75] D.h., daß den Gemeinden und den ansiedlungswilligen Unternehmen schneller mitgeteilt wird, ob einer Ausweisung und damit Besiedlung bestimmter Gewerbeflächen zugestimmt wird oder nicht.

Land Mecklenburg-Vorpommern[76], muß durch Infrastrukturinvestitionen abgebaut werden. Die Bedeutung der Infrastrukturinvestitionen wird vorwiegend unter zwei Aspekten gesehen:
- Unter der Zielsetzung der Schaffung gleichwertiger Lebensverhältnisse in allen Teilräumen der Bundesrepublik dienen Infrastrukturinvestitionen einem gezielten Abbau regionaler Disparitäten und der Verbesserung der Standortqualität. Damit werden gleichzeitig die Voraussetzungen für eine gesteigerte interregionale und internationale Wettbewerbsfähigkeit der in einer Region ansässigen Unternehmen geschaffen.
- Daneben stellen Infrastrukturinvestitionen ein wichtiges Instrument der regionalen Wirtschaftspolitik dar. Mit ihrer Hilfe können Kapazitätseffekte und eine Erhöhung der regionalen Produktion erreicht werden[77].

Zum Infrastrukturpotential gehören die folgenden Bereiche:
- Verkehrsinfrastruktur,
- Telekommunikationsinfrastruktur,
- Ver- und Entsorgungsinfrastruktur[78],
- Wohnungsversorgung und
- Bildung und Kultur.

Im folgenden soll auf die einzelnen Bestandteile des Infrastrukturpotentials in der Region Ludwigslust/Hagenow näher eingegangen werden.

2.2.6.1 Verkehrsinfrastruktur

Eine wichtige Standortdeterminante für Gewerbe und Industrie ist eine gut ausgebaute Verkehrsinfrastruktur. Zur Verkehrsinfrastruktur werden
- das Straßennetz,
- der Schienenverkehr,
- die Wasserstraßen,
- der Luftverkehr und
- der öffentliche Personennahverkehr (ÖPNV)

gezählt. Im folgenden werden alle Bereiche näher analysiert.

---

76 Die produktionsrelevante Infrastruktur weist in Mecklenburg-Vorpommern Werte auf, die unter 60 vH des EG-Gesamtindikators liegen. Damit besitzt Mecklenburg-Vorpommern zusammen mit Thüringen die schlechteste produktionsrelevante Infrastrukturausstattung in der Bundesrepublik Deutschland. Vgl. *Deutscher Bundestag* (Hrsg., 1991a), S. 66.
77 Vgl. auch Kapitel 2.2.7.
78 Zur Ver- und Entsorgungsinfrastruktur gehören die Bereiche Energiewirtschaft, Abfallbeseitigung, Wasserversorgung und -entsorgung.

Abbildung 6 zeigt das Verkehrswegenetz in der Region Ludwigslust/Hagenow. Aus der Abbildung ist ersichtlich, daß das überregionale Straßennetz in der Region unter quantitativen Aspekten keinen Engpaß darstellt. Von großer Bedeutung ist die Autobahn A 24 (Hamburg-Berlin) für beide Landkreise. Aufgrund ihrer Lage kommt dabei der A 24 die Bedeutung einer Entwicklungsachse für den Landkreis Hagenow (Zarrentin-Wittenberg-Hagenow) zu. Neben der Autobahn A 24 existiert mit der A 141 (Abzweig von der A 24 nach Schwerin) eine leistungsfähige Verbindung nach Norden in den Raum Schwerin-Wismar[79].

Im Landkreis Ludwigslust sind weiterhin die Bundesstraßen B 5 (Hamburg-Ludwigslust-Berlin), die B 106 nach Schwerin und die B 191 (Celle-Dömitz-Ludwigslust-Neustadt-Glewe-Parchim) von Bedeutung. Hingegen ist die B 195 als Ost-West-Verbindung im südlichen Kreisgebiet von untergeordneter Bedeutung. In qualitativer Hinsicht ist das Straßennetz ausbaubedürftig. Unter quantitativen Gesichtspunkten stellt das überregionale Straßennetz in Verbindung mit den Kreisstraßen jedoch ein ausreichend dichtes Verkehrsnetz dar. Mit der Fertigstellung der Elbbrücke bei Dömitz wird ab 1993 über die B 191 eine wichtige Verkehrsachse in den Raum Hannover-Celle-Braunschweig entstehen.

Auch im Landkreis Hagenow stellt das Straßenverkehrsnetz hinsichtlich der Verkehrswegeführung und der bereits erreichten Dichte keinen wesentlichen Engpaß für die wirtschaftliche Erschließung dar. Von Bedeutung für die Kreisentwicklung ist neben der bereits erwähnten A 24 die B 5 (Hamburg-Berlin), die im Kreisgebiet in Ost-West-Richtung von Boizenburg über Vellahn/Brahlstorf bis Pritzier/Hagenow und weiter nach Ludwigslust verläuft, sowie die B 321 von Hagenow nach Schwerin.

Alle zentralen Orte und voraussichtlichen Schwerpunktorte der gewerblichen Entwicklung des Landkreises weisen zu den beiden Entwicklungsachsen eine günstige Lage auf. Zusammen mit den diese parallelen Verkehrsachsen verbindenden Nord-Süd-Trassen B 195, B 321 und der alten LIO 101 ergibt sich ein fast geometrisches und damit günstiges Muster des Kreisverkehrswegenetzes.

---

[79] Zur Zeit besteht lediglich eine Verbindung bis Schwerin. Es laufen aber bereits Planungen zu einem Weiterbau der Trasse bis Wismar mit Anbindung an die geplante Ostseeautobahn. Vgl. auch Industrie- und Handelskammer zu Schwerin (o.J.).

Abb. 6: Überregionales Verkehrsnetz in der Region Ludwigslust/Hagenow

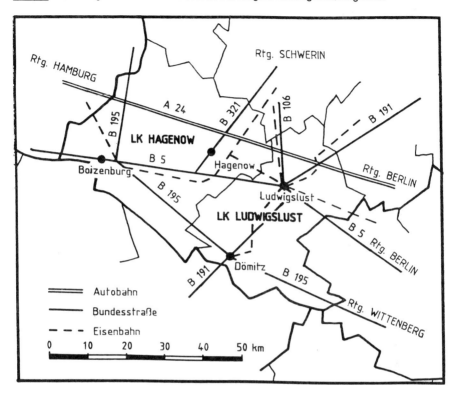

Ein Neubau von Strecken erscheint in beiden Landkreisen nicht vorrangig. Ein großer Bedarf besteht jedoch bei der Instandsetzung und Verbesserung der Straßenqualität[80]. Priorität genießen dabei Ortsumgehungen, Straßenbefestigungen und -verbreiterungen, der Ausbau von Geh- und Radwegen sowie verkehrsbündelnde und -sichernde Maßnahmen. Ein zusätzlicher Ausbaubedarf bei den Kreisstraßen ergibt sich, wenn die geplanten Gewerbegebiete der abseits der wichtigen Verkehrsverbindungen liegenden Gemeinden genehmigt werden sollten[81].

Durch die genannten Verkehrsachsen in der Untersuchungsregion, die gleichzeitig die Siedlungs- und Gewerbeschwerpunkte in beiden Landkreisen verbinden, ist die Region gut an den Wirtschaftsraum Hamburg im Westen, an die Landeshauptstadt

---

80 Vgl. Landkreis Hagenow (Hrsg., 1991a).
81 Hier sind z.B. die Gemeinden Lüblow, Tewswoos und Vielank im Landkreis Ludwigslust zu nennen.

Schwerin, den norddeutschen Ostseeküstenraum mit Lübeck, Wismar und Rostock sowie an den Großraum Berlin angebunden.

Erneuerungsbedürftig ist auch das nur gering ausgebildete Schienennetz der Region. Mehrere alte Reichsbahnstrecken aus der Vorkriegszeit, wie die Strecke von Brahlstorf nach Neuhaus/Elbe und die Strecke von Lübtheen nach Malliß, existieren nicht mehr. Ein Neubau ist nicht vorgesehen. In der Region Ludwigslust/Hagenow befinden sich heute drei Hauptstrecken. Die Fernverkehrsstrecke Berlin-Hamburg verläuft von Ludwigslust über Hagenow und Boizenburg. Diese Strecke soll bis 1997 zweigleisig ausgebaut und elektrifiziert werden. Darüber hinaus existieren die überregional bedeutsamen Strecken Hagenow-Schwerin und Ludwigslust-Schwerin mit weiterem Verlauf nach Rostock und Lübeck. Die erstgenannte Strecke verbindet Schwerin über Hagenow mit Wittenburg und Zarrentin. Dringlich ist hier die Elektrifizierung der Verbindung von Hagenow zur Landeshauptstadt. Eine wichtige Verbindung in Richtung Süden besteht mit der Strecke Ludwigslust-Magdeburg, die bis in das thüringische und sächsische Industriegebiet hinein fast vollständig elektrifiziert ist[82]. Daneben werden von der Reichsbahn im Landkreis Ludwigslust Streckenverbindungen von Ludwigslust nach Dömitz sowie über Neustadt-Glewe nach Parchim betrieben, die aber von geringerer Bedeutung sind.

Die gewerbliche Schiffahrt in der Untersuchungsregion ist von geringer Bedeutung. Einzige Wasserstraße ist die Elbe mit den Häfen Boizenburg und Dömitz. Die wirtschaftlichen Entwicklungsmöglichkeiten des Hafens in Boizenburg sind durch die Dominanz der Elbewerft, das knappe Flächenangebot, die fehlende Regulierung des Elbeabschnittes und einen ausgebauten Elbehafen in der Nachbarstadt Lauenburg begrenzt. Rentabel arbeitende Ausgliederungen der Elbewerft dürften nur bei Weiterexistenz der Werft möglich sein[83]. In Dömitz ist der Ausbau des Elbhafens vorgesehen. Er wird aber eher durch den Anschluß an den Elde-Müritz-Wasserweg als Yachthafen Bedeutung erlangen. Ebenfalls ohne Bedeutung für die gewerbliche Binnenschiffahrt sind die Elde-Müritz-Wasserstraße und der Störkanal.

Der Luftverkehr besitzt in der Region selbst nur eine untergeordnete Bedeutung. In der Nähe liegt der noch militärisch genutzte Flugplatz Parchim. Ein wichtiger Verkehrsflugplatz soll südlich von Schwerin nach Freigabe militärisch genutzter Flächen entstehen. Die Planungen für eine zivile Nutzung beider Flugplätze werden allerdings

---

82 Vgl. *H. Ostwald* (Hrsg., 1990), S. 87.
83 Vgl. *Unternehmensberatung Vallendor* (1991).

noch einige Zeit in Anspruch nehmen. Für den Geschäftsreiseverkehr bietet sich daher zur Zeit nur der Flughafen Hamburg an.

In ländlichen Räumen, wie z.b. der Region Ludwigslust/Hagenow, spielt der Individualverkehr eine größere Rolle als der öffentliche Personennahverkehr (ÖPNV). Die Tendenz zum Individualverkehr wird durch Mängel im ÖPNV verstärkt. Im Landkreis Ludwigslust wird der ÖPNV als ehemaliger Teilbereich der Wittenburger Verkehrsgesellschaft vom Landkreis als zuständige Gebietskörperschaft übernommen. Betriebsteile der Verkehrsgesellschaft, die nicht der öffentlichen Verkehrsversorgung dienen, wie etwa Reise- und Reparaturdienste, sollen privatisiert werden. Neben dem kommunalisierten ÖPNV decken zwei private Busunternehmen einen Teil der Nachfrage nach Verkehrsleistungen ab. Im Landkreis Hagenow erfolgt die Versorgung der Bevölkerung mit öffentlichen Transportdienstleistungen durch die Hagenower Verkehrsgesellschaft (HVG). Diese Gesellschaft soll nach Übertragung ihres Vermögens an den Landkreis ein flächendeckendes Liniennetz aufrechterhalten.

Als Ziel wird genannt, vor allem den weniger mobilen, distanzempfindlichen und einkommensschwachen Bevölkerungsgruppen die Erreichbarkeit der Städte und Gemeinden zu sichern und einem weiteren Bedeutungsverlust des öffentlichen Verkehrs vorzubeugen. Diesem Ziel dienende Maßnahmen, wie die Schaffung eines großräumigen Verkehrsverbundes, konnten bis jetzt noch nicht vollständig realisiert werden.

Der ÖPNV ist in beiden Landkreisen ein mit hohen Defiziten belasteter Teil der öffentlichen Versorgungsbetriebe[84]. Trotz bewilligter Finanzmittel nach dem Gemeindeverkehrsfinanzierungsgesetz und der von der Landesregierung Mecklenburg-Vorpommern bereitgestellten Finanzhilfen werden die Landkreise erhebliche Finanzbeträge zur Unterstützung des ÖPNV aufbringen müssen. Zur Entlastung der Kommunen ist daher eine Subventionierung auch über 1991 hinaus erforderlich.

Die Gründung von getrennten Verkehrsgesellschaften in der Region Ludwigslust/Hagenow ist unter Finanzierungsgesichtspunkten abzulehnen. Zur Verbesserung der Koordination des ÖPNV mit anderen Verkehrsträgern und zum Abbau der hohen Defizite wäre ein Verkehrsverbund zwischen den beiden Landkreisen anzustreben. Zusätzlich ist eine schnell durchzuführende verkehrstarifliche Vereinheitlichung, die Abstimmung der Fahrpläne mit der Reichsbahn und u.U. die Einführung neuer verkehrspolitischer Instrumente, wie die vielfältigen Formen des sogenannten Paratran-

---

84 Im Landkreis Ludwigslust können beispielsweise nur ca. ein Drittel der Kosten gedeckt werden.

sits[85], notwendig. Beispiele für in der Region durchführbare Formen des Paratransits sind Linientaxen, Anrufsammeltaxen und organisierte Fahrdienste[86].

2.2.6.2 Kommunikationsinfrastruktur

Die Kommunikationsinfrastruktur in beiden Landkreisen ist wie in anderen Gebieten der neuen Bundesländer auch durch schwerwiegende Mängel gekennzeichnet, die allerdings allmählich durch die Investitionen der Telekom behoben werden.

Der Versorgungsgrad mit Telefonanschlüssen betrug 1990 im Landkreis Hagenow 7,7 Hauptanschlüsse pro 100 Einwohner und lag damit unter dem Landesdurchschnitt von 9,3 Hauptanschlüssen pro 100 Einwohner. Im Bereich des Fernmeldeamtes Ludwigslust[87] waren es 17,7 Fernsprechstellen je 100 Einwohner[88]. In den letzten Monaten hat sich der Versorgungsgrad in der gesamten Region, vor allem in den Städten, allerdings schon verbessert und teilweise angeglichen. Die Telekom hat inzwischen ihr neues digitales Overlaynetz für Mecklenburg-Vorpommern in Betrieb genommen. Bis Ende 1991 werden im gesamten neuen Bundesland 90.000 neue Anschlüsse eingerichtet. Dann sollen zumindest auch alle Privatunternehmen in den beiden Landkreisen mit Telefon ausgestattet sein[89]. Parallel zur Erhöhung der Versorgungsdichte mit Telefonanschlüssen ist es notwendig, das erhebliche Defizit bei den modernen Telekommunikationseinrichtungen wie Telefax und Datenübertragungssystemen schrittweise abzubauen.

2.2.6.3 Abfallwirtschaft

Angesichts des in den westdeutschen Kreisen immer häufiger befürchteten Müllnotstandes bekommt die Abfallwirtschaft als Standortfaktor eine immer größere Bedeutung. In der Region Ludwigslust/Hagenow stehen im Bereich der Abfallwirtschaft die Erstellung von Abfallwirtschaftskonzepten und die Sanierung der Deponien im Vordergrund. Für den Landkreis Ludwigslust wurde ein solches Konzept bereits vom Kreis erarbeitet. Insgesamt wird dabei ein Deponievolumen von rd. 1,6 Mio cbm aus-

---

85 Unter dem Begriff Paratransit werden unkonventionelle Mischformen des Personenverkehrs zwischen dem Individualverkehr auf der einen und dem konventionellen, fahrplangebundenen Linienverkehr auf der anderen Seite zusammengefaßt. Vgl. auch *G.W. Heinze, D. Herbst* (1982), S. 52 ff.
86 Zu einer solchen differenzierten Nachfragebedienung vgl. *J. Fiedler* (1991).
87 Hierzu gehören neben dem Kreis Ludwigslust die Kreise Parchim und Lübz.
88 Dagegen betrug in den alten Bundesländern der Versorgungsgrad 46 Telefonanschlüsse je 100 Einwohner. Vgl. *H. Ostwald* (Hrsg., 1990), S. 94 und *Landkreis Hagenow* (Hrsg., 1991).
89 Vgl. *Schweriner Volks*zeitung (1991) vom 4.7.1991.

gewiesen. Davon sind 38,4 vH bereits verfüllt. Wichtige Deponien liegen in Bockup, Wanzlitz, Gandow und Neustadt-Glewe, die noch bis mindestens 1996 betrieben werden. Ferner existieren in Dömitz und Ludwigslust-Techentin zwei Bauschutt- und Sperrmülldeponien. Mittelfristig kann die Abfallentsorgung im Kreis Ludwigslust als sichergestellt gelten.

Für die Entsorgung des Abfalls stehen im Landkreis Hagenow noch zwei Deponien in Sudenhof und Kloddram zur Verfügung[90]. Eine dritte in Ziggelmark mußte zum 30.06.1991 geschlossen werden. Nicht kontrollierbare Deponien in den Dörfern des Landkreises sind bis Mitte 1991 größtenteils geschlossen worden. Die Durchführung der Abfallentsorgung obliegt als beauftragtem Dritten einem großen westdeutschen Entsorgungsunternehmen. Sammlung und Transport des Abfalls sind damit gewährleistet. Die Kapazitäten der Deponien reichen angesichts des steigenden Müllaufkommens nur noch schätzungsweise für zwei Jahre aus. Um danach Entsorgungsengpässe zu vermeiden, ist der Bau einer weiteren Deponie bzw. die Erweiterung einer bestehenden dringend notwendig.

Um bestehende Deponien in der Region weiter betreiben zu können, ist ebenfalls eine Sanierung der Deponien in der Region erforderlich. Dies betrifft vor allem die Verhinderung des Eintrags von Sickerwasser in den Boden durch geeignete Abdichtungsmaßnahmen. Zur Reduzierung des Müllvolumens sind in der Untersuchungsregion Maßnahmen zur Vermeidung und Verwertung des Abfalls vorgesehen. Wertstoffe werden beispielsweise im Landkreis Hagenow bereits durch ein Iglu-System erfaßt. Mittelfristig wird die Einführung einer Bio-Tonne erwogen. Einen wichtigen Beitrag zur Müllvolumenreduktion können auch die geplanten Bauschuttrecyclinganlagen leisten. Zusätzlich besteht die Absicht, für Westmecklenburg einen Zweckverband für die Abfallentsorgung zu gründen.

2.2.6.4 Wasserversorgung und Abwasserbehandlung

Die Versorgung mit Trinkwasser erfolgt größtenteils durch die Westmecklenburger Wasser GmbH (WMW). Im Landkreis Ludwigslust werden ca. 88 vH der Bevölkerung mit Trinkwasser aus zentralen Anlagen der WMW, weitere 3,8 vH aus anderen zentralen Anlagen versorgt. An die zentralen Anlagen der WMW sind im Landkreis Hagenow ca. 80 vH der Bevölkerung angeschlossen. Bei der Qualität der Trinkwasserversorgung existiert noch ein ausgeprägtes Stadt-Land-Gefälle[91]. Während die zen-

---

90 Vgl. *Landkreis Hagenow* (Hrsg., 1991).
91 Vgl. *Landkreis Hagenow* (Hrsg., 1991).

tralen Orte ausreichend mit qualitativ gutem Trinkwasser versorgt werden, sind im Landkreis Hagenow 2.000 und im Landkreis Ludwigslust 2.800 Bürger auf Hauswasserversorgungsanlagen angewiesen, die überwiegend qualitativ minderwertiges Trinkwasser liefern. Die begonnene Verlegung neuer Leitungssysteme sowie die Sanierung und Erweiterung vorhandener Wasserwerke werden hier z.T. Abhilfe schaffen können.

Die zentralen Wassergewinnungsanlagen der Städte können die bundesrechtlichen Qualitätsstandards einhalten. Auf dem Land kommt es dagegen verbreitet zu Überschreitungen der zulässigen Grenzwerte für Nitrat. Eine Entlastung ist hier in beiden Landkreisen durch Flächenstillegungen und die Umstellung der Landwirtschaft auf grundwasserverträgliche Produktionstechniken zu erwarten.

Um die Wasserversorgung zu rationalisieren und eine flächendeckende Versorgung zu erreichen, ist im Landkreis Hagenow eine Reduzierung der alten 38 Wasserwerke auf acht leistungsfähige Anlagen vorgesehen. Im Landkreis Ludwigslust sollen zukünftig sechs Trinkwasserversorgungsanlagen den Wasserbedarf auch bei eventuell steigendem Verbrauch abdecken.

Im Bereich der Abwasserentsorgung (öffentliche Kanalisation und Abwasserbehandlungsanlagen) bezieht sich das unzureichende Infrastrukturniveau nicht allein auf die ländlichen Orte. An zentrale Abwasserbehandlungsanlagen sind im Landkreis Ludwigslust nur 35,4 vH, im Landkreis Hagenow 22,5 vH der Einwohner angeschlossen. Der Anschlußgrad an das öffentliche Kanalnetz ist ebenfalls vollkommen unzureichend. Im Landkreis Ludwigslust beläuft sich der Anschlußgrad an die öffentliche Kanalisation lediglich auf ca. 42 vH der Einwohner[92]. Die Städte der Region sind nur zum Teil an zentrale oder teilzentrale Anlagen angeschlossen. So entsorgen die biologisch arbeitenden Kläranlagen in Boizenburg und Wittenburg im Landkreis Hagenow lediglich die Neubaugebiete in Stadtrandlage. Im Landkreis Ludwigslust existiert bislang nur in der Kreisstadt Ludwigslust eine größere Kläranlage mit biologischer Klärstufe. Alle anderen Anlagen weisen wie im Landkreis Hagenow nur eine mechanische Aufbereitung auf[93].

Wegen des hohen Investitionsvolumens für den Bereich Wasserwirtschaft und des langen Planungszeitraumes von ca. 10 Jahren ist eine Konzentration der Mittel auf

---

92 Zum Vergleich: In Schleswig-Holstein waren 1987 85,9 vH der Wohnbevölkerung an die Sammelkanalisation und 84,3 vH an Kläranlagen angeschlossen. Vgl. *Deutscher Bundestag* (Hrsg., 1991a), S. 80.
93 Weitergehende Klärstufen fehlen bei allen bestehenden Kläranlagen.

die zentralen Orte, in denen sich ein großer Teil der Bevölkerung sowie der voraussichtlichen Gewerbestandorte befindet, unumgänglich. Einen Schwerpunkt wird auch die Sanierung der Altstadtkerne bilden müssen, da hier noch überwiegend über Kleinkläranlagen, abflußlose Gruben oder unkontrolliert in die Vorfluter entwässert wird.

2.2.6.5 Energieversorgung

Im Wärmemarkt ist durch die Einführung neuer Wärmeversorgungssysteme eine erhebliche Änderung des Primärenergiemixes in beiden Kreisen zu erwarten. Beispielsweise verfügen im Landkreis Hagenow ca. 57 vH der Wohnungen gegenwärtig noch über braunkohlebefeuerte Einzelöfen, knapp 17 vH der Haushalte besitzen eine Nachtspeicher- oder Gasheizung. An Fernwärmesysteme sind lediglich ca. 4 vH des Wohnungsbestandes angeschlossen[94]. Einen wesentlichen Beitrag zur Wärmeversorgung leisten im Landkreis Hagenow die kommunalen Heizhäuser, darunter sechs Hochdruckheizwerke mit mehr als 30 Megawatt Leistung, die in den Städten Boizenburg und Hagenow konzentriert sind. An das überregionale Gasnetz sind Boizenburg, Hagenow, Wittenburg, Lübtheen und Ludwigslust angeschlossen.

In naher Zukunft werden voraussichtlich vor allem Gas und Heizöl beträchtliche Anteile im Wärmemarkt der Region Ludwigslust/Hagenow gewinnen können. Voraussetzung für den verstärkten Ausbau gasbetriebener Wärmeversorgungssysteme ist die Instandsetzung bestehender Netze sowie der Neubau und die Kopplung mit den westdeutschen Netzen. Ein Schritt auf dieses Ziel hin ist die 1991 fertiggestellte Verbindung der Gasnetze von Lauenburg und Boizenburg. Die Umstellung von Stadt- auf Erdgas sowie die Neuerschließungen werden in ganz Westmecklenburg, also auch in der Untersuchungsregion, von der HGW-Hanse Gas GmbH, einer hundertprozentigen Tochtergesellschaft der Hamburger Gaswerke (HGW), vorgenommen.

Mit Strom werden die Landkreise flächendeckend von der Westmecklenburgischen Energieversorgung AG (WEMAG) versorgt. Der Kreis Ludwigslust verfügt außerdem über drei Wasserkraftwerke. Die erforderlichen Modernisierungs- und Ausbaumaßnahmen der Stromleitungen und -anlagen übernimmt die WEMAG zusammen mit den Hamburger Elektrizitätswerken (HEW), dem Mehrheitsaktionär der WEMAG. Durch die Finanzierungskraft der HEW/WEMAG sind die notwendigen Investitionen

---

94 Vgl. *Landkreis Hagenow* (Hrsg., 1991).

in die Energieversorgung gesichert[95]. Der Bruttoarbeitspreis für Strom beträgt für Gewerbekunden 30,78 Pfennig/KWh. Für Gas sind ab 1.1.1991 inklusive Mehrwertsteuer 62,7 Pfennig/cbm zu zahlen. Zudem können sich aufgrund der Ende Februar 1991 erreichten Grundsatzverständigung zwischen der Treuhandanstalt, den großen westdeutschen Verbundunternehmen, Vertretern der ostdeutschen Kommunen, dem Verband kommunaler Unternehmen (VKU) und dem Deutschen Städtetag die westdeutschen Verbundunternehmen mit bis zu 50 vH an neu zu gründenden Stadtwerken beteiligen. Hierdurch soll unter Vermeidung langwieriger gerichtlicher Auseinandersetzungen auf eine rasche Sanierung der Stromversorgung hingewirkt werden[96].

In der Region Ludwigslust/Hagenow beabsichtigen die Städte Hagenow, Boizenburg und Ludwigslust, Stadtwerke zu gründen. Zumindest mittelfristig erhoffen sich die Kommunen durch den Betrieb von Querverbundunternehmen einen Ausgleich für Defizite in anderen Bereichen der öffentlichen Daseinsvorsorge, wie z.B. dem ÖPNV. Aus Sicht des Umweltschutzes ist die Etablierung von Stadtwerken prinzipiell eine richtige Entscheidung. Kommunale Energiedienstleistungsunternehmen scheinen am ehesten in der Lage zu sein, Energieeinsparpotentiale zu realisieren und das Potential erneuerbarer Energien zu erschließen[97]. Hohe technische Versorgungspotentiale bestehen aufgrund der Siedlungsstruktur vor allem beim Biogaseinsatz sowie in den Städten der Landkreise im Bereich der bislang vernachlässigten Wärmedämmung und der dezentralen Kraft-Wärme-Kopplung[98].

2.2.6.6 Wohnversorgung

Die Versorgung mit einem ausreichenden, qualitativ hochwertigen Wohnangebot muß zunehmend als wichtiger Standortfaktor angesehen werden[99]. Neben dem Wohnungsbestand sind hierbei vor allem qualitative Aspekte wie Wohnungsausstattung und Wohnumfeld von Interesse.

Hinsichtlich der Wohnungsbestandsentwicklung ist für die Jahre 1985 bis 1989 eine starke Konzentration der Bautätigkeit auf wenige größere Ortschaften feststellbar[100].

---

95 Vgl. *WEMAG-Kontakte* (1990).
96 Vgl. *Stromthemen* (1991), S. 3.
97 Vgl. *V. Riechmann* (1991), S. 241-245; vgl. auch *W. Sachs* (1984), S. 105-120.
98 Vgl. *U. Roth* (1980), S. 114 ff.; vgl. *o.V.* (1989), S. 474-475 (Kommunales Energiekonzept des Landkreises Vogelsberg); vgl. auch Kapitel 2.2.6.6.
99 Vgl. *D. Sachse* (1990), S. 48 ff.
100 Diese Entwicklung geht Hand in Hand mit der negativen Bevölkerungsentwicklung im ländlichen Raum. Vgl. auch Kapitel 2.2.2.

In den anderen Städten und Gemeinden war der Wohnungsbestand rückläufig oder erhöhte sich nur geringfügig. Dieser Sachverhalt wird in Tabelle 17 am Beispiel ausgewählter Gemeinden und Städte des Landkreises Hagenow dargestellt. Es kann festgestellt werden, daß die Städte Hagenow, Boizenburg und Lübtheen den größten Zuwachs an Wohnungen verbuchten.

Tab. 17: Entwicklung des Wohnungsbestandes in ausgewählten Gemeinden des Landkreises Hagenow (1982-1989)[101]

Gemeinde/Stadt	31.12.1982	31.12.1985	31.12.1989
Boizenburg	4.511	4.599	4.752
Brahlstorf	342	341	348
Hagenow	4.902	5.176	5.474
Lübtheen	1.723	1.777	1.817
Neuhaus	813	826	824
Redefin	336	328	320
Tripkau	334	342	340
Vellahn	347	353	360
Wittenburg	2.085	2.193	2.188
Zarrentin	909	940	952
LK Hagenow	26.012	26.602	27.193

Quelle: Kreisverwaltung Hagenow

Trotz der Abwanderungsprozesse der letzen Jahre werden die mengenmäßigen Beschränkungen auf dem Wohnungsmarkt vorerst weiter bestehen bleiben. Die alte DDR-Statistik weist zwar eine leichte Verbesserung des Verhältnisses von Wohnungen zu Haushalten auf. Sie berücksichtigt jedoch nicht den Verfall der Altbausubstanz und rechnet teilweise Wohnungen mit schweren Bauschäden zum Bestand hinzu. Die hohe Zahl an Wohnanträgen schon vor der Wiedervereinigung deutet zusätzlich auf erhebliche quantitative Mängel bei der regionalen Versorgung mit Wohnraum hin. Im übrigen werden die voraussichtlich steigende Zahl der Haushalte und die schon gestiegenen Wohnraumansprüche den Wohnungsmarkt von der Nachfrageseite her weiter belasten.

Soziale Härten sind durch die Bestimmungen des Einigungsvertrages über die schrittweise Anpassung an die gesetzlichen Bestimmungen der Altbundesländer nicht vollkommen vermeidbar[102]. Sie werden jedoch durch die Zahlung direkter Transfers an die Mieter (Wohngeld) und Lastenzuschüsse an die Eigentümer stark abgemildert.

---
101 Zum Vergleich: Der Wohnungsbestand im Landkreis Ludwigslust stieg von 22.613 Wohnungen (1980) über 23.516 Wohnungen (1985) auf 23.448 Wohnungen (1989).
102 Vgl. W. Preibisch (1990), S. 608-615.

Für die Region Ludwigslust/Hagenow wird sich der gegenüber den Ballungsräumen relativ geringe Anteil von ehemals volks- und genossenschaftseigenen und jetzt mit hohen Altschulden belasteten Wohnungen am Gesamtwohnungsbestand positiv auswirken. So liegt im Landkreis Hagenow der Anteil der Privatwohnungen auch im Vergleich zu anderen Landkreisen Westmecklenburgs mit rd. 52 vH recht hoch. Nur 14 vH der Wohnungen befinden sich in Genossenschaftseigentum[103]. Im Landkreis Ludwigslust ist der Anteil der Privatwohnungen mit rd. 59 vH noch höher als im Landkreis Hagenow. Der Anteil der in Genossenschaftseigentum befindlichen Wohnungen beträgt hier 9 vH[104].

Zur Beurteilung der Wohnungsausstattung können die Ausstattungsindikatoren Bad/Dusche, Innen-WC, modernes Heizungssystem (Gas, Öl, Fernwärme) sowie Wohnfläche je Einwohner (in qm) und Wohnfläche je Wohnung (in qm) herangezogen werden. Aus Tabelle 18 geht hervor, daß die Ausstattungsindikatoren der Landkreise Ludwigslust und Hagenow mit Ausnahme der Flächenkennziffern geringere Werte als die der Stadt Schwerin aufweisen. Der Nachbarkreis Parchim weist mit Ausnahme der Flächenkennziffern ebenfalls höhere Werte auf. Gründe hierfür dürften wie in der Stadt Schwerin die bessere Ausstattung und eine höhere Zahl von Wohnungen in Neubaugebieten sein. Die Ausstattung mit modernen Heizungssystemen ist aufgrund des hohen Anteils kohlebefeuerter Einzelöfen in der Untersuchungsregion noch gering. Dies gilt auch bei einem Vergleich mit den neuen Bundesländern insgesamt. Lediglich bei der Ausstattung mit Innen-WC's und der Wohnfläche je Wohnung liegt die Region Ludwigslust/Hagenow über dem Durchschnitt der neuen Bundesländer. Ein Vergleich mit der Wohnungsausstattung in den alten Bundesländern zeigt, daß bei der Ausstattung mit modernen Heizungen der Unterschied sehr groß ist. Allerdings ist der Abstand zu den alten Bundesländern in bezug auf die Indikatoren Bad/Dusche und Innen-WC geringer. Angesichts der qualitativen Wohnungsausstattung ist es daher nicht verwunderlich, daß 40 vH der im Landkreis Hagenow befragten Unternehmen die Wohnversorgung als nicht ausreichend bezeichnen. Dies dürfte aber auch auf die mangelnde Bauqualität und Bautechnik, insbesondere was die Wärmedämmung und den Schallschutz sowie die verwendeten Baumaterialien und Baustoffe angeht, zurückzuführen sein[105].

---

103 Vgl. *Statistisches Bezirksamt Schwerin* (1990), S. 77.
104 Vgl. ebenda.
105 Vgl. *o.V.* (1990), S. 135.

Tab. 18: Ausstattung der Wohnungen in ausgewählten Räumen

Kreis	Bad/WC	Innen-WC	moderne Heizung	Fläche pro Einwohner (in qm)	Fläche pro Wohnung (in qm)
LK Gadebusch	84,3	83,9	29,9	27,0	71,1
LK Hagenow	80,6	80,0	40,8	26,7	70,0
LK Ludwigslust	79,4	78,8	37,0	27,9	71,0
LK Parchim	85,4	83,7	48,5	26,5	68,5
Schwerin-Stadt	85,8	83,4	69,3	23,7	58,4
Bundesländer:					
- neue	81,7	75,6	47,2	.	64,3
- alte	95,8	98,3	73,3	.	86,1

Quelle: Statistisches Bezirksamt Schwerin (1990), S. 78; Deutscher Bundestag (Hrsg., 1991a), S. 85.

Neben diesen objektiven Kriterien spielt das Wohnumfeld eine wichtige Rolle für die subjektiv empfundene Wohnqualität. In den Stadtrandbezirken und Neubaugebieten der kommunalen Wohnungsunternehmen stellt sich die Situation zumindest in einigen Bereichen (z.B. Belastung durch Verkehrsaufkommen und Lärmemissionen) besser dar als in den durch den steigenden Individualverkehr zukünftig stärker belasteten Innenstadtbereichen[106].

In einigen Städten der Region, so in Ludwigslust und Grabow, existieren bedeutende historische Stadtkerne mit denkmalswerter Bausubstanz, die in ihrer Funktion und Struktur gesichert und erhalten werden sollen. Beide Städte sind in das Sonderprogramm zur Förderung des städtebaulichen Denkmalschutzes im Rahmen des Gemeinschaftswerkes "Aufschwung Ost" aufgenommen worden.

Es ist zu erwarten, daß trotz flächensteuernder Maßnahmen mit dem Ziel einer konzentrierten Siedlungsstruktur der in den alten Bundesländern schon weit fortgeschrittene Suburbanisierungsprozeß zumindest teilweise nachgeholt wird. Dafür spricht neben der zu erwartenden zunehmenden Eigenheimbautätigkeit im Umland der Städte auch das steigende Mietniveau in den Städten sowie die Wohnraumknappheit in den Innenstädten. Die Frage, inwieweit die Wohnraumknappheit in der Landeshauptstadt Schwerin Auswirkungen auf die Nachfrage nach Bauland oder Wohnraum in den nördlichen Städten und Gemeinden der Untersuchungsregion haben wird, kann hier nicht ausreichend beantwortet werden[107].

---

[106] Die ländlichen Kleingemeinden sind bis auf die Straßendörfer in beiden Landkreisen durchweg weniger belastet.
[107] Hierzu sind Wohnungsnachfrageprognosen im Rahmen einer weiteren Untersuchung notwendig.

2.2.6.7 Bildungswesen und Kultur

Ein wichtiger Faktor für den Wohnwert und die Standortgunst einer Region ist die Ausstattung mit Einrichtungen des Bildungswesens und der Kultur.

Die Region verfügt über eine differenzierte Schullandschaft mit allen Typen des gegliederten Schulsystems. Gymnasiale Oberstufen sind in den Städten Ludwigslust, Dömitz, Grabow und Neustadt-Glewe sowie in Hagenow und Boizenburg vorhanden. In einigen Schulen der Region besteht ein Nachholbedarf für geeignete Schulsporthallen[108].

In der Region Ludwigslust/Hagenow befinden sich mehrere regionale Museen, Filmtheater, Bibliotheken und Räumlichkeiten für Ausstellungen. Hervorzuheben als weit über die regionalen Grenzen hinaus bedeutendes kulturelles Denkmal ist das Schloß mit einer ausgedehnten Parkanlage in Ludwigslust. Das kulturelle Angebot[109] wird von den Volkshochschulen und den Musikschulen ergänzt. Bei der Einschätzung des kulturellen Angebotes ist die Nähe und gute Verkehrslage vieler Gemeinden der Landkreise zu Schwerin zu berücksichtigen, das als Landeshauptstadt über ein reichhaltiges und vielfältiges Kulturangebot (Theater, Kino, Museen, Galerien) verfügt.

Dennoch wird die Ausstattung der Region mit kulturellen Einrichtungen von der Bevölkerung als nicht ausreichend empfunden. So empfanden rd. 65 vH der befragten Gewerbebetriebe im Landkreis Ludwigslust und rd. 87 vH der befragten Betriebe im Landkreis Hagenow das kulturelle Angebot und das Freizeitangebot als unzureichend. Daher wird der kulturelle Bereich als Standortfaktor für die Wirtschaft als Schwäche bewertet.

2.2.7 Marktpotential

Für die Entwicklung der Region Ludwigslust/Hagenow spielt das Markt- oder Nachfragepotential eine bedeutende Rolle. Es hängt letztlich von der Höhe der Nachfrage ab, wieviele Güter und Dienstleistungen in der Untersuchungsregion produziert und damit auch wieviele Arbeitskräfte beschäftigt werden.

---

108 Bei einigen Sporthallen sind dringend Sanierungsmaßnahmen u.a. wegen Asbestgefahr erforderlich.
109 Im Bereich Kultur werden nur einige Aspekte dargestellt. Eine genauere Analyse kultureller Einrichtungen findet sich in einer parallel zu diesem Gutachten erstellten Fremdenverkehrskonzeption.

Die regionale Nachfrage nach Gütern und Dienstleistungen Y^r setzt sich zusammen aus der privaten Konsum- und der privaten Investitionsgüternachfrage CPR^r bzw. IPR^r, der staatlichen Konsum- und Investitionsgüternachfrage CST^r bzw. IST^r und dem regionalen Exportüberschuß $EX^r - M^r$:

(1) $Y^r = CPR^r + IPR^r + CST^r + IST^r + EX^r - M^r$

Für alle in der Gleichung (1) genannten Indikatoren gibt es auf Kreisebene keine Daten. Daher können an dieser Stelle nur einige Vermutungen über das Nachfragepotential in der Region Ludwigslust/Hagenow angestellt werden.

Die private Konsumgüternachfrage CPR^r hängt von der Höhe des verfügbaren Einkommens ab. Dieses setzt sich aus den Löhnen und Gehältern abzüglich der direkten Steuern (z.B. Einkommensteuer) und zuzüglich der Einkommenstransfers zusammen. Verglichen mit dem Durchschnitt in den alten Bundesländer ist das verfügbare Einkommen in den neuen Bundesländern immer noch sehr niedrig. Daran haben auch die letzten Tarifabschlüsse nichts geändert. Im September 1990 betrug das verfügbare Einkommen eines Einpersonen-Haushaltes 1.121 DM. Das verfügbare Einkommen eines Familienhaushaltes ohne Kinder betrug 2.169 DM. Familien mit einem Kind verfügten im selben Monat über durchschnittlich 2.338 DM und Familien mit zwei Kindern über 2.649 DM[110]. Von Juli bis September 1990 ist das verfügbare Einkommen in allen Haushaltstypen angestiegen. Den größten Anteil am Verbrauch hatten Ausgaben für Nahrungsmittel, Getränke und Tabakwaren sowie für Güter im Bereich Verkehr und Nachrichtenübermittlung.

Es sei hier allerdings darauf hingewiesen, daß die Betrachtung der nominalen Ausgaben bzw. des verfügbaren Einkommens zur Beurteilung der Konsumhöhe nicht ausreicht. In den letzten Monaten des Jahres 1990 konnten starke Preisbewegungen bei Konsumgütern beobachtet werden, die vor allem aus der Preisfreigabe für subventionierte Produkte resultieren. So stiegen die Lebenshaltungskosten z.B. im Bereich der Energieversorgung je nach Gütergruppe zwischen 22,5 vH und 201 vH und im Bereich der Personenbeförderung zwischen 43,8 vH und 78,5 vH.

Neben dem Anstieg der Lebenshaltungskosten bei einigen Gütergruppen ist hier auch der Anstieg der Zahl der Arbeitslosen und Sozialhilfeempfänger anzuführen[111].

---

110 Vgl. *Statistisches Landesamt Mecklenburg-Vorpommern* (1991).
111 Die Region Ludwigslust/Hagenow liegt sowohl bei den Arbeitslosen als auch bei den Sozialhilfeempfängern unter dem Landesdurchschnitt. Sie ist damit von dem daraus resultierenden Rückgang der privaten Konsumnachfrage nicht in dem Maße wie andere Regionen des Landes Mecklenburg-Vorpommern betroffen.

Durch die Zahlungen von Arbeitslosenunterstützung und Sozialhilfe wird zwar eine automatische Stabilisierung (built-in flexibility) erreicht[112], insgesamt ist aber von einer niedrigeren Konsumnachfrage auszugehen.

Eine Aussage über die Höhe der Konsumquote[113] läßt sich ebenfalls nicht machen. Die Daten von Juli bis September 1990 zeigen, daß die Konsumquote bei den meisten Haushaltsgrößen unter 100 vH lag. Es wurde also kein Vermögen entspart. Angesichts der gestiegenen Zahl der Sozialhilfeempfänger sowie steigender Arbeitslosen- und Kurzarbeiterzahlen muß jedoch davon ausgegangen werden, daß in vielen Fällen Sparguthaben zu Konsumzwecken verwendet werden. Damit dürfte zumindest für kinderreiche Familien die Konsumquote über 100 vH liegen.

Angesichts der schlechten wirtschaftlichen Lage spielt die staatliche Investitionsgüternachfrage IST^r eine wichtige Rolle. Unter dem Aspekt des Marktpotentials erhöhen staatliche Investitionen nicht nur die Nachfrage in Höhe der getätigten Investition. Vielmehr gehen von staatlichen Investitionen Multiplikatoreffekte aus. So ist zu erwarten, daß verstärkte Investitionen beim Straßenbau langfristig zu einer erhöhten Nachfrage der mit der Bauausführung beauftragten Unternehmen nach Baumaschinen führen. Diese von den staatlichen Investitionen induzierte Nachfrage hat aufgrund der sektoralen Verflechtungen des Bausektors weitere Nachfrageeffekte z.B. im Maschinenbaubereich zur Folge.

Neben den Multiplikatorwirkungen von Infrastrukturinvestitionen ist gleichzeitig eine bessere Auslastung des regionalen Entwicklungspotentials zu erwarten, wenn sich die Nachfrage auf in der Region hergestellte Güter und Dienstleistungen beschränkt. Gleichzeitig entstehen auch positive Kapazitätseffekte auf der Angebotsseite. So führt ein zunehmender Ausbau der Telekommunikation zu einem Abbau der Schwächen in diesem Infrastrukturbereich. Ein gezielter Einsatz dieses Instruments kann auch zum Abbau regionaler Disparitäten von Einrichtungen der Grundversorgung im Rahmen des Ziels der Schaffung gleichwertiger Lebensverhältnisse in allen Teilräumen des Bundesgebietes führen. Infrastrukturinvestitionen sind zudem als Signal mit Anstoßwirkungen auf andere Nachfragebereiche zu sehen.

Daten über die Höhe der staatlichen Investitionen liegen für die Untersuchungsregion nicht vor. Es ist fraglich, ob der derzeitige Ausbau der Straßen und der Telekommu-

---

112 Vgl. *D. Brümmerhoff* (1986), S. 360 ff.
113 Die Konsumquote wird definiert als Anteil der Ausgaben für Konsum am verfügbaren Einkommen der Haushalte.

nikation tatsächlich die Nachfrage in der Region Ludwigslust/Hagenow erhöht, da nicht bekannt ist, ob die Leistungen durch Unternehmen der Region erbracht werden. Bezüglich der regionalen Importe M^r ist davon auszugehen, daß diese zu hoch sind. Die regionalen Importe haben in den letzten 12 Monaten dazu beigetragen, daß die Nachfrage nach Gütern und Dienstleistungen aus der Region gesunken ist. Eine Konsequenz ist die zunehmende Arbeitslosigkeit. Erst in letzter Zeit gibt es Anzeichen dafür, daß die Verbraucher den Zusammenhang zwischen ihrer Güternachfrage und der regionalen Güterproduktion stärker wahrnehmen und ihr Nachfrageverhalten in Teilbereichen wieder ändern.

Insgesamt gesehen kann hier festgestellt werden, daß die geringe Nachfrage nach in der Region hergestellten Gütern einen Engpaß beim Entwicklungspotential darstellt. Die in der Region Verantwortlichen sollten daher Maßnahmen zur Ausdehnung der Nachfrage nach eigenen Produkten und Dienstleistungen ergreifen.

2.2.8 Umweltpotential

Eine nachhaltige und dauerhafte wirtschaftliche Entwicklung von Räumen setzt die Beachtung wichtiger ökologischer Voraussetzungen von Produktion und Konsum voraus. Die Funktionen der natürlichen Umwelt sind dabei vielfältig. Der "Produktionsfaktor" Umwelt stellt Flächen und Rohstoffe bereit und dient gleichzeitig auf der "Ausstoßseite" der Produktion als Aufnahmereservoir für Schadstoffe und Abfälle[114]. Darüber hinaus kommt gerade in ländlichen Räumen zur Herstellung eines großräumigen Ausgleichs von Umweltbelastungen den ökologischen Vorranggebieten und Schutzzonen eine besondere Bedeutung zu[115]. Nicht zuletzt hat hierbei der Erholungs- und Freizeitwert einer Region eine besondere Bedeutung als "weicher" Standortfaktor für die Wirtschaft[116].

Für die Landkreise Ludwigslust und Hagenow ergibt sich hinsichtlich der Belastung der Umwelt je nach Umweltmedium ein differenziertes Bild. Tabelle 19 zeigt die Beeinträchtigung des Umweltmediums Luft durch Emissionen unterschiedlicher Schadstoffe.

---

114 Vgl. L. Finke (1984), S. 33-42; vgl. L. Wicke (1989), S. 81 ff.
115 Vgl. U. Brösse (1982), S. 84 f.
116 Auf die Bedeutung des Erholungs- und Freizeitwertes der Untersuchungsregion wird hier nicht näher eingegangen. Vgl. hierzu das parallel zu diesem Gutachten erstellte Fremdenverkehrskonzept für die Region Ludwigslust/Hagenow.

Tab. 19: Emissionswerte unterschiedlicher Schadstoffe in ausgewählten Regionen (in Tonnen pro qkm)

Region	Schwefeldioxid	Staub	Stickoxid
Hagenow[1]	3,3	1,7	0,2
Ludwigslust[1]	6,3	4,0	0,4
Schwerin-Stadt[1]	52,0	19,1	4,0
Alte BRD[2]	9,3	2,3	12,1
Ehem. DDR[2]	49,5	21,4	3,7

1 Werte von 1989.
2 Werte von 1986.

Quelle: Statistisches Bundesamt (1990), S. 14, S. 621, S. 639 und S. 672; Statistisches Bezirksamt Schwerin (1990), S. 68; eigene Berechnungen.

Im Vergleich zum Agglomerationsraum Schwerin sowie zum Durchschnitt der Alt-Bundesländer ist die Umweltbelastung mit Schwefeldioxid und Staub als gering einzustufen. Weitergehende Verbesserungen sind durch den kontinuierlichen Rückzug der Braunkohle aus der Wärmeversorgung sowie die Auslagerung emittierender Betriebe aus den Innenstädten in die neuen Gewerbegebiete zu erwarten. Ein Vergleich der Waldschäden mit den norddeutschen Altbundesländern zeigt für die Region eine ähnliche Schadenshäufigkeit an[117].

Die bis 1989 außerordentlich niedrige Belastung mit Stickoxiden ist dem bis dahin geringen Aufkommen des Individualverkehrs zuzurechnen. Trotz des raschen Wachstums dieser Hauptemissionsquelle für Stickoxid ist angesichts des niedrigen Ausgangsniveaus und der geringen Bevölkerungsdichte in naher Zukunft nicht mit großen Belastungssteigerungen zu rechnen.

Eine vergleichsweise starke Beeinträchtigung ist allerdings beim Umweltmedium Wasser festzustellen. Hauptgründe hierfür sind die landwirtschaftliche Übernutzung dieser Ressource durch Gülle- und Düngemitteleinsatz in Verbindung mit der mangelnden Selbstregulierungsfähigkeit des Wasserkreislaufs durch ungünstige hydrologische Bedingungen sowie die derzeit noch unzureichende Abwasserbehandlung. Ein Ausbau der biologischen und weitergehenden Klärstufen ist deshalb dringend erforderlich.

Als besonders problematisch wird in beiden Landkreisen die teilweise Überschreitung des in der Trinkwasserverordnung von 1986 festgelegten Grenzwertes für Nitrat von 50 mg/l angesehen. Um die Belastung der Oberflächengewässer und des Grundwas-

---

117 Vgl. *Statistisches Bundesamt* (1990), S. 624 und *Landkreis Hagenow* (Hrsg., 1991).

sers zu reduzieren, ist eine weitere Extensivierung und Umstellung der landwirtschaftlichen Produktion notwendig.

Anders als in altindustrialisierten Regionen der neuen Bundesländer stellt das Umweltpotential jedoch keinen schwerwiegenden Engpaßfaktor für die gewerbliche Entwicklung dar. So ist das Nutzungsartenverhältnis der Wirtschaftsflächen in den beiden Landkreisen unter ökologischen Gesichtspunkten als günstig zu beurteilen. Rd. 37 vH der Wirtschaftsfläche im Landkreis Ludwigslust und rd. 30 vH der Wirtschaftsfläche im Landkreis Hagenow werden durch Forstungen und Gewässer eingenommen. Ca. 59 vH der regionalen Wirtschaftsfläche entfallen auf die landwirtschaftlichen Nutzflächen[118].

Darüber hinaus befinden sich in der Region bedeutende Naturschutzzonen und ökologische Vorranggebiete. Als wohl wichtigstes Gebiet ist der Schaalsee zu nennen, der aufgrund seiner biotischen Ausstattung (Perlgras-Buchenwälder, Erlenbrüche, Vielfalt der Tier- und Pflanzengesellschaften, z.B. Vorkommen von Schwarzstorch und Seeadler) als einzigartig in Europa gilt und als ökologisches Vorranggebiet unbedingt zu erhalten ist[119].

In den landwirtschaftlich intensiv genutzten Gebieten ist es durch die großräumige Agrarproduktion zu einer Beeinträchtigung des Naturraumpotentials gekommen. Die Entwicklung eines Biotopverbundsystems würde hier nicht nur dem Arten- und Biotopschutz dienen, sondern auch den ästhetischen und Erholungsnutzen von Landschaft und Natur erhöhen sowie die auf leichten Böden weitverbreitete Winderosion eindämmen.

Zusammenfassend ist festzustellen, daß das Umweltpotential in der Region Ludwigslust/Hagenow im großen und ganzen eine Stärke darstellt. Das umfangreiche Flächenpotential in beiden Landkreisen ermöglicht ebenso eine gewerbliche Entwicklung, vor allem in den bisherigen Siedlungsschwerpunkten, wie die Absicherung der für Landschafts- und Naturschutz notwendigen ökologischen Freiräume.

---

118 Vgl. *Statistisches Bezirksamt Schwerin* (1990), S. 55.
119 Vgl. *W. Wendling* (1990), S. 101-105.

2.2.9 Innovationspotential

Seit der Wachstumsschwäche der westlichen Industrieländer in den siebziger Jahren und der seitdem steigenden Konkurrenz zu den Schwellenländern im Bereich standardisierter und lohnintensiver Produkte findet in der Regionalpolitik das Innovationspotential eine zunehmende Beachtung. Unter dem Begriff "Innovation" wird in diesem Zusammenhang das diskontinuierliche, also im Zeitablauf nicht gleichmäßige Auftreten organisatorischer und technischer Neuerungen wie neue Produktionsverfahren, neue Produkte oder verbesserte Marketingmethoden verstanden[120].

Diese technischen Neuerungen und die damit verbundenen Marktchancen können zu einem neuen Wachstumsschub und der Entstehung neuer Wirtschaftsbranchen führen, während altindustrialisierte und/oder monostrukturierte Regionen im Wettbewerb der Standorte zurückfallen, sofern ihnen nicht eine kompensierende Umstrukturierung ihrer Produktionsaktivitäten gelingt. Für viele Wirtschaftsförderer bedeutet daher ein gutes Innovationspotential in Form von High-Tech auch "high hope"[121].

Eine Beurteilung des Innovationspotentials ist nur mit Hilfe verschiedener Indikatoren möglich. In der Region Ludwigslust/Hagenow werden folgende Indikatoren herangezogen, die sich mangels neuerer Daten auf die Situation in der ehemaligen DDR beziehen:
- Beschäftigte in Forschung und Entwicklung,
- industrielle Produktivität und
- Beschäftigte in den Branchen Elektronik, Elektrotechnik, Maschinen- und Fahrzeugbau sowie Gerätebau.

Gemessen an diesen Indikatoren (Stand 1987) weisen die beiden Landkreise kein überdurchschnittliches Innovationspotential auf. In den F&E-Abteilungen der Industrie waren 1987 im Landkreis Ludwigslust zwischen 100 und 250 Personen (vor allem im inzwischen liquidierten Intron-Werk Dömitz) beschäftigt. Im Landkreis Hagenow waren es dagegen weniger als 100 Personen. Damit waren zwar mehr Beschäftigte in der Forschung und Entwicklung als in den Nachbarkreisen Gadebusch und Schwerin-Land beschäftigt. Im Vergleich zu den Oberzentren Schwerin und Rostock sowie den südlichen neuen Bundesländern war bzw. ist die Anzahl der F&E-Beschäftigten jedoch gering[122].

---

120 Vgl. *J.A. Schumpeter* (1975), S. 134 ff.
121 Vgl. *D. Läpple* (1989), S. 215.
122 Vgl. *H. Ostwald* (Hrsg., 1990), S. 61.

Beim Indikator "Industrielle Produktivität" wird davon ausgegangen, daß Steigerungen der Arbeitsproduktivität zum einen aus vermehrtem Kapitaleinsatz pro Arbeitsplatz, zum anderen aus dem neutralen technischen Fortschritt resultieren können. Hohe Produktivität kann daher indirekt auf ein hohes innovatorisches Potential hinweisen. Allerdings gilt dieser Zusammenhang in einer Preise und Einkommen zentral steuernden Wirtschaft nur eingeschränkt. Im Vergleich zum DDR-Durchschnitt zeigt der Indikator einen eher durchschnittlichen Wert[123]. Ähnliches gilt für den Indikator Beschäftigte in den Branchen Elektronik, Elektrotechnik, Gerätebau und Maschinen- und Fahrzeugbau[124].

Die Ergebnisse deuten darauf hin, daß die Untersuchungsregion in der ehemaligen DDR kein herausragendes Innovationspotential besaß[125]. Hieraus darf jedoch nicht der Schluß gezogen werden, daß die beiden Landkreise damit eine wesentliche Standortschwäche aufweisen. Zum einen ist auch in den westlichen Bundesländern der Anteil der ländlichen Regionen an Produktion, Vertrieb und Dienstleistungen im Bereich der Hochtechnologien (Biotechnik und Informations- und Kommunikationstechnik) noch gering. Andererseits konnten selbst ländliche Regionen mit wenig günstiger Ausgangslage bemerkenswerte Ansiedlungserfolge erzielen[126]. Außerdem ist ein Vergleich mit den Hauptstandorten der Produktion neuer Technologien in den hochverdichteten Gebieten und Verdichtungskernen aufgrund der spezifischen Produktionsbedingungen gar nicht sinnvoll[127]. So gelten selbst Regionen wie z.B. Hamburg mit einer Vielzahl von Betrieben der Hochtechnologie als eher innovationsschwach[128]. Der Grund dafür ist in der mangelnden Diffusion, d.h. Übernahme neuer Techniken, und in einer unzureichenden Integration der Innovationen in die bestehenden Produktionssysteme zu sehen[129]. Neben dem Innovationspotential muß daher die Diffusionskapazität eine stärkere Beachtung finden.

2.3 Wirtschaftsstruktur

Neben den Potentialfaktoren stellt die ansässige Wirtschaft einen wichtigen Standortfaktor dar. Aus der Analyse der Wirtschaftsstruktur lassen sich wesentliche Schlüsse über die Standortgunst einer Region und die Wettbewerbsfähigkeit der an-

---

[123] Vgl. *H. Ostwald* (Hrsg., 1990), S. 55.
[124] Vgl. ebenda, S. 52.
[125] Zudem ist in der Untersuchungsregion keine Hochschule, von der innovative Effekte auf die Wirtschaft ausgehen könnten, vorhanden.
[126] Vgl. *D. Henckel* (1989), S. 237-244.
[127] Vgl. *B. Volkert* (1990), S. 111 ff.
[128] Vgl. *D. Läpple* (1989), S. 216.
[129] Vgl. ebenda, S. 217.

sässigen Betriebe ableiten. Damit soll geklärt werden, welchen Sektoren in der Region hinsichtlich Produktion und Beschäftigung besondere Bedeutung zukommt und welche regionstypischen Charakteristika die Unternehmen aufweisen. Gleichzeitig lassen sich erste Schlüsse für die zukünftige Wirtschaftsförderungspolitik in beiden Landkreisen ziehen. Da aktuelle Daten in der in den alten Bundesländern verwendeten Systematik nicht vorliegen, muß z.T. auf die Angaben des Statistischen Bezirksamtes Schwerin und auf die Berechnungen des Instituts für Arbeitsmarkt- und Berufsforschung (IAB) zurückgegriffen werden[130].

2.3.1 Sektorale Gliederung

Tabelle 20 zeigt die Bedeutung der Wirtschaftszweige in den beiden Landkreisen und im Arbeitsamtsbezirk Schwerin nach Beschäftigten. Auffallend ist mit rd. 21 vH bzw. rd. 29 vH der Beschäftigten in den Landkreisen Ludwigslust und Hagenow der hohe Anteil des primären Sektors. Ende 1989 waren im tertiären Sektor im Landkreis Ludwigslust rd. 35 vH und im Landkreis Hagenow rd. 36 vH beschäftigt. Im Vergleich zu den ländlichen Räumen der westlichen Bundesländer und zum Durchschnitt des Arbeitsamtsbezirkes Schwerin besitzen beide Landkreise damit einen geringeren Anteil an Beschäftigten im Handels- und Dienstleistungsbereich.

Tab. 20: Prozentuale Beschäftigtenanteile der Sektoren in den Landkreisen Ludwigslust und Hagenow sowie im Arbeitsamtsbezirk Schwerin 1989

Sektor	LK Ludwigslust	LK Hagenow	Arbeits-amtsbezirk Schwerin
Primärer Sektor	20,8	28,9	20,5
Sekundärer Sektor	44,3	34,6	35,6
Tertiärer Sektor	35,0	36,3	43,8

Quelle: H. Rudolph (1990), S. 496.

Unter der plausiblen Annahme, daß die Landkreise in den nächsten Jahren eine ähnliche Entwicklung nehmen werden, wie sie vergleichbare ländliche Räume in den alten Bundesländern seit den sechziger Jahren durchlaufen haben[131], lassen sich drei Trends feststellen, die die Wirtschaftsstruktur schon seit der Wirtschafts- und Währungsunion verändern, und die auch in nächster Zukunft bestimmend sein werden:

---

130 Vgl. *Statistisches Bezirksamt Schwerin* (1990); vgl. *H. Rudolph* (1990), S. 487-503. Die im folgenden dargestellten Daten sind allerdings nach dem Kombinatsprinzip erfaßt und somit nicht regional bereinigt.
131 Vgl. *K. Peschel* (1990), S. 250-259.

- weiterer Rückgang der Beschäftigten in der Landwirtschaft,
- stärkere Tertiärisierung der Produktion, d.h. eine absolute und relative Zunahme der Beschäftigten in den privaten Dienstleistungen und
- deutliche Produktivitätssteigerungen im Verarbeitenden Gewerbe und im Baugewerbe bei geringer werdenden Freisetzungen von Arbeitnehmern in diesen Wirtschaftszweigen.

Im folgenden soll auf die einzelnen Sektoren und deren voraussichtliche Entwicklungen näher eingegangen werden.

2.3.1.1 Primärer Sektor

Hinsichtlich der Zahl der landwirtschaftlichen Betriebe und der dort Beschäftigten nimmt der Landkreis Hagenow eine Sonderstellung auch gegenüber den von der Landwirtschaft ebenfalls stark geprägten Umlandkreisen ein. Mit seinen ehemals 75 landwirtschaftlichen Produktionsgenossenschaften (LPGen) wies der Landkreis einen mehr als doppelt so hohen Bestand an LPGen auf wie die Nachbarkreise Ludwigslust, Gadebusch und Schwerin-Land[132]. Nach der Berufstätigenstatistik arbeiteten rd. 29 vH der Berufstätigen im primären Sektor. Der Landkreis Ludwigslust nimmt dagegen eine eher mittlere Position ein[133]. Hier gab es 1989 lediglich 34 LPGen. Rd. 21 vH der Erwerbstätigen waren in der Landwirtschaft beschäftigt. Verglichen mit der Gesamtheit der Landkreise in den neuen Bundesländern besitzt der Landkreis Hagenow einen relativ hohen, der Landkreis Ludwigslust einen eher unterdurchschnittlichen Landwirtschaftsanteil[134].

Der Beitritt zum Wirtschaftsgebiet der alten Bundesrepublik hat einen tiefen Strukturwandel ausgelöst. Kennzeichen dieses Strukturwandels sind die Änderung der Unternehmensverfassung der Betriebe, die Neu- bzw. Wiedergründung von Familienbetrieben, die Stillegung von Grenzböden und der Abbau überdimensionierter, nicht wirtschaftlicher Viehbestände[135].

Die Umwandlung der ehemaligen LPGen in unternehmensrechtlich selbständige Einheiten ist weit vorangeschritten. Bevorzugte Unternehmensformen sind die Gesell-

---

132 Vgl. *Statistisches Bezirksamt Schwerin* (1990), S. 52. Die hohe Zahl an LPGen im Landkreis Hagenow resultierte vor allem aus der überdurchschnittlichen Stellung der Tierproduktion bis 1990.
133 Vgl. ebenda.
134 Vgl. *H. Rudolph* (1990), S. 503.
135 So haben sich der Rinder- und der Schweinebestand im Landkreis Hagenow bis April 1991 auf weniger als die Hälfte des Bestandes von 1989 reduziert. Vgl. auch *G. Steffen* (1991), S. 165 ff.

schaft mit beschränkter Haftung (GmbH) und die eingetragene Genossenschaft (eG). Die Bildung von Aktiengesellschaften kann als Ausnahme gelten[136]. Von der Treuhandanstalt Schwerin werden in den beiden Landkreisen nur wenige Betriebe des primären Sektors veräußert[137].

Bei der Neugründung von Betrieben treten vor allem folgende Schwierigkeiten in der Untersuchungsregion auf:
- die Überalterung der potentiellen Wiedereinrichter von ehemaligen Familienbetrieben,
- eine mangelnde Eigenkapitalbasis,
- Zeitverluste durch die zu lange dauernde Bearbeitung von Förderanträgen und
- die geringe Bonität der Böden, d.h. geringe Bodenpunktzahlen.

Es ist zu vermuten , daß der Strukturwandel in Richtung größere Familienbetriebe noch nicht abgeschlossen ist, auch wenn Unternehmensformen wie eingetragene Genossenschaften und Gesellschaften mit beschränkter Haftung in den Landkreisen bestimmend bleiben könnten[138]. Für diese Vermutung sprechen zum einen die vielfältigen Diskriminierungen, denen die großen Organisationsformen ausgesetzt sind. Das in der alten Bundesrepublik herrschende Leitbild des bäuerlichen Familienbetriebs hat zu umfangreichen Begünstigungen dieses Unternehmenstyps im Rahmen der Förderungs-, Steuer- und Sozialpolitik geführt[139]. Steuerliche Regelungen, die die ehemaligen Produktionsgenossenschaften begünstigen, gelten wie für gewerbliche Unternehmen in den neuen Bundesländern nur übergangsweise. Die agrarpolitische Förderung und Einkommenssicherung kommt in erster Linie den kleineren und mittleren Familienbetrieben zugute. Die landwirtschaftlichen Kapitalgesellschaften sind aber auch aufgrund der EG-rechtlichen Rahmenbedingungen in ihrer Wettbewerbsfähigkeit beeinträchtigt. Unabhängig von der politisch gewollten Förderung besitzen bäuerliche Familienbetriebe jedoch eine Reihe weiterer möglicher Entwicklungsvorteile[140], die im folgenden kurz dargestellt werden:

---

136 Angaben des Amtes für Landwirtschaft in Wittenburg.
137 Es handelt sich dabei um die ehemals Volkseigenen Güter (VEG).
138 Trotz der schwierigen Startbedingungen für Familienbetriebe ist es z.B. im Landkreis Hagenow seit 1990 zu einem beträchtlichen Anstieg dieser Unternehmensform gekommen. Von den bis April 1991 gemeldeten 146 natürlichen Personen bei den registrierten Betrieben sind immerhin 65 der Haupterwerbslandwirtschaft zuzurechnen. Die durchschnittliche Größe der Betriebe beträgt ca. 108 ha. Insgesamt bewirtschaften diese Betriebe schon 12,7 vH der landwirtschaftlichen Nutzfläche.
139 Vgl. *Deutscher Bundestag* (Hrsg., 1990a), S. 244 ff.
140 Vgl. *G. Schmitt* (1991), *W. Henrichsmeyer* (1991), S. 65-66 und *G. Steffen* (1991), S. 167.

- Die Kostenvorteile sehr großer Landwirtschaftsbetriebe werden oft überschätzt. Die minimalen Durchschnittskosten können zum Teil schon in von Familien bewirtschafteten Betrieben erreicht werden. Allerdings dürfte angesichts der Durchschnittsgröße der Familienbetriebe von rd. 100 ha ein Teil der bäuerlichen Familienbetriebe die optimale Betriebsgröße noch nicht erreicht haben[141].

- Der technische Fortschritt in Form neuer, kostensparender Produktionstechniken erhöht die Arbeitsproduktivität. Bei gegebener Arbeitskapazität der Familie können damit größere Flächen und/oder Viehbestände bewirtschaftet werden.

- Die Entlohnung von Familienmitgliedern liegt teilweise unter den Lohnsätzen von Lohnarbeitskräften. Damit werden Ausgaben für den landwirtschaftlichen Betrieb eingespart.

- Gegenüber mitgliederstarken Produktionsgenossenschaften besitzen Familienbetriebe eine höhere Organisationseffizienz, da sie höhere Leistungsanreize geben, Mitverantwortung und Motivation fördern und vor allem geringere Kontrollkosten verursachen.

Es kann daher als wahrscheinlich gelten, daß sich auf Dauer vor allem größere landwirtschaftliche Einzelunternehmen und überschaubare Personengesellschaften mit Eigenverantwortung der einzelnen Gesellschafter durchsetzen werden[142]. Dagegen werden voraussichtlich die genossenschaftlichen Unternehmensformen in Bereichen außerhalb der Produktion stark an Bedeutung gewinnen. So haben sich in der alten Bundesrepublik die ländlichen Waren-, Verwertungs- und Dienstleistungsgenossenschaften als effiziente und weit verbreitete Organisationsform bewährt[143].

Die Wettbewerbsfähigkeit der Landwirtschaft ist noch nicht ausreichend. Dies betrifft neben der landwirtschaflichen Primärproduktion auch die Verarbeitung und Vermarktung der Produkte. Bis Mitte 1991 mußten lediglich zwei Betriebe der landwirtschaftlichen Verarbeitungsindustrie aufgeben. Wegen des veralteten Maschinenparks stellt die unzureichende Verarbeitungskapazität jedoch ein wichtiges Hemmnis für die Entwicklung der landwirtschaftlichen Erzeugung dar[144].

---

141 In der Literatur werden effiziente Mindestgrößen für Ackerbau- und Getreide-Hackfrucht-Betriebe von rd. 200 bis 250 ha genannt. Die optimale Betriebsgröße nimmt jedoch bei gleichzeitiger Milchviehhaltung stark ab. Vgl. *H.J. Fassbender* (1991), S. 30.
142 Vgl. *W. Henrichsmeyer* (1991), S. 66.
143 Sie stellen den weitaus größten Anteil genossenschaftlicher Unternehmen in der Alt-Bundesrepublik. Vgl. *o.V.* (1991), S. 288-293.
144 Vgl. auch *Kommission der Europäischen Gemeinschaften* (Hrsg., 1991), S. 136.

Ein weiteres Merkmal des Strukturwandels in der Region Ludwigslust/Hagenow ist die ausgedehnte Stillegung von ertragsschwachen Böden. So sind z.B. im Landkreis Hagenow im Wirtschaftsjahr 1990/91 rd. 15 vH der Ackerflächen aus der Produktion herausgenommen worden[145]. Einige LPGen nutzten die prämierte Stillegung zur Verbesserung ihrer Liquiditätssituation, die sich durch die Ertragseinbußen aufgrund der Preiseinbrüche der letzten Monate stark verschlechtert hatte. Die weitere Entwicklung der Flächenstillegung hängt von der Ausgestaltung der Förderung ab.

Die Zahl der Beschäftigten wird weiter sinken. Legt man z.B. die in Schleswig-Holstein maximal beschäftigten vier Arbeitskräfteeinheiten (AK) pro 100 ha landwirtschaftliche Nutzfläche als grobe Basis zugrunde[146], so ergibt sich bei einer durch die Ackerlandstillegung reduzierten landwirtschaftlichen Nutzfläche von ca. 53.900 ha im Landkreis Ludwigslust bzw. ca. 83.500 ha im Landkreis Hagenow ein maximaler Arbeitskräftebedarf von rd. 2.200 AK im Landkreis Ludwigslust bzw. rd. 3.340 AK im Landkreis Hagenow. Mehr als zwei Drittel der bis 1989 im landwirtschaftlichen Sektor hauptberuflich Beschäftigten werden also im Laufe des Umstrukturierungsprozesses voraussichtlich freigesetzt werden[147].

Die zukünftige Entwicklung der Landwirtschaft in der Region hängt neben den von der EG-Agrarpolitik vorgegebenen Rahmenbedingungen und der Anpassungsfähigkeit der Betriebe vor allem von der natürlichen Standortqualität ab, die durch die Verschärfung ökologischer Restriktionen noch an Bedeutung gewinnen wird. Hierbei muß zwischen den Anbaugebieten in weiten Teilen des Landkreises Hagenow und des Landkreises Ludwigslust differenziert werden. Während im Landkreis Hagenow die durchschnittliche Ertragsmeßzahl je Hektar (Bodenklimazahl) zwischen 35 und 45 Bodenpunkten liegt, beträgt sie im Landkreis Ludwigslust durchschnittlich unter 35 Bodenpunkten[148]. Der überwiegende Teil der Ackerflächen weist also eine nur geringe Bodenbonität (Bodenzahl 20 bis 40) auf. Bis auf den nördlichen Teil des Landkreises Hagenow, in dem sandige Lehmböden vorherrschen, überwiegen Sandböden. Unter Berücksichtigung der natürlichen Produktionsvoraussetzungen in den

---

145 Ähnlich hohe Stillegungsquoten sind auch aus anderen Landkreisen Mecklenburgs bekannt. In Neustrelitz beträgt z.B. die Stillegungsquote 16,7 vH des Ackerlandes. Vgl. *Norddeutsche Zeitung* vom 18.06.1991, S. 13. In Mecklenburg-Vorpommern wurden insgesamt 12,8 vH der Ackerfläche und in den neuen Ländern insgesamt rd. 13 vH der Ackerfläche im Wirtschaftsjahr 1990/91 stillgelegt. In den alten Bundesländern betrug die Stillegungsquote im selben Zeitraum dagegen nur 5,6 vH. Vgl. *Deutscher Bundestag* (Hrsg., 1991a), S. 62.
146 Vgl. *K. Peschel* (1990), S. 253 und *G. Steffen* (1991), S. 167.
147 Diese grobe Schätzung deckt sich mit den Erwartungen des Landwirtschaftsamtes Wittenburg.
148 Die maximal erreichbare Bodenklimazahl beträgt 100. Vgl. *Deutscher Bundestag* (Hrsg., 1991a), S. 60.

Bodenklimaregionen und den agrarpolitischen Vorgaben der EG wird sich daher die pflanzliche Produktion in den beiden Landkreisen teilweise unterschiedlich entwikkeln.

Eine deutliche Steigerung der Anbaufläche für Gerste und Ölfrüchte scheint in beiden Landkreisen wahrscheinlich, während sich der Zuwachs an Anbaufläche für Weizen unter den Bedingungen der EG voraussichtlich auf die ertragsstärkeren Böden im nördlichen Teil des Landkreises Hagenow konzentrieren wird. Beim Anbau von Kartoffeln ist wie im gesamten Land Mecklenburg-Vorpommern mit einem Rückgang der rentablen Anbaufläche zu rechnen[149]. Generell sind vor allem dem nördlichen Teil der Region als landwirtschaftlichem Produktionsstandort mittel- und längerfristig aufgrund seiner natürlichen Standortqualität relativ gute Chancen einzuräumen. Hinsichtlich der natürlichen Produktionsbedingungen ist der Landkreis Ludwigslust als weniger begünstigt einzustufen.

Die Milchwirtschaft spielte bis 1990 in der Region, vor allem im Landkreis Hagenow, eine vergleichsweise große Rolle. Zwar lag der durchschnittliche Kuhbestand je 100 ha landwirtschaftlicher Nutzfläche in der Region mit 32 Kühen auf 100 ha ungefähr im Durchschnitt des ehemaligen Bezirks Schwerin. Gemessen an der Milchproduktion wird jedoch die überdurchschnittliche Bedeutung der Milchwirtschaft für die Region deutlich: Rd. 29,2 vH der Milchproduktion des ehemaligen Bezirkes Schwerin stammten 1989 aus den beiden Landkreisen Ludwigslust und Hagenow. Für eine auch zukünftig wirtschaftlich starke Milchwirtschaft ist die Schaffung von Weiterverarbeitungskapazitäten in der Region eine Aufgabe von hoher Priorität. Erste Erfolge bei der Ansiedlung von Weiterverarbeitern (z.B. Danone in Hagenow) hat es bereits gegeben. Dennoch setzen wegen der Differenz in den Auszahlungspreisen viele bäuerliche Betriebe ihre Milch in den nahe gelegenen westlichen Bundesländern ab. Eine sukzessive Verlagerung der wertschöpfungsintensiven Verarbeitung in die Region erscheint daher nach wie vor wünschenswert.

Eine überdurchschnittliche regionale Bedeutung kommt insbesondere im Raum Hagenow-Wittenburg dem Obstbau zu. Die gesamte Obstanbaufläche der Region (nur Anbaufläche über 1 ha) betrug 1985 rd. 1.875 ha oder 58,8 vH der Obstanbaufläche im ehemaligen Bezirk Schwerin. Allein auf den Landkreis Hagenow entfielen 48 vH der bezirklichen Obsternte, auf die Region insgesamt rd. 53 vH. Besondere Schwerpunkte bildeten die Produktion von Äpfeln (57,7 vH der

---

[149] Zu den voraussichtlichen Änderungen bei der räumlichen Verteilung der Anbauflächen in den Bodenklimaregionen der neuen Bundesländer und in der Region Ludwigslust/Hagenow vgl. T. *Becker*, P. *Schoop* (1991), S. 261 ff.

Bezirksernte), Sauerkirschen (42,4 vH), Birnen (39,8 vH), Johannisbeeren (29 vH) und Süßkirschen (25,7 vH). Nach der Wende ist die Anbaufläche zwar reduziert worden[150]. Es ist aber davon auszugehen, daß der Obstanbau seine traditionell starke Rolle behaupten kann. Voraussetzung dafür ist, daß eine für die Obstproduzenten befriedigende Lösung bei der Gestaltung der Nutzungsrechte (Pachtverträge) gefunden wird. Auch für den Obstanbau sind die gewerblichen Weiterverarbeiter von entscheidender Bedeutung, da es von ihnen abhängt, ob zusätzliche Arbeitsplätze und Einkommen auf den der Primärproduktion nachgelagerten Produktionsstufen in- oder außerhalb der Region entstehen.

Die Forstwirtschaft spielt - gemessen an der Zahl der Beschäftigten - in beiden Landkreisen eine untergeordnete Rolle. Auf den insgesamt 80.232 ha Forstfläche in der Region wurden bis 1990 nur etwa 1.070 Personen beschäftigt. Das entspricht einem Anteil an der Gesamtzahl der Berufstätigen von etwa 1,6 vH. Durch die absatzbedingte Krise der holzverarbeitenden Industrie, die Reduzierung des Holzeinschlags und den Preisverfall für Holz ist die Forstwirtschaft ebenso wie andere Branchen auch von Beschäftigungseinbußen betroffen gewesen. Prognosen zum zukünftigen Nutzungspotential der Wälder sind mit erheblicher Unsicherheit behaftet. Zumindest die Neustrukturierung der Eigentumsverhältnisse und die bessere Berücksichtigung ökologischer Aufgaben sprechen jedoch für einen reduzierten Einschlag.

Größere Bedeutung könnte die Forstwirtschaft langfristig als Einkommensquelle für Landwirte erhalten, wenn der Waldanteil durch Aufforstung submarginaler und erosionsgefährdeter leichter Sandböden zunimmt und die kombinierte Land- und Forstwirtschaft größere Bedeutung gewinnt. So resultiert immerhin 10 vH des landwirtschaftlichen Roheinkommens der westdeutschen Vollerwerbsbetriebe aus der Bewirtschaftung bäuerlichen Privatwaldes[151].

2.3.1.2 Sekundärer Sektor

2.3.1.2.1 Beschäftigtenanteile und Betriebsstrukturvergleich

Bis 1990 waren rd. 44 vH der Beschäftigten im Landkreis Ludwigslust im Produzierenden Gewerbe beschäftigt. In Hagenow waren es dagegen lediglich 34,6 vH der Beschäftigten. Während der Landkreis Hagenow damit nahe am Durchschnitt des Arbeitsamtsbezirkes Schwerin (35,4 vH) lag, besitzt der Produzierende

---

150 Sie betrug im Landkreis Hagenow aber immer noch über 1.500 ha.
151 Vgl. K. Giesen (1991), S. 254.

Sektor im Landkreis Ludwigslust im Vergleich zum Arbeitsamtsbezirk Schwerin einen überproportional hohen Anteil (vgl. Tabelle 21).

Aus Tabelle 21 geht auch hervor, daß die Bauwirtschaft im Vergleich zum Arbeitsamtsbezirk Schwerin eine überdurchschnittliche Bedeutung in beiden Landkreisen hatte. Im Landkreis Ludwigslust waren 1989 14,5 vH der ständig Berufstätigen in diesem Wirtschaftszweig beschäftigt. Mit einem Anteil von 9,5 vH der Beschäftigten war hier auch die Leichtindustrie[152] stark vertreten. In diesem Sektor waren rd. zwei Drittel aller Beschäftigten in acht Treuhandbetrieben beschäftigt. Mit über 1.000 Beschäftigten zählte dabei das Lederwerk in Neustadt-Glewe zu den wichtigsten Arbeitgebern in der Region.

Bedeutendste Sektoren des Produzierenden Gewerbes im Landkreis Hagenow waren neben der Bauindustrie die Maschinen- und Fahrzeugbauindustrie. Die beiden größten Unternehmen dieses Wirtschaftszweiges, die Elbewerft Boizenburg und das Fahrzeugwerk Lübtheen, stellten 1990 mit zusammen über 2.000 Beschäftigten[153] über die Hälfte der Beschäftigten in diesem Sektor. Die zukünftige Bedeutung dieses Sektors hängt damit also überwiegend von der Weiterexistenz dieser Betriebe ab.

Tab. 21: Beschäftigtenstruktur des Produzierenden Gewerbes in den Landkreisen Ludwigslust und Hagenow sowie im Arbeitsamtsbezirk Schwerin 1989

Sektor	LK Ludwigslust	LK Hagenow	Arbeitsamtsbezirk Schwerin
Wasserwirtschaft	0,2	0,2	0,3
Energie	0,4	0,3	0,6
Chemie	1,1	1,6	1,5
Metallurgie	-	0,0	0,0
Maschinen- u. Fahrzeugbau	6,0	12,2	10,4
Elektrogerätebau	5,8	1,7	2,6
Leichtindustrie	9,5	1,7	4,8
Textilindustrie	0,0	0,7	0,3
Lebensmittelindustrie	6,8	5,7	5,4
Bauwirtschaft	14,5	10,5	9,5
Produzierendes Gewerbe	44,3	34,6	35,4

Quelle: H. Rudolph (1990), S. 496.

---

[152] Zur Leichtindustrie werden die Branchen der Holzwirtschaft, der Papiererzeugung und -verarbeitung, das Druckereigewerbe, die Lederindustrie sowie die Textil- und Bekleidungsindustrie gezählt.
[153] Vgl. *Treuhandanstalt* (Hrsg., 1991), S. 76 und 301.

Auf den durch die Wirtschafts- und Währungsunion ausgelösten Strukturwandel mußten die Betriebe unterschiedlich reagieren. Die meisten Betriebe versuchen u.a., durch die Reduzierung der Belegschaftsstärke und durch Zusammenarbeit mit westdeutschen Investoren, ihre Wettbewerbsfähigkeit wiederherzustellen oder auszubauen. Ein Teil der Betriebe wird den Strukturwandel jedoch nicht überleben und aufgeben müssen. Um weitergehende Aussagen, inbesondere im Hinblick auf die Zahl und die Situation der Betriebe und die Zahl der Beschäftigten, treffen zu können, wären genauere Daten nötig, die aber zur Zeit nicht vorliegen. Zwar läßt sich nach einer Auswertung der Firmen-Stammdatei durch die Industrie- und Handelskammer (IHK) zu Schwerin feststellen, daß die Gesamtzahl der bis zum August 1991 aktiven Unternehmen[154] in den beiden Landkreisen, verglichen mit den meisten Nachbarkreisen, außerordentlich hoch ist. Ein Vergleich mit der Situation des Jahres 1989 oder 1990 ist jedoch nicht sinnvoll, da sich hinter der gegenüber 1989 sehr hohen Zahl aktiver Unternehmen zum großen Teil Umgründungen von Betriebsteilen ehemals Volkseigener Betriebe verbergen.

Tab. 22: Aktive Unternehmen in ausgewählten Regionen nach Branchen (in vH)

Sektor	LK Hagenow	LK Ludwigslust	IHK-Bezirk Schwerin	Schleswig-Holstein[1]	Alte Bundesländer[1]
Land- u. Forstwirtschaft, Fischerei	3,9	3,2	2,5	1,8	1,3
Energie u. Bergbau	0,3	0,2	0.2	0,4	0,1
Verarbeitendes Gewerbe	4,7	5,8	4,6	12,8	16,0
Baugewerbe	2,6	2,8	2,0	9,1	8,7
Handel	36,9	41,1	40,6	28,9	27,9
Verkehr, Nachrichtenübermittlung	11,3	8,9	9,9	5,6	3,9
Kreditinstitute, Versicherungen	12,3	8,9	13,4	5,1	3,8
Dienstleistungen (Unternehmen, freie Berufe)	28,0	29,1	26,8	36,3	38,3
Insgesamt	100,0	100,0	100,0	100,0	100,0

1 Werte von 1987.

Quelle: IHK Schwerin; Statistisches Landesamt Schleswig-Holstein (Hrsg., 1991) S. 85; Statistisches Bundesamt (Hrsg., 1990) S. 120; eigene Berechnungen.

Aufschlußreich ist die Auswertung der Firmen-Stammdatei jedoch aus einem anderen Grund. Aus ihr wird ersichtlich, inwiefern sich die Betriebsstrukturen in den

---

154 Unter dem Begriff "aktive Unternehmen" werden in diesem Zusammenhang die zur Zeit in den neuen Bundesländern produzierenden Betriebe verstanden.

beiden Landkreisen schon den Strukturen in den alten Ländern angenähert haben. Zu diesem Vergleich werden Daten von Schleswig-Holstein herangezogen. Aus Tabelle 22 wird deutlich, daß in beiden Landkreisen der Anteil und die Zahl der bei der IHK gemeldeten, aktiven Unternehmen des Verarbeitenden Gewerbes und des Baugewerbes noch gering ist. Die Handelsunternehmen dominieren eindeutig und sind auch im Vergleich zu den alten Bundesländern und Schleswig-Holstein noch überrepräsentiert. Dies muß aber eher als Schwäche des sekundären Sektors und nicht als Stärke des Handels interpretiert werden[155]. Auch die Kreditinstitute und Versicherungen sind, gemessen an ihrem Anteil an den Unternehmungen, überdurchschnittlich vertreten. Hingegen liegt der Anteil der Dienstleistungsberufe und freien Berufe an den Unternehmen insgesamt noch deutlich unter dem Niveau Schleswig-Holsteins und der alten Bundesländer.

2.3.1.2.2 Treuhandbetriebe

Bei den Unternehmen der Treuhandanstalt beschäftigt bzw. auf Kurzarbeit gestellt waren im Landkreis Hagenow 1990 noch ca. 5.000 Arbeitnehmer, d.h. 20 vH der ehemals außerhalb der Landwirtschaft Beschäftigten. Im Landkreis Ludwigslust ist die Bedeutung der Treuhandbetriebe noch größer. Die fast 8.000 Arbeitnehmer der Treuhandbetriebe machten dort über ein Drittel der im sekundären und tertiären Sektor Beschäftigten aus[156]. Bei diesen Unternehmen überwiegen Betriebe der Bau-, Holz-, Textil- sowie der Nahrungs- und Genußmittelindustrie. Sie stellen in gewisser Weise die noch vorhandene industrielle Basis der Landkreise dar.

Nach Angaben der Treuhandanstalt Schwerin stellt die nach wie vor unzureichende Produktivität der Arbeitsplätze das bislang größte Hindernis für die Sanierung der Betriebe dar[157]. Dabei gilt die abgeschlossene Privatisierung als beste Sanierungsmaßnahme, da die potentiellen Investoren am ehesten in der Lage sind, die Umstrukturierungserfordernisse zu erkennen und anzugehen. Insgesamt rechnet die Treuhandanstalt mit einem Beschäftigtenrückgang in den von ihr verwalteten Betrieben bis auf ca. 40 vH der Ausgangsgröße. Die Befragung der Gewerbebetriebe in der Untersuchungsregion ergab allerdings, daß trotz der damit verbundenen gewaltigen Strukturanpassung die Mehrheit der Treuhandbetriebe schon in den nächsten Jahren

---

155 Der Anteil des Handels wird sich bei einem Wirtschaftsaufschwung in den neuen Bundesländern wieder erheblich reduzieren.
156 Vgl. *Treuhandanstalt* (Hrsg., 1991).
157 Die Treuhandbetriebe selbst sehen nach der Unternehmensumfrage neben der unzureichenden Produktivität ihre Hauptschwierigkeit in der Etablierung neuer Absatzkanäle und der Beschaffung von Finanzkapital. Umwelt- und Personalprobleme werden als weitaus weniger dringlich eingestuft.

ein deutliches Wachstum von Kapazitäten und Umsatz erwartet. Als Umstrukturierungserfordernisse, die für alle sanierungsfähigen Treuhandunternehmen gelten, sind in diesem Zusammenhang auf der Produktions- und Kostenseite zu nennen:
- eine deutliche Verringerung der Fertigungstiefen,
- die Bereinigung der Produktionsprogramme von gravierenden Verlustquellen,
- höhere Fertigungslose im industriellen Bereich,
- der Abbau des zu hohen Verwaltungsbesatzes,
- die Verbesserung der Logistik und
- der Abbau der überhöhten Lagerbestände.

Auf der Absatzseite stehen der Ausbau des Marketing, die Neuordnung des Vertriebs und die Reorientierung auf die westlichen Märkte im Vordergrund[158].

Eine Steigerung der Exporte in die ehemaligen Ostblockländer kann zumindest mittelfristig als nicht wahrscheinlich gelten. Als Grund hierfür sind der Zusammenbruch der osteuropäischen Märkte und - damit verbunden - die mangelnde Zahlungsfähigkeit der osteuropäischen Länder zu nennen. Daher scheint eine Annäherung an den geringen Anteil des westdeutschen Ostexports in den nächsten Jahren realistischer.

Mit der Aufgabe, die sanierungsfähigen Betriebe zu privatisieren, hat die Treuhandanstalt gleichzeitig den gesetzlichen Auftrag erhalten, die Strukturanpassung der Betriebe nach den Erfordernissen der veränderten Angebots- und Nachfrageverhältnisse zu fördern. Die dazu notwendigen Sanierungsmaßnahmen versteht die Treuhandanstalt Schwerin in erster Linie als Überbrückungssanierung, durch die letztlich eine erfolgreiche Privatisierung nur erleichtert werden soll. Neben der Bereitstellung von Liquiditätshilfen unterstützt die Treuhandanstalt Schwerin die Unternehmen vor allem durch die Finanzierung betriebsnotwendiger Investitionen.

Für die im Anschluß an die ersten Sanierungsmaßnahmen erfolgende Privatisierung der Treuhandbetriebe werden mehrere Möglichkeiten ausgeschöpft. Abgesehen von der Rekommunalisierung der Versorgungsbetriebe und Wohnungsgesellschaften sowie einiger Reprivatisierungsfälle soll der Großteil der Unternehmen entweder an westdeutsche oder ausländische Investoren, einschließlich des sogenannten Management-Buy-In[159], oder an die leitenden Angestellten der Betriebe (Management-Buy-Out) verkauft werden. Beurteilungskriterien der Treuhandanstalt sind neben der Höhe des Kaufpreises die geplante Investitionssumme und die Zahl der gesicherten bzw. neugeschaffenen Arbeitsplätze. Von diesen drei Kriterien ist nur das Kaufpreis-

---

158 Vgl. auch *U. Siepmann* (1991); vgl. *Deutscher Bundestag* (Hrsg., 1990), S. 230.
159 Darunter versteht man den Erwerb eines Unternehmens durch unternehmensfremde Manager.

kriterium direkt nachvollziehbar und kontrollierbar. Hinsichtlich der Zahl der Arbeitsplätze besteht für die Treuhandanstalt die Schwierigkeit, neben den kurzfristig gesicherten auch die langfristig rentablen Arbeitsplätze beurteilen zu müssen. Dies wird nicht in jedem Fall einwandfrei möglich sein. Erfolgreiche Privatisierungen sind deshalb zwar eine notwendige Vorbedingung des strukturellen Wandels in den beiden Landkreisen. Sie garantieren jedoch keine befriedigende Entwicklung des Verarbeitenden Gewerbes in der Region Ludwigslust/Hagenow.

Die Privatisierungsquote liegt für die beiden Landkreise im Vergleich zum Durchschnitt der neuen Bundesländer relativ hoch[160]. Bei einigen Unternehmen sind die Kaufverhandlungen zwar noch nicht abgeschlossen, mit einer Privatisierung ist aber in nächster Zeit zu rechnen. Dies liegt u.a. auch an der ohnehin geringen Zahl der Industriebetriebe in der Region Ludwigslust/Hagenow[161]. Unklar ist weiterhin das Schicksal der von der Berliner Treuhandanstalt verwalteten Elbewerft Boizenburg im Landkreis Hagenow. Nach einem Sanierungskonzept der Treuhandanstalt soll dieser größte Betrieb des Landkreises mit noch über 1.600 Beschäftigten im Jahre 1990 entweder privatisiert werden oder aber das Produktionsprogramm auf die Volkswerft in Stralsund übergehen[162].

Die Zahl der Management-Buy-Outs (MBO) ist in beiden Landkreisen vergleichsweise gering. Die hauptsächlichen Probleme bei der Durchführung dieser Privatisierungsform liegen einmal in der Schwierigkeit, genügend Fremdkapital für die Übernahme und Folgeinvestitionen zu mobilisieren, zum anderen in der oft mangelnden Management- und Markterfahrung der leitenden Mitarbeiter. Die in den alten Bundesländern und im westlichen Ausland typischen Bedingungen für erfolgreiche Management-Buy-Outs wie ein niedriger Verschuldungsgrad, ein stabiler Cash-Flow, ein ausgereiftes Produktionsprogramm und eine gefestigte Marktposition, sind in vielen Fällen nicht erfüllt. Angesichts der Finanzierungs- und Managementprobleme wird eine Teilfinanzierung der Übernahme durch Kapitalbeteiligungsgesellschaften oder durch Kapitaleinlagen westlicher Kooperationspartner oft ebenso unumgänglich sein wie die Einbindung westlicher Manager in die Umstrukturierung der übernommenen Unternehmen. Probleme bei der Realisierung eines Management-Buy-Outs können sich auch daraus ergeben, daß ein politisch vorbelastetes Management von der Belegschaft nicht akzeptiert wird. In einem solchen Fall erscheint die Durchführung eines Management-Buy-Outs als wenig aussichtsreich.

---

[160] Bis zum April 1991 waren in den neuen Bundesländern insgesamt erst rd. 16 vH der Betriebe des Verarbeitenden Gewerbes privatisiert. Vgl. *R. Maurer, B. Sander, K.-D. Schmidt* (1991), S. 54.
[161] Anhang A7 gibt einen Überblick über die Treuhandbetriebe der Untersuchungsregion.
[162] Vgl. *Handelsblatt* vom 26.8.1991.

Nicht zuletzt aus wettbewerbs- und strukturpolitischen Gründen unterstützt die Treuhandanstalt Management-Buy-Outs. Grundsätzlich ist die Treuhandanstalt bereit, bei Gleichwertigkeit von MBO-Kaufangeboten mit anderen Kaufangeboten MBO-Vorhaben vorrangig zu berücksichtigen. Dies setzt allerdings voraus, daß ein MBO-Angebot hinsichtlich des Kaufpreises, der zusätzlichen Investitionen und der Sicherung von Arbeitsplätzen mit anderen, d.h. westlichen, Angeboten konkurrieren kann. Als MBO-Vorhaben kommen nach den Vorstellungen der Treuhandanstalt hauptsächlich solche Unternehmen in Betracht, die über ein angemessenes Haftungskapital verfügen, in stabilen, oft regionalen Märkten tätig sind und vergleichsweise geringen Ertragsschwankungen unterliegen. Zu den Fördermaßnahmen der Treuhandanstalt, mit denen sie die MBO's erleichtern will, gehören zum einen die Vermittlung von Kontakten zu Unternehmensberatern, Banken und Übernahme-Interessenten. Zum anderen unterstützt sie die MBO-Erwerber durch verschiedene Maßnahmen zur Senkung der Finanzierungskosten. So können Immobilien langfristig (10 bis 12 Jahre) von der Treuhand gepachtet und erst später unter Einräumung eines Vorkaufs- oder Optionsrechts gekauft werden. Darüber hinaus werden bestehende Bürgschaften bei Veräußerung des Unternehmens verlängert und der Kaufpreis bis zu 50 vH für einen Zeitraum bis zu 3 Jahren gestundet[163].

2.3.1.2.3 Existenzgründungen und Handwerk

Neben dem Erhalt der bestehenden Betriebe kommt in beiden Landkreisen der Ansiedlung von Haupt- und Zweigbetrieben sowie den Existenzgründungen ein besonderes Gewicht zu. Dabei entfällt nach der Gewerbestatistik[164] der weitaus größte Teil der bisherigen Anmeldungen auf die Bereiche Handel sowie sonstige Anmeldungen (vor allem Speditionen, Taxen, Gaststätten etc.). Danach folgen Handwerk und Dienstleistungen. Anmeldungen in den Bereichen des Verarbeitenden Gewerbes und der Bauindustrie sind noch selten[165].

Dem Handwerk in den beiden Landkreisen eröffnen sich aufgrund des hohen Modernisierungsbedarfs bei den Gebäuden und des Nachholbedarfs bei der Bereitstellung haushaltsbezogener Dienstleistungen gute Entwicklungschancen. Gegenüber der

---

[163] Vgl. *Wirtschaften heute* (1/1992).
[164] Neben den wirklichen Neugründungen ist in der Gewerbestatistik auch eine nicht näher bekannte Zahl von Umgründungen, Ausgründungen und Änderungen der Rechtsform enthalten.
[165] Die Abmeldungsquoten liegen mit rd. 14 vH in Hagenow und rd. 12 vH in Ludwigslust ungefähr im Durchschnitt der neuen Bundesländer. Vgl. auch *Deutsches Institut für Wirtschaftsforschung, Institut für Weltwirtschaft* (1991), S. 25.

Situation vor der Wende haben sich die Beschäftigtenzahlen im Handwerk anders als in den anderen Wirtschaftsbereichen nicht verringert. So waren beispielsweise im Landkreis Hagenow im Oktober 1991 ca. 1.600 Arbeitnehmer im produzierenden Handwerk (Bau- und Ausbaugewerbe, Metall- und Holzgewerbe) beschäftigt. Der Anteil an den Gesamtbeschäftigten stieg damit von 1989 bis 1991 von 4,4 vH auf 6,6 vH. Einen noch deutlicheren Anstieg verzeichnete der Landkreis Ludwigslust. Hier gibt es zur Zeit rd. 500 Handwerksbetriebe im Produzierenden Gewerbe mit rd. 2.000 Beschäftigten. Dies entspricht einem Anteil von rd. 8 vH gegenüber 3 vH 1989[166]. Ein beträchtlicher Teil des Zuwachses des Handwerks ist zwar auf die Ausgliederung ehemaliger Baubrigaden aus den Volkseigenen Betrieben zurückzuführen. Dennoch ist festzustellen, daß das Handwerk bereits einen wichtigen Wirtschaftsfaktor in der Region Ludwigslust/Hagenow darstellt.

Für die Zukunft ist mit einer weiteren Bedeutungszunahme dieses Wirtschaftszweiges zu rechnen. Zum einen ist die Betriebsdichte, d.h. die Zahl der Betriebe pro 1000 Einwohner, noch immer geringer als beispielsweise in Niedersachsen oder Schleswig-Holstein. Zum anderen liegt die sogenannte Handwerkerdichte, d.h. die Zahl der im produzierenden Handwerk Beschäftigten pro 1000 Einwohner, deutlich unter der Vergleichszahl der alten Bundesländer. Kamen dort 1989 auf 1000 Einwohner 36 Handwerksbeschäftigte, so waren dies z.B. im Landkreis Hagenow 1991 erst ca. 22 Beschäftigte pro 1000 Einwohner[167].

2.3.1.3 Tertiärer Sektor

Der tertiäre Bereich umfaßt unter Berücksichtigung der früheren DDR-Systematik die Bereiche Handel und Verkehr sowie den nichtproduzierenden Bereich. Im Landkreis Ludwigslust waren 1989/90 rd. 35 vH der Beschäftigten im tertiären Sektor tätig, im Landkreis Hagenow rd. 36 vH (vgl. Tabelle 23). Damit liegen beide Landkreise unter dem Durchschnitt des Arbeitsamtsbezirkes Schwerin (rd. 44 vH). Im Vergleich zu vielen anderen Landkreisen in den neuen Ländern und vor allem zu den meisten Landkreisen des Landes Mecklenburg-Vorpommern weist die Region jedoch eine relativ hohe Dienstleistungsorientierung auf, die es in den nächsten Jahren noch auszubauen gilt[168].

---

166 Für die Berechnung der aktuellen Anteile der im Handwerk Beschäftigten an den gesamten Beschäftigten wurden die geschätzten Werte beider Landkreise vom Juni 1991 übernommen. Vgl. auch Tabelle 9 in Kapitel 2.2.3.2.
167 Die Berechnung der Handwerkerdichte für Hagenow basiert auf teilweise geschätzten Daten der Handwerkskammer Hagenow. Bzgl. der Berechnung für die alte Bundesrepublik vgl. *Statistisches Bundesamt* (1990), S. 44 und S. 210.
168 Vgl. *H. Rudolph* (1990), S. 501 ff.

Die Privatisierung der Betriebe des tertiären Sektors durch die Treuhandanstalt kann als weitestgehend abgeschlossen betrachtet werden. Dies betrifft vor allem die Gaststätten und Handelseinrichtungen. Bei den Hotels kam es dagegen wie in anderen Regionen Ostdeutschlands auch zu Verzögerungen durch Rückübertragungsansprüche und Probleme bei der Verkehrswertermittlung[169].

Tab. 23: Beschäftigtenstruktur des tertiären Sektors in den Landkreisen Ludwigslust und Hagenow sowie im Arbeitsamtsbezirk Schwerin 1989

Sektor	LK Ludwigslust	LK Hagenow	Arbeitsamtsbezirk Schwerin
Handel	9,6	9,9	10,7
Verkehr	6,5	5,9	7,8
Wirtschaftsleitung	0,5	0,3	0,9
Wohnungs- u. Geldwesen	2,6	2,7	3,4
Bildung, Wissenschaft, Kunst	6,7	8,0	8,8
Gesundheit, Sozialwesen	5,9	6,4	7,4
Sport, Erholung, Freizeit	0,3	0,1	0,6
Sonstige Dienstleistungen	1,0	0,7	1,5
Staatliche Verwaltung	1,8	2,2	2,5
Kirchen, Interessengemeinschaften	0,1	0,1	0,2
Insgesamt	35,0	36,3	43,8

Quelle: H. Rudolph (1990), S. 496.

Zusammen mit dem gewerblichen Sektor werden Teile des Dienstleistungssektors Hauptträger von Wachstum und Beschäftigung sein[170]. Bei bestimmten Dienstleistungen, etwa den Banken, ist das Angebot schon beträchtlich gestiegen. Dies wird auch an der Zahl der Gewerbeanmeldungen für den Bereich Dienstleistungen (ohne Handel und Verkehr) deutlich. Im Landkreis Hagenow entfielen beispielsweise bis Juni 1991 mehr als 12 vH der Anmeldungen auf diesen Bereich. In anderen Sparten, z.B. der Rechts- und Wirtschaftsberatung, ist das Angebot noch unzureichend.

Unter der Annahme, daß die Dienstleistungsdichte der Region Ludwigslust/Hagenow dem allgemeinen Trend in den alten Bundesländern folgt, lassen sich als Hauptgewinner des Umstrukturierungsprozesses in den nächsten Jahren die Kreditinstitute und Versicherungen, gefolgt vom Handel und den technischen und wirtschaftlichen Beratungsunternehmen, ausmachen[171]. Die Entwicklung des Verkehrsbereichs ist von gegenläufigen Tendenzen gekennzeichnet. Negativ auf die Beschäftigung dieses

---

[169] Auch bei den Hotels liegt die Privatisierungsquote über der Quote in den neuen Bundesländern. Vgl. *R. Maurer, B. Sander, K.-D. Schmidt* (1991), S. 54.
[170] Vgl. *IWD-Nachrichten* (1991), S. 4 ff.
[171] Vgl. *IWD-Nachrichten* (1991), S. 4 ff.

Sektors wirkt sich im Personenbeförderungsbereich der Bedeutungsverlust des Berufsverkehrs und der gestiegene Motorisierungsgrad der Bevölkerung aus. Auf der anderen Seite wird der Güterverkehr als ein weiterer Bereich des Verkehrssektors mit zunehmendem Wachstum in den neuen Bundesländern und mit der bevorstehenden Deregulierung der Verkehrsmärkte im Rahmen des Europäischen Binnenmarktes voraussichtlich an Bedeutung gewinnen. Viele Unternehmen des Verkehrsgewerbes, die mit der Vollendung des Binnenmarktes einen erhöhten Konkurrenzdruck erwarten, versuchen ihre Wettbewerbsposition durch die Erweiterung ihres Angebots im Logistikbereich, durch Rationalisierung und durch Kooperationen mit anderen Unternehmen zu stärken.

In diesem Zusammenhang kommt dem geplanten Transportgewerbegebiet (TGG) bei Gallin/Valluhn (Landkreis Hagenow) eine besondere Bedeutung zu. Das Transportgewerbegebiet soll der gezielten Ansiedlung von Betrieben dienen, die sich mit der Abwicklung des Güterverkehrs beschäftigen. Hauptaufgabe des Transportgewerbegebietes ist die Schnittstellenfunktion zwischen LKW-Nah- und Fernverkehr. Über den Umschlag Straße/Straße hinaus wird für spätere Bau- und Betriebsstufen eine Integration des Umschlags Straße/Schiene für wünschenswert gehalten[172]. Abgesehen von der hohen Zahl an Arbeitsplätzen, die durch das Transportgewerbegebiet geschaffen werden können, kann eine Weiterentwicklung des Gewerbegebiets zu einem Logistikzentrum oder Güterverkehrszentrum eine erhebliche regionalwirtschaftliche Sogwirkung ausüben, da logistische Dienstleistungen zunehmend zu einem entscheidenden Standortfaktor für das Produzierende Gewerbe und den Handel werden. Die Standortqualität der gesamten Region würde dadurch erheblich an Wert gewinnen.

An dieser Stelle sei allerdings darauf hingewiesen, daß ohne eine positive wirtschaftliche Entwicklung, vor allem in den Branchen des Produzierenden Gewerbes, ein weiterer Anstieg des tertiären Sektors kaum zu erwarten ist. Vielmehr ist davon auszugehen, daß der Dienstleistungsbereich angesichts der zur Zeit herrschenden hohen Arbeitslosen- und Kurzarbeiterzahlen zunächst einen gewissen Sättigungsgrad erreicht hat. Ein weiterer Anstieg im Handel und im Dienstleistungsbereich ist daher erst bei deutlicher Verbesserung der Arbeitsmarktlage und damit bei einer steigenden privaten Konsumgüternachfrage zu erwarten. Da der primäre Bereich tendenziell eher Arbeitsplätze abbaut und die fehlenden Arbeitsplätze nicht in dem Umfang im tertiären Sektor bereitgestellt werden können, ist eine Verbesserung der Situation nur durch Bereitstellung neuer Arbeitsplätze im sekundären Sektor zu erwarten.

---

[172] Somit besteht für das Transportgewerbegebiet die Option auf den Ausbau zu einem Güterverkehrszentrum.

2.3.2 Betriebsgrößen- und Betriebstypenstruktur

Die Betriebsgrößen- und -typenstruktur der Wirtschaft in den beiden Kreisen interessiert vor allem unter dem Gesichtspunkt der Konjunkturempfindlichkeit der Betriebe[173]. Eine diversifizierte Branchenstruktur und ein Übergewicht kleiner und mittelständischer Unternehmen sind wichtige Voraussetzungen, um Konjunkturschwankungen abfedern zu können. Je weniger beschäftigungsintensive Großbetriebe die Wirtschaftsstruktur dominieren und je günstiger das Verhältnis von Stamm- zu Zweigbetrieben ist, desto größer wird die Konjunkturrobustheit der Wirtschaft sein.

Für den tertiären Sektor in beiden Kreisen gilt, daß kleine Betriebseinheiten eindeutig dominieren. Anders sieht es im Bereich des sekundären Sektors aus. Die meisten Unternehmen im Landkreis Ludwigslust sind der mittelständischen Wirtschaft zuzurechnen. Die durchschnittliche Betriebsgröße der Treuhandunternehmen lag 1990 (ohne Bauindustrie und Nachrichtentechnik) bei ca. 120 Beschäftigten pro Betrieb. In der Bauindustrie liegt die durchschnittliche Betriebsgröße bei ca. 1.200 Beschäftigten. Ein ähnliches Bild ergibt sich für den Landkreis Hagenow. Die größtenteils mittleren Betriebe werden durch einige wenige Großbetriebe (z.B. Elbewerft und Fliesenwerk in Boizenburg) ergänzt. Hinsichtlich der Betriebstypenstruktur wird sich nach Abschluß der Umstrukturierung wahrscheinlich ein hoher Anteil von Zweigbetrieben etablieren, die vor allem Fertigungsfunktionen übernehmen. Hieraus könnte sich eine höhere Konjunkturempfindlichkeit gegenüber den auch mit dispositiven Funktionen ausgestatteten Stammbetrieben ergeben.

Aus Tabelle 24 geht hervor, daß sich die Betriebsgrößen des Handwerks in der Vergangenheit je nach der Zugehörigkeit von Arbeitsstätten zu einer Produktionsgenossenschaft oder zu einem Betrieb des privaten Handwerks sehr stark unterschieden. Verglichen mit den Altbundesländern war die durchschnittliche Betriebsgröße der privaten Handwerksbetriebe mit rd. 3 Beschäftigten pro Betrieb sehr niedrig. Die durchschnittliche Betriebsgröße betrug in Westdeutschland 1985 rd. 7 Beschäftigte pro Betrieb[174].

Seit der Wende und der Auflösung der Produktionsgenossenschaften läßt sich jedoch ein Trend zur Angleichung der Betriebsgrößen feststellen. Nach vorliegenden

---

173 Vgl. *P.-H. Burberg, W. Michels, P. Sallandt* (1983), S. 64 f.
174 Eigene Berechnungen. Vgl. auch *Statistisches Bundesamt* (1990), S. 210 und S. 628.

Zahlen der Handwerkskammer Hagenow lag die durchschnittliche Größe beim produzierenden Handwerk in diesem Kreis 1991 schon bei ca. 5 Beschäftigten pro Betrieb.

Tab. 24: Durchschnittliche Betriebsgrößen im Handwerk in den Landkreisen Ludwigslust und Hagenow sowie im ehemaligen Bezirk Schwerin 1989

	Durchschnittliche Betriebsgröße (Beschäftigte pro Betrieb)	
	Produktionsgenossenschaften	privates Handwerk
LK Hagenow	67	3
LK Ludwigslust	41	3
Bezirk Schwerin	64	3

Quelle: Statistisches Bezirksamt Schwerin (1990) S. 50, eigene Berechnungen.

Im Landkreis Ludwigslust liegt diese Zahl bei ca. 4 Beschäftigten pro Betrieb. Vergleichsweise hohe Betriebsgrößen erreichen die GmbH's im Bereich des Baugewerbes mit ca. 24 Beschäftigten pro Unternehmenseinheit.

2.4 Zentralörtliche Strukturen

Zentralen Orten kommt die Aufgabe zu, über die Versorgung der örtlichen Bevölkerung hinaus Versorgungsfunktionen für ihr Umland bzw. ihr Einzugsgebiet zu übernehmen. Dies beinhaltet zum einen die Versorgung mit privaten und öffentlichen Gütern, zum anderen aber auch die Bereitstellung von soziokulturellen und technischen Infrastruktureinrichtungen und Arbeitsplätzen. Darüber hinaus kann im Rahmen der Regionalpolitik durch die gezielte Förderung von Gemeinden mit zentralörtlicher Bedeutung die Entwicklung der damit verflochtenen Räume positiv beeinflußt werden[175].

Während Unterzentren und ländliche Zentralorte im System der zentralörtlichen Gliederung lediglich die Grundversorgung der Bevölkerung mit Gütern des täglichen Bedarfs gewährleisten sollen, werden an die sogenannten Mittelzentren erhöhte Anforderungen gestellt. Zu den zentralen Einrichtungen eines Mittelzentrums gehören beispielsweise im öffentlichen Bereich untere Verwaltungsbehörden, mehrzügige Gym-

---

[175] Vgl. auch *U. Döhne, R. Gruber* (1976), S. 18 ff.

nasien, eine Volkshochschule und größere Krankenhäuser. Außerdem sollten vielseitige Einkaufsmöglichkeiten des qualifizierten Bedarfs sowie Kreditinstitute und Versicherungsgeschäftsstellen vorhanden sein[176].

Da die beiden Kreisstädte Hagenow und Ludwigslust diese Anforderungen bislang noch nicht in jeder Hinsicht erfüllen, werden sie von der Landesplanung in Mecklenburg-Vorpommern nur als Unterzentren mit der Teilfunktion eines Mittelzentrums eingestuft[177]. Ziel beider Landkreise ist es, die Kreisstädte als Mittelzentren zu entwickeln und damit gegenüber dem Oberzentrum Schwerin, das gleichzeitig als Landeshauptstadt fungiert, aufzuwerten. Neben den beiden Kreisstädten existieren eine Reihe von Unterzentren und ländlichen Zentralorten, die auch Amtssitz der neu zu gründenden Verwaltungsgemeinschaften sind.

Die Stellung einer Gemeinde im hierarchischen zentralörtlichen Gliederungssystem bestimmt auch maßgeblich ihre Förderungswürdigkeit im Rahmen der regionalen Strukturpolitik. Eine vorrangige Förderung sollen nach den Zielsetzungen der Regionalförderung Mecklenburg-Vorpommerns neben den Ober- und Mittelzentren auch die Unterzentren mit der Teilfunktion eines Mittelzentrums, also auch Hagenow und Ludwigslust, erhalten[178]. Außerdem sollen in den neuen Bundesländern ausgewählte Verdichtungsregionen, wie z.B. Schwerin, besonders gefördert werden, da für diese Regionen höhere Wachstumsimpulse erwartet werden[179]. Die Ausstrahlungseffekte eines Entwicklungspols Schwerin könnten sich vor allem auf die verkehrsgünstig gelegenen Teilgebiete beider Landkreise positiv auswirken.

Um größeren Abwanderungstendenzen in der Region Ludwigslust/Hagenow entgegenzuwirken und die Funktionsfähigkeit der lokalen Arbeitsmärkte auch im Hinblick auf zu erwartende Neuansiedlungen von Unternehmen nicht zu gefährden, ist es jedoch notwendig, daß alle größeren zentralen Orte hinsichtlich der Ausstattung mit Arbeitsplätzen, Wohnungen und Infrastruktur befriedigend ausgestattet werden[180].

Mit der Gründung der Verwaltungsgemeinschaften soll die Effizienz der Verwaltung gesteigert werden und zu einer Unterstützung der wirtschaftlichen Entwicklung durch eine Konzentration auf wichtige Zentren im ländlichen Raum beitragen. Dabei bleibt die politische Selbständigkeit der Gemeinden weitgehend erhalten.

---

176 Vgl. dazu *J. Stoffel* (1989), S. 48.
177 Vgl. *Deutscher Bundestag* (Hrsg., 1991), S. 76.
178 Vgl. *Deutscher Bundestag* (Hrsg., 1991), S. 76.
179 Vgl. *Deutscher Bundestag* (Hrsg., 1991a), S. 14.
180 Vgl. auch *G. Erdmann* (1980), S. 6 ff.

Als Mindestgröße funktionsfähiger Verwaltungseinheiten wird im Landkreis Hagenow eine Mindesteinwohnerzahl von rd. 5.000 Einwohnern pro Verwaltungsgemeinschaft angestrebt. Diese Zielgröße wird aufgrund der geringen Bevölkerungsdichte und dispersen Siedlungsstruktur nicht in jedem Falle erreicht[181]. Verwaltungsgemeinschaften von solch geringer Größe lassen sich vor allem mit den Vorteilen dezentraler Bereitstellung kommunaler Dienste sowie mit der guten Erreichbarkeit der Gemeindeverwaltungen rechtfertigen[182]. Im Landkreis Ludwigslust ist die vorbereitende Planung zur Bildung von Verwaltungsgemeinschaften noch nicht endgültig abgeschlossen. Hier werden voraussichtlich mehrere Verwaltungsgemeinschaften von geringerer Größe entstehen. Änderungen, die zu einer Vergrößerung der Verwaltungseinheiten führen können, sind daher nicht auszuschließen.

Tab. 25: Verwaltungsgemeinschaften in der Region Ludwigslust/Hagenow

Landkreis Ludwigslust Verwaltungsgemeinschaft	Einwohner	Landkreis Hagenow Verwaltungsgemeinschaft	Einwohner
Dömitz	6.100	Boizenburg-Land	5.200
Eldena	3.600	Hagenow-Land	8.300
Göhlen	3.200	Lübtheen	5.700
Lenzen	5.000	Vellahn	4.400
Malliß/Neu Kaliß	5.050	Wittenburg-Land	4.100
Neustadt-Glewe(Land)	4.000	Zarrentin	5.100
Zierzow	4.200		

Quelle: Kreisverwaltung Hagenow; Kreisverwaltung Ludwigslust.

In Tabelle 25 wird die vorläufige Zusammenstellung der in beiden Landkreisen geplanten Verwaltungsgemeinschaften wiedergegeben. Diese Verwaltungseinheiten sollen bis Anfang 1992 die Arbeit aufnehmen. Im Landkreis Hagenow sind die Städte Boizenburg, Hagenow und Wittenburg keiner Verwaltungsgemeinschaft zugehörig. Gleiches gilt im Landkreis Ludwigslust für die Städte Ludwigslust, Grabow und Neustadt-Glewe.

Die zentralörtlichen Strukturen sind aus Sicht der kommunalen Wirtschaftsförderung auch deshalb von erheblicher Bedeutung, weil sie im Rahmen der Raumordnung als normatives Planungsmodell dienen. Dies bedeutet, daß regionalplanerische Zielvorgaben zur Wirtschaftsförderung mit dem Konzept zentraler Orte begründet werden[183]. Die Planungshoheit nichtzentraler Orte wird dadurch eingeschränkt. Diese

---

[181] So liegt z.B. im Landkreis Hagenow die Einwohnerzahl der Verwaltungsgemeinschaft Vellahn lediglich bei rd. 4.400 Einwohnern.
[182] Vgl. *Landkreis Hagenow* (Hrsg., 1991).
[183] Vgl. *W. Hoppe* (1990), S. 169 ff.

Gemeinden sind dazu verpflichtet, die Interessen der zentralen Orte zu berücksichtigen. So dürfen z.B. kleinere Gemeinden nach den Planungsvorgaben der Landesplanung in unmittelbarer Nähe zu zentralen Orten keine Sondergebiete für den großflächigen Einzelhandel ausweisen, um die Entwicklung der zentralen Orte hinsichtlich der Käuferströme nicht zu beeinträchtigen.

Insgesamt ist für die Region Ludwigslust/Hagenow festzuhalten, daß das System der zentralen Orte erst im Aufbau begriffen ist. Als erster positiver Schritt ist die mit dem Entstehen neuer Verwaltungsgemeinschaften verbundene Ausweisung neuer zentraler Orte zu sehen, da gerade im ländlichen Raum das Ausstattungsniveau mit privaten und öffentlichen Versorgungseinrichtungen noch nicht ausreichend ist. Dies gilt aber auch für beide Kreisstädte, die sich zu Mittelzentren entwickeln wollen.

2.5 Wirtschaftsförderung

Kommunale Wirtschaftsförderungsaktivitäten sind ein wichtiger Standortfaktor einer Region. Hierbei spielt eine aktive Bestandsentwicklungs- und Neuansiedlungspolitik eine herausragende Rolle. Durch die Wirtschaftsförderung sollen aber nicht nur die objektiven Bedingungen für neue Investoren und bestehende Betriebe verbessert werden. Ihr kommt auch die Aufgabe zu, durch gezielte Werbung und Öffentlichkeitsarbeit das Image der Region positiv zu beeinflussen. Als gängige und unverzichtbare Instrumente kommunaler Wirtschaftsförderung können gelten[184]:
- Beratungen von Unternehmen und Existenzgründern,
- Bauleitplanung, Liegenschafts- und Infrastrukturpolitik,
- **kommunale Steuer- und Tarifpolitik und**
- Öffentlichkeitsarbeit.

Der wichtigste Bereich der Wirtschaftsförderung ist der Bereich der Beratung der Unternehmen und Existenzgründer. Die Beratung der Unternehmen kann in Beratungsleistungen für ortsansässige Unternehmen und in Beratung ansiedlungswilliger Interessenten unterteilt werden. Schwerpunkt der Unternehmensberatungen sind Hilfestellungen bei der Inanspruchnahme öffentlicher Fördermittel und Informationen über Gewerbegebiete und den Standort. Neben allgemeiner Informationsberatung versuchen die Verwaltungen vor allem den von der Treuhand verwalteten Unternehmen zu helfen.

---

[184] Vgl. *H. Heuer* (1985), S. 50 ff.

Das Tagesgeschäft ließ dabei unter den Bedingungen des letzten Jahres wenig Raum für übergreifende konzeptionelle Überlegungen oder für eine aktive Beratungspolitik. Vielmehr konnten die Verwaltungen nur solche Unternehmen, die mit Informationswünschen an die Verwaltung herantraten, beraten. Gründe für dieses Defizit sind vor allem in der mangelnden Personalaustattung der zuständigen Wirtschaftsförderungsstellen zu sehen. Dies muß besonders im Landkreis Hagenow als problematisch bewertet werden. Im Landkreis Ludwigslust versucht die im Mai 1991 neugegründete Wirtschaftsförderungsgesellschaft dieses Defizit auszugleichen und ihre Aktivitäten in Richtung einer aktiveren Beratung zu verstärken. Verglichen mit den Wirtschaftsförderungsämtern oder Wirtschaftsförderungsgesellschaften in den alten Bundesländern muß die derzeitige Anzahl der Personalstellen als noch zu niedrig bezeichnet werden. Aus Sicht der Region, in der in beiden Landkreisen nahezu ähnliche Schwächen und Probleme bestehen, wäre eine Kooperation in der Wirtschaftsförderung beider Landkreise, z.B. in Form einer Wirtschaftsförderungsgesellschaft, sehr zu begrüßen.

Die Bereitstellung öffentlicher Fördermittel ist trotz einiger kritischer Äußerungen[185] ein effizientes Mittel regionaler Strukturpolitik. Ziel der kommunalen Wirtschaftsförderung sollte daher ein Abbau vorhandener Informationsdefizite hinsichtlich der möglichen Förderprogramme sein[186]. Insgesamt können die vorhandenen Förderprogramme als ausreichend bewertet werden[187]. So sind beide Landkreise in die Normalfördergebiete der Gemeinschaftsaufgabe "Verbesserung der regionalen Wirtschaftsstruktur" einbezogen worden. Die große Zahl der Programme stellt allerdings an die Beratungsqualität der Wirtschaftsförderung hohe Ansprüche. Es sei daher nochmals betont, daß ein ausreichend besetztes und qualifiziertes Beratungsteam für die Wirtschaftsförderung unentbehrlich ist.

Ein weiteres wichtiges Instrument der Wirtschaftsförderung ist die Gewerbeflächen- und Infrastrukturpolitik. Oft sind Engpässe bei den Gewerbe- und Industrieflächen am alten Standort für Unternehmen der Grund für Betriebsverlagerungen. Die Bereitstel-

---

185 So wird z.B. der Wirtschaftsförderung im Rahmen der Gemeinschaftsaufgabe "Verbesserung der regionalen Wirtschaftsstruktur" (GRW) vorgeworfen, daß die Fördermittel lediglich mitgenommen werden, d.h., daß die Unternehmen auch ohne Förderhilfen ihre Investitionen getätigt hätten. Dieser Vorwurf mag sicherlich für das eine oder andere Unternehmen zutreffen. Insgesamt aber konnte in verschiedenen Gutachten festgestellt werden, daß dieser Vorwurf für die GRW insgesamt nicht zutrifft. Die Förderhilfen der GRW induzierten vielmehr zusätzliche Investitionen. Vgl. auch *Chr. Asmacher, H.J. Schalk, R. Thoss* (1987) und *W. Franz, H.J. Schalk* (1989).
186 Nach der Auswertung der Fragebögen herrscht vor allem bei den kleineren Unternehmen ein solches Informationsdefizit vor.
187 Eine Übersicht über die vorhandenen Förderprogramme befindet sich in Anhang A8.

lung ausreichender, gut erschlossener Gewerbeflächen verschiedener Größe und Qualität in guter Lage und zu angemessenen Preisen gilt daher als ein Hauptinstrument der kommunalen Wirtschaftsförderung[188]. Um trotz langer Planungsvorläufe auch eine plötzlich auftretende Nachfrage von Investoren befriedigen zu können, bedarf es auf kommunaler und Kreisebene einer vorausschauenden Bodenvorratspolitik. Die Wirtschaftsförderungsinstitutionen sollten also für eine angebotsorientierte Ausweisung von Gewerbeflächen Sorge tragen.

Die Bereitstellung zusätzlichen Gewerbeflächenpotentials muß nicht immer mit der Inanspruchnahme neuer Flächen einhergehen. So können oft durch Gewerbeflächenrecycling, d.h. die Aufbereitung ehemaliger Gewerbeflächen für eine gewerbliche Wiederverwendung, zentral gelegene und voll erschlossene Grundstücke einer gewerblichen Nutzung wieder zugeführt werden[189]. Diesen Vorteilen stehen jedoch eine Reihe von Nachteilen des Flächenrecyclings entgegen, die die wirtschaftliche Anwendung einschränken. Durch die Aufbereitung der Grundstücke, d.h. die Beseitigung von Gebäuderesten (Fundamenten) und z.T. schwerwiegenden Bodenverunreinigungen (Altlasten), ergibt sich oft ein hoher technischer, zeitlicher und finanzieller Aufwand[190].

Zur Zeit sind beide Landkreise und die Gemeinden noch mit der Bauleitplanung beschäftigt. Negativ muß hier vor allem im Landkreis Ludwigslust die lange Planungsdauer bei einigen Gewerbegebieten bemängelt werden. Als Beispiel seien hier die Planungen in den Gemeinden Fahrbinde und Wöbbelin zu nennen. Da diese beiden Gewerbegebiete aufgrund ihrer hervorragenden Verkehrslage an der A 24 und B 106 eine Initialzünderfunktion für den gesamten Landkreis Ludwigslust besitzen, hätten hier die Planungen wesentlich intensiver vorangetrieben werden müssen.

Bei der kommunalen Steuer- und Tarifpolitik ist die wirtschaftsfreundliche Gestaltung der Gewerbesteuerhebesätze ein wichtiges Instrument. Zwar besitzt die Gewerbesteuer in den neuen Bundesländern zur Zeit keine große Bedeutung, da die Umsätze bzw. Gewinne vieler Unternehmen zu niedrig sind und so viele Betriebe in die Freibetragszone fallen. Dennoch gehen von der Gewerbesteuer bzw. der Gestaltung ihres Hebesatzes imagefördernde Wirkungen aus. Städte und Gemeinden mit relativ niedrigen Hebesätzen werben daher auch gerne mit ihrer wirtschaftsfreundlichen Be-

---

[188] Vgl. *R. v. Ameln* (1990), S. 31 ff.
[189] Ein Beispiel für mögliches Flächenrecycling wäre das sowjetische Kasernengelände an der Schweriner Straße in Hagenow.
[190] Vgl. *Stadt Essen, Amt für Wirtschaftsförderung* (1985), S. 24 ff.

steuerungspolitik. In ausgewählten norddeutschen Kleinstädten (unter 20.000 bzw. unter 50.000 Einwohner) galten 1989 folgende Hebesätze[191]:
- Cloppenburg: 325 vH
- Günzburg: 320 vH
- Pinneberg: 310 vH
- Uelzen: 330 vH
- Verden (Aller): 280 vH

Gewerbesteuerhebesätze deutlich unter 300 vH sind in norddeutschen Kleinstädten selten. Im Vergleich zu den genannten Städten sind die Gewerbesteuerhebesätze in vielen Kommunen der Region Ludwigslust/Hagenow in der Regel geringer. Die Mehrzahl der Gemeinden im Landkreis Ludwigslust haben Hebesätze zwischen 250 vH und 300 vH beschlossen. Ausnahmen sind hierbei die Gemeinde Eldena und die Stadt Grabow. Ihre Hebesätze liegen mit jeweils 350 vH vergleichsweise hoch. Fiskalische Überlegungen der Gemeinden dürften hierfür ausschlaggebend sein. Im Landkreis Hagenow liegen die Gewerbesteuerhebesätze zwischen 270 vH und 300 vH.

Zur Beurteilung der Gewerbesteuerhebesätze reicht ein Vergleich der Hebesätze allein nicht aus. Berücksichtigt man zusätzlich das in den Gemeinden vorhandene Angebot an Infrastruktureinrichtungen, insbesondere in den Gewerbegebieten, und weitere Standortfaktoren, so sind die von den Kommunen beschlossenen Hebesätze zu diesem Zeitpunkt zu hoch. Angesichts der Tatsache, daß die Gewerbesteuer als fiskalische Einnahmequelle zum jetzigen Zeitpunkt keine große Bedeutung besitzt, ist den Verantwortlichen vor Ort dringend eine andere Taktik zu empfehlen. Sollte sich in absehbarer Zeit das Infrastrukturangebot verbessern und sollten die Gewerbegebiete von den Unternehmen gut in Anspruch genommen werden, so können die Hebesätze immer noch zu gegebener Zeit erhöht werden.

Die von Wirtschaftsförderungsinstitutionen entwickelten Aktivitäten im Bereich der Öffentlichkeitsarbeit und Werbung lassen sich grob in die allgemeine Wirtschaftswerbung, die Akquisitionswerbung und die Beratung ortsansässiger Betriebe untergliedern[192]. Konzeptionen für eine aktive Wirtschaftsförderung sollen in erster Linie das Standortangebot an die Zielgruppen der Wirtschaftsförderung heranbringen. Dabei sollte beachtet werden, daß die Wirtschaftsförderung nur ankommt, "wenn sie
- ein attraktives Angebot unterbreiten kann,
- informativ, umfassend und ehrlich ist,

---

191 Vgl. *Deutscher Städtetag* (Hrsg., 1990), S. 401 ff.
192 Vgl. auch *H. Heuer* (1985), S. 79 ff.

- auf die Interessen der Adressaten abgestellt und
- professionell aufgezogen ist."[193]

2.6 Zusammenfassung der Stärken und Schwächen

Die Analyse der Standortfaktoren hat für die Region Ludwigslust/Hagenow Stärken, aber auch Schwächen aufgezeigt. Es hat sich gezeigt, daß wesentliche Schwächen die wirtschaftliche Entwicklung noch behindern. Dabei wurde zwischen quantitativen und qualitativen Engpässen unterschieden.

Kennzeichnend für die Situation in beiden Landkreisen ist, daß nicht allein die Defizite bei den sogenannten harten Standortfaktoren wie Arbeitskräftepotential, Kapitalstock oder Gewerbeflächenpotential eine bessere Nutzung des Entwicklungspotentials erschweren. Auch weiche Standortfaktoren wie das Kulturangebot und die Umweltsituation stellen zumindest in Teilbereichen Engpaßfaktoren dar.

Die in der Stärken-Schwächen-Analyse berücksichtigten Standortfaktoren sind in der folgenden Übersicht (Tabelle 26) zu einem Standortprofil der Region Ludwigslust/Hagenow zusammengefaßt.

---

[193] *P.-H. Burberg, W. Michels, P. Sallandt* (1983), S. 72.

Tab. 26: Standortprofil der Region Ludwigslust/Hagenow

Standortfaktoren	Beurteilung
Wirtschaftsgeographische Lage	sehr gut; Nähe zu den Zentren Schwerin, Hamburg und Berlin (Radius bis 200 km)
Arbeitskräftepotential	
Quantitativ	Arbeitskräfteangebot insgesamt ausreichend; Ausnahme: Bauberufe.
Qualitativ	Facharbeiterpotential hoch, aber Mängel bei der Ausbildung bzw. Umschulung der Facharbeiter hinsichtlich neuer technologischer Anforderungen. Ausbildungssystem (mit überbetrieblicher Ausbildung) im Aufbau.
Kapitalpotential	
Quantitativ	Kapazitäten sind aufgrund des strukturellen Wandels z.Zt. nicht ausgelastet.
Qualitativ	Veraltete Ausrüstungen und Bauten; niedrige Kapitalintensität.
Gewerbeflächenpotential	
Quantitativ	Zur Zeit (Herbst 1991) zu geringes Angebot. Engpaß wird behoben: ab Ende 1. Quartal 1992 ausreichend erschlossene Gewerbeflächen in der Region vorhanden.
Qualitativ	Nach Erschließung aller Gewerbeflächen stehen Grundstücke in verkehrsgünstiger Lage mit unterschiedlichem Zuschnitt, mit unterschiedlichen Nutzungsmöglichkeiten, zu angemessenen Preisen zur Verfügung.
Infrastrukturpotential	
Verkehrsinfrastruktur	Ausreichend dichtes, aber erneuerungsbedürftiges Straßennetz. Gute überregionale Anbindung durch die Autobahn Berlin-Hamburg. Unzureichendes Bahnnetz; Ausbau und Elektrifizierung von Strecken notwendig. Mittel- bis langfristig gute Anbindung an den nationalen Luftverkehr.

noch Tab. 26:

Standortfaktoren	Beurteilung
Telekommunikationsinfrastruktur	Zur Zeit (Herbst 1991) erhebliche Engpässe an Telefonleitungen und Endgeräten.
	Engpässe sollen bis Ende 1992 beseitigt werden.
Abfallwirtschaft	Bau zusätzlicher Entsorgungskapazitäten wegen geringer Deponierestlaufzeiten notwendig (vor allem im LK Hagenow).
Wasserwirtschaft	Wasserversorgung quantitativ ausreichend; Wasserqualität z.T. verbesserungswürdig.
Abwasserreinigung	Ausbau der Klärstufen dringend erforderlich; unzureichende Entsorgung vor allem der ländlichen Bevölkerung.
Energieversorgung	Flächendeckende Stomversorgung gewährleistet; geringer Anteil moderner Heizungssysteme; Ausbau des Gasnetzes hat begonnen.
Wohnversorgung	Wohnungen quantitativ und qualitativ nicht ausreichend; ausreichendes Bauflächenpotential vorhanden.
	Wohnstandard und Wohnumfeld verbesserungsbedürftig; niedriges Mietenniveau.
Bildung und Kultur	Ausbildungssystem im Aufbau; sich ständig verbessernde Weiterbildungsmöglichkeiten vorhanden.
	Freizeit- und kulturelle Einrichtungen zur Zeit nicht in ausreichendem Maße vorhanden.
Nachfragepotential	Erhebliches Marktpotential für Konsum- und Investitionsgüter vorhanden; Nachfrage nach in der Region hergestellten Gütern und Dienstleistungen allerdings zu gering.
Umweltpotential	Großes Flächenpotential auch für ökologische Ausgleichsräume vorhanden.
	Unterdurchschnittliche Belastung der Umweltmedien, mit Ausnahme der Wasserbelastung.

noch Tab. 26:

Standortfaktoren	Beurteilung
Innovationspotential	
Hochschulen	Kein Hochschulstandort.
Wirtschaft	Nur geringes Innovationspotential in den Unternehmen.
Wirtschaftsstruktur	
Sektorale Struktur	Sehr hoher Anteil der Beschäftigten im primären Sektor, insb. im LK Hagenow (29 vH).
	Beschäftigtenanteil im sekundären Sektor im Landkreis Ludwigslust mit 44 vH höher als im Arbeitsamtsbezirk, im Landkreis Hagenow (35 vH) im Durchschnitt der Arbeitsmarktregion.
	Beschäftigtenanteile im tertiären Sektor in beiden Landkreisen vergleichsweise gering.
Industriestruktur	Stärkste Industriezweige: Bauwirtschaft (gesamte Region), Leichtindustrie (LK Ludwigslust) und Maschinen- und Fahrzeugbau (LK Hagenow).
	Große Anzahl von Treuhandbetrieben in diesen Industriesektoren.
Handwerk	Starke Zunahme von Handwerksbetrieben.
Betriebliche Situation	Hohe Privatisierungsquote bei den Treuhandbetrieben.
	Z.T. erhebliche Probleme der Betriebe bei der Umstrukturierung, vor allem in den Bereichen der Finanzierung, des Absatzes und der Zulieferer.
Betriebsgrößenstruktur	Überwiegend mittelständisch geprägte Betriebe im sekundären Sektor; kleine und mittlere Betriebsgrößen dominieren im tertiären Sektor.
	Anstieg der Beschäftigtenzahlen bei den Handwerksbetrieben; im Vergleich zu den alten Bundesländern allerdings noch geringe Betriebsgrößen im Handwerk.

noch Tab. 26:

Standortfaktoren	Beurteilung
Zentrale Orte	Zentrale-Orte-System im Aufbau.
	Ausstattung der zentralen Orte in der Region z.T. noch nicht ausreichend.
	Die Kreisstädte Hagenow und Ludwigslust sind keine Mittelzentren.
	Verwaltungsgemeinschaften sind z.T. erst im Aufbau begriffen.
Wirtschaftsförderung	Beratung und Hilfe bei Neuansiedlung, Existenzgründung und Sicherung vor Ort, allerdings aktives Vorgehen und Entwicklung von Konzeptionen erst im Entstehen begriffen.
	Umfangreiche Möglichkeiten der Investitionsförderung.
	Geringe Personalausstattung der regionalen Wirtschaftsförderung in der Wirtschaftsförderungsgesellschaft im LK Ludwigslust und vor allem in der Kreisverwaltung LK Hagenow.
	In einigen Kommunen der Region vergleichsweise hohe Gewerbesteuerhebesätze bei zur Zeit mangelndem Standortangebot.

3 Zielgruppenanalyse für die kommunale Wirtschaftsförderung in der Region Ludwigslust/Hagenow

3.1 Zielsetzung und Vorgehensweise

Die kommunale Wirtschaftsförderung richtet sich an folgende drei Adressatenkreise[194]:
- die in der Region bereits ansässigen Unternehmen,
- die Existenzgründer und
- die auswärtigen Unternehmen, die in der Region neu angesiedelt werden sollen.

Den ansässigen Unternehmen wird im Rahmen der Gewerbebestandspflege die Möglichkeit zur Existenzsicherung und zur Erweiterung ihrer Kapazitäten in der Region geboten. Gleiches gilt in etwa auch für die Gruppe der Existenzgründer. Neben Beratungen in der eigentlichen Gründerphase werden den Existenzgründern Hilfestellungen zur Sicherung ihrer Existenz geboten. Da beide Gruppen aus dem endogenen Potential der Region stammen, dürften sie als Zielgruppen relativ leicht konkretisierbar sein.

Anders sieht dies bei den auswärtigen Unternehmen aus. Ziel der kommunalen Wirtschaftsförderung ist es, das Standortangebot der Region den interessierten (oder zu interessierenden) Unternehmen außerhalb der Region zu unterbreiten. Hierbei soll durch Neuansiedlungen das regionale Standortpotential besser ausgelastet werden. Dazu müssen die Wirtschaftsförderer Neuansiedlungswerbung betreiben, wobei das Problem darin besteht, daß die Adressaten nicht von vornherein eindeutig feststehen. Da breitgestreute Werbeaktionen erfahrungsgemäß wenig Erfolg versprechen, werden zielgruppenorientierte Aktivitäten empfohlen. Dazu sind Zielgruppen zu ermitteln, die
- das vorhandene bzw. kurzfristig auszubauende Standortpotential gut auslasten,
- neue Arbeitsplätze schaffen und
- den sekundären Sektor in der Region Ludwigslust/Hagenow stärken.

Die im folgenden dargestellte Zielgruppenanalyse ist als Entscheidungshilfe zur Neuansiedlung auswärtiger Unternehmen zu verstehen. Sie soll dazu beitragen, die Zielgruppen der kommunalen Wirtschaftsförderung zu ermitteln, die bei einer Neuansiedlung positive Wirkungen für die Region erwarten lassen. Die Vorgehensweise der Zielgruppenanalyse wird in Abbildung 5 dargestellt. Ausgangspunkt bildet eine Analyse der 38 Wirtschaftszweige des Produzierenden Gewerbes. Aufgrund des Ziels

---

194 Vgl. auch *P.-H. Burberg, W. Michels, P. Sallandt* (1983), S. 79.

der Stärkung des sekundären Sektors in der Untersuchungsregion bleiben die Sektoren Landwirtschaft, Handel und Verkehr, Dienstleistungsunternehmen, private Haushalte und Organisationen ohne Erwerbscharakter sowie Staat unberücksichtigt. Aus verschiedenen Prognosen und der Entwicklung einiger Indikatoren lassen sich die Sektoren herausfiltern, die zu den Wachstumsbranchen zählen[195]. In einem zweiten Schritt werden die Standortanforderungen der ermittelten Wachstumsbranchen herausgearbeitet und in einem dritten Schritt mit dem Standortangebot der Untersuchungsregion verglichen. Entspricht das Standortangebot nicht den Anforderungen der Wachtumsbranchen, so wird im vierten Schritt überprüft, ob kurzfristige Maßnahmen ergriffen werden sollen bzw. können, um das Standortangebot den Anforderungen anzugleichen. Je nach Ergebnis dieses Analyseschrittes scheiden Wachstumsbranchen aus der Zielgruppe aus oder bleiben als Zielgruppe einer Gewerbeakquisitionskampagne erhalten.

Abb. 7:   Ablaufschema der Zielgruppenanalyse

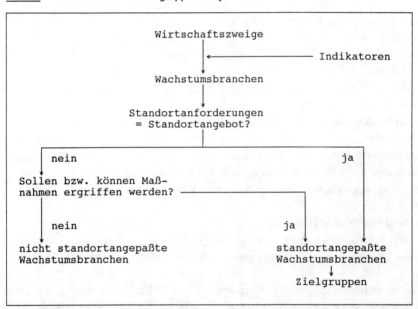

---

[195] Auf eine Darstellung von Schlüsseltechnologien bzw. High-Tech-Unternehmen wird in dieser Zielgruppenanalyse verzichtet, da davon ausgegangen wird, daß das Standortangebot ländlicher Regionen wie Ludwigslust/Hagenow nicht unbedingt den Standortanforderungen dieser Branchen entspricht. Im folgenden wird allerdings auf bedeutende technologische Entwicklungen hingewiesen.

3.2 Analyse der Wirtschaftszweige

Die Analyse der 38 Wirtschaftsbranchen des Verarbeitenden Gewerbes erfolgt in zwei Teilschritten. In einem ersten Teilschritt wird die Entwicklung der Sektoren des Produzierenden Gewerbes in den Jahren 1984-1985 untersucht. Anschließend werden in einem zweiten Teilschritt weitere Informationen über die zukünftige Entwicklung der Sektoren ausgewertet, um dann aus beiden Teilschritten die Wachstumsbranchen zu ermitteln.

Zunächst erfolgt eine Analyse der Sektoren des Produzierenden Gewerbes anhand der Indikatoren Erwerbstätige, Anlageinvestitionen (zu konstanten Preisen) und Bruttowertschöpfung (zu konstanten Preisen). Für die Beurteilung der Branchenentwicklung werden mit Hilfe der Regressionsanalyse lineare Trendfunktionen für die Indikatoren berechnet[196]. Tabelle 27 zeigt die Ergebnisse der Analyse. Positive Entwicklungen werden dabei mit "+" und negative Entwicklungen mit "-" gekennzeichnet.

Tab. 27: Entwicklung der Wirtschaftszweige des Produzierenden Gewerbes in der Bundesrepublik Deutschland (1984-1988)

Wirtschaftszweig	Erwerbstätige	Anlageinvestitionen	Bruttowertschöpfung
Elektrizitäts- u. Fernwärmeversorg.	+	-	+
Gasversorgung	+	+	+
Wasserversorgung	-	-	-
Bergbau	-	+	-
Chemische Industrie	+	+	+
Mineralölverarbeitung	-	-	-
Kunststoffwaren	+	+	+
Gummiverarbeitung	+	+	+
Steine und Erden	-	+	-
Feinkeramik	-	+	-
Glas	+	+	+
Eisenschaffende Industrie	-	-	-
NE-Metalle	+	+	+
Gießereien	-	+	-
Ziehereien	+	+	+
Stahl- und Leichtmetallbau	+	+	+
Maschinenbau	+	+	-
ADV-Geräte, Büromaschinen	+	+	+
(Automobil-) Fahrzeugbau	+	+	+
Schiffbau	-	+	-
Luft- und Raumfahrzeugbau	+	+	+
Elektrotechnik	+	+	+
Feinmechanik, Optik	+	+	+

---

196 Zur Methode der Berechnung linearer Trendfunktionen vgl. *J. Schwarze* (1981), S. 210 ff.

noch Tab. 27:

Wirtschaftszweig	Erwerbs-tätige	Anlagein-vestitionen	Bruttowert-schöpfung
EBM-Waren	+	+	+
Musikinstrumente, Spielwaren	-	+	+
Holzbearbeitung	-	+	+
Holzverarbeitung	-	+	-
Papiererzeugung	+	+	+
Papierverarbeitung	+	+	+
Druckerei	+	+	+
Ledergewerbe	-	-	-
Textilgewerbe	-	+	+
Bekleidungsgewerbe	-	-	-
Ernährungsgewerbe	-	+	-
Getränkeherstellung	-	+	-
Tabakverarbeitung	-	-	-
Bauhauptgewerbe	-	+	-
Ausbaugewerbe	-	+	+

+ positive Entwicklung
- negative Entwicklung

Quelle: Statistisches Bundesamt (Hrsg.), 1991) S. 374, S. 376, S. 204 f. und S. 162 f.; eigene Berechnungen.

Zur Ermittlung der Wachstumsbranchen im Produzierenden Gewerbe reicht das Aufzeigen allgemeiner Entwicklungstrends der vergangenen Jahre nicht aus. Vielmehr müssen in einem zweiten Teilschritt weitere Informationen aus verschiedenen Untersuchungen und Gutachten[197] verarbeitet werden. Daher wird im folgenden kurz auf die Entwicklung in den Wirtschaftszweigen eingegangen. Es sei hier allerdings angemerkt, daß sektorale Prognosen wegen der Unsicherheit über den Fortgang der Weltkonjunktur und vor allem wegen der Entwicklung in Osteuropa erschwert werden.

3.2.1 Energiewirtschaft

In dem Wirtschaftsbereich Energiewirtschaft werden Produktion und Verteilung von Elektrizität und Fernwärme, Gas und Wasser zusammengefaßt. Mit Ausnahme der Wasserversorgung weist der Bereich der Energiewirtschaft nahezu durchgehend po-

---

[197] Zur Analyse der Markt- und Branchenentwicklung wurden folgende Quellen herangezogen: *Institut für Arbeitsmarkt- und Berufsforschung der Bundesanstalt für Arbeit* (Hrsg., 1990), *Rheinisch-Westfälisches Institut für Wirtschaftsforschung* (1989), *K. Handschuh, K. Otzen* (1990), *P.-H. Burberg, W. Michels, P. Sallandt* (1983), *P.-H. Burberg, M. König* (1988), ferner verschiedene Artikel der DIW-Wochenberichte, des IFO-Schnelldienstes, der RWI-Mitteilungen und des HWWA-Wirtschaftsdienstes.

sitive Wachstumsraten auf[198]. Die zukünftige Entwicklung dieses Wirtschaftszweiges wird einerseits durch den enormen Nachholbedarf und einen Rückgang des Anteils der Braunkohle an den fossilen Energieträgern in den neuen Bundesländern, andererseits durch die Auswirkungen des EG-Binnenmarktes gekennzeichnet sein. In den neuen Bundesländern soll die Elektrizitätsversorgung bis 1996 den westdeutschen Standard erreichen. Dabei sind erhebliche Umweltschutzmaßnahmen wie Entstaubung, Entschwefelung und Entstickung bestehender Kraftwerke notwendig. Aufgrund technischer Mängel und ungenügender Sicherheitsstandards wird es auch zu einer Schließung einiger Kraftwerke kommen. Mittelfristig ist daher mit dem Aufbau neuer Kraftwerkskapazitäten zu rechnen. Der gesamte Investitionsbedarf für die nächsten 10 Jahre wird auf 50-60 Milliarden DM geschätzt. Vorrangig sollen dabei die Versorgungssicherheit gewährleistet und Umweltschutzmaßnahmen getätigt werden. Im Bereich der Gasversorgung wird vor allem eine schnelle und flächendeckende Versorgung mit umweltfreundlichem Erdgas erfolgen. Dies wird zu weiteren Investitionen für Gaspipelines führen. Gerade in Ostdeutschland müssen regionale Versorgungsnetze aufgebaut bzw. saniert werden.

Durch den EG-Binnenmarkt wird es auf der anderen Seite zu einem stärkeren Wettbewerb mit den westeuropäischen Energieanbietern kommen. Dabei muß die Wettbewerbsposition der westdeutschen Energieanbieter eher als unsicher eingeschätzt werden. Auch das Marktwachstum sowohl in Westeuropa als auch in Osteuropa wird eher als gering eingestuft. Dadurch dürfte die Energieversorgung wohl unter Anpassungsdruck geraten.

Trotz einer eher negativen Einstufung der Energiewirtschaft im Hinblick auf den EG-Binnenmarkt wird mit Blick auf den Ausbau bzw. die Sanierung der ostdeutschen Energiewirtschaft dieser Sektor - mit Ausnahme der Wasserversorgung - als Wachstumsbranche angesehen, bei der mit einem Anstieg der Investitionen zu rechnen ist. Inwiefern es auch zu einem Anstieg der Erwerbstätigen in den Bereichen Elektrizität und Fernwärmeversorgung sowie Gasversorgung kommt, ist fraglich. Bestehende Arbeitsplätze dürften aber als gesichert gelten.

3.2.2 Chemische Industrie, Kunststoff- und Gummiverarbeitung

Die Entwicklung der Chemischen Industrie ist durch ein Wachstum bei den Erwerbstätigen, den Investitionen und der Bruttowertschöpfung gekennzeichnet. Ge-

---

198 Lediglich die Investitionen der Elektrizitätswirtschaft wiesen zwischen 1984 und 1988 Rückgänge auf.

messen am Umsatz und den Beschäftigtenzahlen nimmt dieser Sektor hinter dem Fahrzeug- und Maschinenbau sowie der Elektrotechnik den vierten Platz beim Verarbeitenden Gewerbe ein. Auch die Kunststoff- und Gummiverarbeitung weisen bei den drei zugrunde gelegten Indikatoren positive Wachstumsraten auf. Hingegen dürfte die Mineralölverarbeitung aufgrund der Abnahme von Erwerbstätigen, Investitionen und Bruttowertschöpfung hier vernachlässigbar sein.

Zwischen 1970 und 1987 wuchs der Umsatz der Chemischen Industrie um durchschnittlich 5,1 vH pro Jahr. Diese hohen Wachstumssraten wurden vor allem durch eine Ausweitung der Exportnachfrage getragen. Der Weltmarkt ist somit zum wichtigsten Absatzmarkt der Chemischen Industrie geworden. Nach 1990 wird sich das Wachstum der Chemischen Industrie in Teilbereichen abschwächen und zu einem Anpassungsdruck in einigen Branchenteilen führen. Zu nennen sind hier vor allem Anorganica und Pharmazeutika. Bei letzteren zeigen die Maßnahmen zur Kostendämpfung im Gesundheitswesen erste Wirkungen. Hingegen wird der Umsatz bei Lacken und Farben aufgrund der Baukonjunktur und bei den Kosmetika steigen. Insgesamt gesehen wird sich das Wachstum in der Chemischen Industrie wohl etwas abschwächen. Als Grund hierfür werden Personalkostenanstieg sowie sinkende Preise, insbesondere für Lieferungen an die Abnahmeindustrien, genannt.

Durch neue Werkstoffe wird die Kunststoffverarbeitung ihren Anwendungsbereich erweitern. Die grundsätzliche Tendenz geht dabei in Richtung auf leichtere, stabilere, hitzebeständigere und umweltfreundlichere Produkte. Dabei sollen künftig maßgeschneiderte High-Tech-Werkstoffe für unterschiedliche Spezialbedürfnisse offeriert werden. Zur Zeit werden in den Forschungslabors hierfür duroplastische Kunststoffe entwickelt, die Temperaturen von ca. 400 Grad Celsius standhalten[199]. Nachfrager dieser Produkte werden neben der Automobilindustrie in zunehmendem Maße die Verpackungs- und Bauindustrie sein. Auch die Gummiverarbeitung dürfte aufgrund der Reifenherstellung als Schwerpunkt der Produktionspalette weiterhin relativ stabile Umsätze erwirtschaften. Ein Grund hierfür liegt in der steigenden Nachfrage nach Fahrzeugen im LKW- und PKW-Bereich.

Damit dürfen die Chemische Industrie (mit Ausnahme der Mineralölverarbeitung) sowie die Kunststoff- und Gummiverarbeitung zu den Wachstumsbranchen gezählt werden, zumal das Marktwachstum in West- und Osteuropa als mittelmäßig bis stark eingestuft wird.

---

199 Vgl. *o.V.* (1989a), S. 66.

3.2.3 Steine und Erden, Feinkeramik, Glas

Der Bereich Steine und Erden sowie Feinkeramik weist negative Entwicklungen bei den Beschäftigten und der Bruttowertschöpfung zwischen 1984-1988 auf. Der Trend bei den Investitionen verlief im selben Zeitraum allerdings positiv. Lediglich der Sektor Glasverarbeitung wies bei allen drei Indikatoren positive Verläufe auf. Die Wettbewerbsposition dieses Bereichs wird in Westdeutschland als schwach bis mittelmäßig, in Ostdeutschland als mittelmäßig bis stark eingestuft. Hingegen wird das Wachstum der Märkte für Westeuropa als gering und für Osteuropa als mittelmäßig eingeschätzt. Hinsichtlich neuer Werkstoffe wäre der Bereich neuer keramischer Verbundmaterialien zu nennen. Hier müssen allerdings die neueren Forschungsergebnisse abgewartet werden, um eine ausreichende Beurteilung des Feinkeramik-Sektors vornehmen zu können. Es ist ferner zu erwarten, daß durch die Entwicklung neuer Werkstoffe in der Kunststoffverarbeitung der Bereich der Glasproduktion langfristig Einbußen erleiden wird. Daher kann die Glasbranche trotz positiver Entwicklungen zwischen 1984 und 1988 nicht als Wachstumsbranche eingestuft werden.

3.2.4 Stahlindustrie

Die Stahlindustrie zählt in der Bundesrepublik Deutschland zu den Altindustrien, womit impliziert wird, daß diese Branche einerseits auf eine relativ lange Tradition zurückblicken kann und andererseits am Ende des Lebenszyklus steht. Das Produkt Stahl ist dabei ein Vorprodukt für Maschinen und Bauten, ohne das ein wirtschaftlicher Aufschwung der Industrienationen nicht denkbar gewesen wäre.

Die Produktion von Stahl ist nach Ende des Booms 1987-1989 wieder rückläufig. Trotz eines Anstiegs des Stahlverbrauchs um 3 vH sank die Stahlproduktion 1990 um 8 vH. Ursachen hierfür sind vor allem die höheren Importe aufgrund des niedrigen Dollarkurses und des Auftragsausfalls im Ostblock. Langfristig werden im Bereich der Stahlindustrie nur dem Qualitätsstahl positive Wachstumsraten eingeräumt. Als Grund hierfür ist das Wachstum der allgemeinen Investitionsgüternachfrage anzuführen. Die Nachfrage nach Walzstahl, vorgewalztem Stahlhalbzeug und Roheisen muß hingegen als rückläufig eingestuft werden. Wachsende Konkurrenz der Schwellenländer und eine rückläufige Verwendung des Roheisens dürften zwei der Ursachen sein. Das Marktwachstum für Produkte der Stahlindustrie wird zudem als gering eingestuft. Deshalb stellt die Stahlindustrie keine Wachstumsbranche dar. Etwas anders gestaltet sich die Lage im Bereich der NE-Metalle. Aufgrund der Entwicklung neuer

Werkstoffe dürften die NE-Metalle verstärkt genutzt werden. In dieser Branche kann daher weiterhin mit positiven Wachstumsraten gerechnet werden.

3.2.5 Maschinenbau, Stahl- und Leichtmetallbau, ADV-Geräte

Der Metallbau ist einer der wichtigsten Sektoren des Verarbeitenden Gewerbes. Für die 80er Jahre konnte eine hohe Zunahme der Beschäftigung, der Investitionen und der Wertschöpfung festgestellt werden. Das Produktionsprogramm dieses Sektors ist äußerst vielseitig. Neben Einzel- und Ersatzteilen werden Maschinen, Aggregate und komplette Industrieanlagen hergestellt. Als klassische Investitionsgüterbranche ist dieser Sektor von der Investitionsnachfrage abhängig. Ein Großteil der Produkte wird exportiert.

Für den Bereich des Maschinenbaus werden im allgemeinen sehr positive Entwicklungen erwartet. Der Bauboom sowie eine hohe Nachfrage nach Gütern des Maschinenbaus werden zu einem Produktionsanstieg bei den Bau- und Werkzeugmaschinen führen. Aufgrund technologischer Vorsprünge gegenüber dem Ausland wird auch eine positive Entwicklung bei den Papier- und Druckmaschinen erwartet. Zwar kann einerseits der internationale Wettbewerb in Westeuropa die Entwicklung dämpfen. Andererseits sind aber hohe Zuwächse vor allem in Osteuropa zu erwarten. Daher wird der Maschinenbau als Wachstumsbranche eingestuft. Mit einer erhöhten Nachfrage nach Produkten des Maschinenbaus steigt i.d.R. auch die Nachfrage nach Produkten des Stahl- und Leichtmetallbaus. Daher wird auch dieser Sektor als Wachstumsbranche eingestuft.

Der Sektor der ADV-Geräte umfaßt die Herstellung von Büromaschinen, Datenverarbeitungsgeräten und -einrichtungen. Dieser Bereich stellt innerhalb des hier betrachteten Wirtschaftszweiges eine bedeutende Branche dar. Dies zeigen auch die Entwicklungen der Erwerbstätigen und Investitionen in den letzten 10 Jahren. Mikrocomputer werden wegen ihres hohen flexiblen Einsatzes immer stärker nachgefragt. Zwar dominieren in der Computerentwicklung nicht die deutschen, sondern vor allem japanische und amerikanische Unternehmen. Dennoch können in bestimmten Nischen in den nächsten Jahren weitere Produktionszuwächse erzielt werden. CIM (computer integrated manufacturing) und CAD (computer aided design) im Rahmen der Automationstechnik sowie die Roboter- und Sensortechnik seien hier genannt. Daher stellt die Branche der ADV-Geräte eine Wachstumsbranche dar.

3.2.6 Fahrzeugbau

Der Fahrzeugbau setzt sich aus den Bereichen Straßenfahrzeugbau, Schiffbau und Luftfahrzeugbau zusammen. Die mit Abstand größte Industrie innerhalb des Fahrzeugbaus ist die Automobilbranche. Mit 4,6 vH der gesamtwirtschaftlichen Umsätze im Jahre 1985 ist der Fahrzeugbau der umsatzstärkste Wirtschaftszweig in der Bundesrepublik Deutschland[200].

Die Entwicklung der Automobilindustrie kann insgesamt als positiv betrachtet werden. Zwar besteht gerade im Pkw-Bereich eine wachsende Auslandskonkurrenz, vor allem aus Japan. Im Inland ist jedoch kein Nachfragerückgang in Sicht. Es besteht ein großes Nachfragepotential nach dem "West-Auto", vor allem bei den Bürgern in den neuen Bundesländern, aber auch bei den Aus- und Übersiedlern. Während das Marktwachstum für Westeuropa eher als gering einzuschätzen ist, wird vor allem für Osteuropa ein starkes Marktwachstum prognostiziert[201]. Zusätzlich wird eine erhöhte Nachfrage bei den leichten und schweren Nutzfahrzeugen erwartet. Als Gründe werden hierfür zum einen ein steigender Ersatzbedarf sowie die relativ günstige Konjunkturlage angegeben[202]. Daher dürfte nach wie vor der Fahrzeugbau zu den Wachstumsbranchen zählen.

Der Bereich des Schiffbaus muß hingegen eher negativ beurteilt werden. Der Schiffbau wird vor allem von Japan dominiert. Zudem treten immer mehr Schwellenländer aufgrund der niedrigen Löhne als Konkurrenz auf. Zwar gelang in den letzten Jahren eine Umstrukturierung des Schiffbaus auf Spezialschiffe. Dennoch haben die Schiffbaukrisen der letzten Jahre zu einem Abbau von Arbeitsplätzen geführt. Die Entwicklung im Schiffbau wird daher auch eher negativ gesehen. So vermutet Peschel, daß der Schiffbau weitgehend aus der deutschen Produktionspalette verschwinden wird[203].

Der Bereich der Luft- und Raumfahrttechnik weist in den letzten Jahren positive Entwicklungen bei den Erwerbstätigen, den Investitionen und der Bruttowertschöpfung auf. Diese Branche ist durch eine hohe internationale Verflechtung gekennzeichnet. Der Luft- und Raumfahrzeugbau besitzt einen modernen Kapitalstock und verzeichnet außerordentlich hohe Forschungs- und Entwicklungsaufwendungen, die ihn in starkem Maße von staatlichen Subventionen abhängig machen. Die hohen For-

---

200 Vgl. *Rheinisch-Westfälisches Institut für Wirtschaftsforschung* (1989), S. 187.
201 Vgl. *Institut für Arbeitsmarkt- und Berufsforschung der Bundesanstalt für Arbeit* (Hrsg., 1990), S. 12.
202 Vgl. *K. Handschuh, K. Otzen* (1990), S. 35.
203 Vgl. *K. Peschel* (1990), S. 256.

schungs- und Entwicklungsaufwendungen machen die Luft- und Raumfahrtindustrie allerdings auch zu einer Hochtechnologie- und somit zu einer Wachstumsbranche.

3.2.7 Elektrotechnik, Feinmechanik und Optik

Der Wirtschaftszweig Elektrotechnik zählt zu den bedeutendsten Sektoren des Produzierenden Gewerbes. Der Sektor besitzt eine vielfältige Produktionspalette. Sie reicht von der Energie- und Reaktortechnik über die Nachrichtentechnik, Regel-, Meß- und Prüftechnik, Datentechnik und Elektromedizin bis zu Geräten und Einrichtungen für die Elektrizitätsverteilung[204]. Die Elektrotechnik hat sich in den letzten Jahren hinsichtlich der drei zugrundegelegten Indikatoren positiv entwickelt.

Auch für die Zukunft ist die Elektrotechnik zu den Wachstumsbranchen zu zählen. Zwar wird für die Elektromedizin trotz vielfältiger Forschungsaktivitäten, wie z.B. Lasersysteme oder das PAC-System (picture archiving and communication system) im Bereich der Operationsplanung und Anpassung von Implantaten[205], kein großes Wachstum vorausgesagt[206]. In den anderen Bereichen werden aber durchweg gute bis sehr gute Entwicklungen erwartet. Von der wachsenden Verwendung von Investitionsgütern dürften vor allem die Meß-, Prüf- und Regeltechnik profitieren. Bei der zukünftigen Entwicklung der Elektrotechnik werden vor allem die Entwicklungen in den Bereichen Sensorik und Umwelttechnik eine wichtige Rolle spielen. Die Elektrotechnik zählt damit zu den wichtigsten Wachstumsbranchen in der Bundesrepublik Deutschland.

Auch der Bereich der Feinmechanik und Optik weist positive Entwicklungen in den Bereichen der Beschäftigung, Investitionen und der Wertschöpfung auf. Zwar muß im Bereich der Konsumgüter auch weiterhin mit zunehmenden Billigimporten, vor allem aus Japan, gerechnet werden[207]. Aufgrund der erwarteten positiven Entwicklungen in der Maschinenbau- und vor allem der Elektrobranche werden im Investitionsgüterbereich auch weiterhin verstärkt Produkte der Feinmechanik und Optik nachgefragt. Besondere Zuwächse sind in den Bereichen der Feinmeß- und Regelinstrumente und bestimmter optischer und medizinischer Geräte zu erwarten. Deshalb wird auch die Feinmechanik und Optik als Wachstumsbranche eingestuft.

---

204 Vgl. *P.-H. Burberg, W. Michels, P. Sallandt* (1983), S. 89.
205 Vgl. *o.V.* (1989a), S. 62.
206 Als Grund hierfür wird die auf die Kostendämpfung im Gesundheitswesen gesunkene Nachfrage angegeben. Vgl. *K. Handschuh, K. Otzen* (1990), S. 33.
207 Vgl. *P.-H. Burberg, W. Michels, P. Sallandt* (1983), S. 90.

Der Wirtschaftssektor EBM-Waren wird aufgrund der bisherigen positiven Entwicklung bei den Erwerbstätigen ebenfalls im Hinblick auf seine zukünftige Entwicklung als positiv eingeschätzt. Als ein Grund hierfür ist seine Zulieferfunktion für den Fahrzeugbau und das Baugewerbe anzuführen.

3.2.8 Leichtindustrie

Unter dem Oberbegriff Leichtindustrie werden die Wirtschaftssektoren Holzbe- und verarbeitung, Papiererzeugung und -verarbeitung, Druckerei sowie das Leder-, Textil- und Bekleidungsgewerbe zusammengefaßt.

Die Entwicklungen in der Holzbe- und -verarbeitung sind in jüngster Zeit (1984-1988) von einer Abnahme der Beschäftigung gekennzeichnet. Diese Entwicklung dürfte vor allem auf den stagnierenden privaten Wohnungsbau Mitte bis Ende der 80er Jahre zurückzuführen sein. Aufgrund der prognostizierten starken Nachfrage nach Bauleistungen wird es allerdings zu einer steigenden Nachfrage nach Produkten der Holzindustrie kommen. In naher Zukunft dürfte tendenziell auch die private Nachfrage nach Möbeln in den neuen Bundesländern ansteigen. Deshalb wird dieser Sektor als Wachstumsbranche eingestuft.

Die positiven Entwicklungen im Bereich der Papiererzeugung und Papierverarbeitung können auch für die Zukunft angenommen werden. Die Wettbewerbsposition der deutschen Unternehmen wird in diesem Zusammenhang als mittelmäßig bis stark angesehen. Das Marktwachstum dürfte zudem in Osteuropa als besonders stark eingestuft werden. Daher kann dieser Bereich zu den Wachstumsbranchen gezählt werden. Hingegen wird der Sektor Druckerei aufgrund seiner durchweg negativen Entwicklung bei der Beschäftigung und den Investitionen nicht als Wachstumsbranche eingestuft.

In Europa wird das Marktwachstum in der Leder-, Textil- und Bekleidungsindustrie als gering bis mittelmäßig eingeschätzt. Gerade in diesen Branchen besitzen die deutschen Unternehmen schwache Wettbewerbspositionen. Die Konkurrenz kommt vor allem aus den Schwellen- und Entwicklungsländern. Dort bestehen Kostenvorteile für Massenproduktion aufgrund niedriger Lohnsätze. In den alten Bundesländern hat vor allem die Textilindustrie einen Strukturwandel erlebt, der mit vielen Unternehmensschließungen und Entlassungen von Arbeitskräften verbunden war. Zur Zeit werden von den noch bestehenden Unternehmen erhebliche Anstrengungen unternommen, durch eine verstärkte Forschungstätigkeit neue Produkte und Produktionsprozesse einzuführen. Durch eine stärkere Substitution des Faktors Arbeit und steigende Kapitalintensität der Arbeit (Automation der Produktion, Verringerung der Zahl an- und ungelernter Arbeitskräfte) wird eine Verringerung der Differenz der Produktionskosten zu den Entwicklungs- und Schwellenländern prognostiziert. Der Schrumpfungsprozeß dieses Wirtschaftszweiges in der Bundesrepublik Deutschland wird daher weiter andauern. Deshalb wird das Leder-, Textil- und Bekleidungsgewerbe nicht als Wachstumsbranche angesehen[208].

3.2.9 Nahrungs- und Genußmittelgewerbe

Das Nahrungs- und Genußmittelgewerbe hat sich bezüglich der Beschäftigung und der Bruttowertschöpfung zwischen 1984 und 1988 negativ entwickelt. Seit 1990 verläuft der Trend allerdings umgekehrt (Produktionswachstum 11 vH). Als Gründe dieses Zuwachses sind die Entwicklungen in den neuen Bundesländern[209], ein Anstieg der Bevölkerung (Aus- und Übersiedler) sowie ein in einzelnen Bevölkerungsgruppen höheres verfügbares Einkommen zu nennen. Aufgrund des hohen Auslastungsgrades der Kapazitäten (rd. 94 vH) ist eine Zunahme der Investitionen und damit der Beschäftigten zu erwarten. Für die ostdeutschen Unternehmen des Nahrungs- und Genußmittelgewerbes werden aufgrund der mangelnden technischen und hygienischen Ausstattung ihrer Betriebe, die den westdeutschen Standards nicht entspricht, keine positiven Effekte prognostiziert.

In der Zukunft wird durch die Öffnung Osteuropas und durch den EG-Binnenmarkt eine weitere Zunahme der Nahrungsmittelproduktion erwartet. Durch die große Konkurrenz im EG-Binnenmarkt werden allerdings die heimischen mittelständischen Unternehmen unter Druck geraten. Aufgrund der Nachfrage nach besonderen Luxusprodukten sind vor allem positive Wachstumsraten bei der Fitneßkost und bei Fertiggerichten zu erwarten. Hingegen dürfte die Gesundheitswelle den Fleischkonsum und damit die Fleischwarenproduktion in Zukunft eher stagnieren lassen. Auch der Getränkeproduktion wird eher eine Stagnationsphase prognostiziert. Die Tabakwarenindustrie dürfte ebenfalls durch Werbeverbote, Warnaufdrucke und höhere Verbrauchssteuern weitere Produktionseinbußen hinnehmen müssen. Daher wird nur

---

208 Hieraus kann aber nicht der Schluß gezogen werden, daß die in der Region Ludwigslust/Hagenow ansässigen Betriebe dieser Branche keine Chancen in der Zukunft haben. Mit Hilfe einer umfangreichen Beratung und finanziellen Förderung bestehen durchaus Möglichkeiten, in Marktnischen weiter produzieren zu können.
209 Rd. zwei Drittel des Produktionszuwachses ging auf die Nachfrage aus den neuen Bundesländern zurück.

die Nahrungs- und Genußmittelindustrie (ohne Getränkeherstellung) als Wachstumsbranche eingestuft.

3.2.10 Bauwirtschaft

In der Bauwirtschaft war aufgrund der stagnierenden privaten Nachfrage im Wohnungsbau zwischen 1984 und 1988 eine negative Entwicklung bei den Beschäftigtenzahlen zu beobachten. Für die Zukunft ist davon auszugehen, daß gerade der Wohnungsbau positive Entwicklungen mit sich bringen wird. Auch für die anderen Baubereiche wie Ausbaugewerbe, Wirtschaftsbau und öffentlicher Bau wird eine rapide zunehmende Bautätigkeit erwartet. Die Nachfrage nach Bauleistungen in den neuen Bundesländern wird aufgrund des hohen Nachhol- und Sanierungsbedarfs in den Städten, insbesondere nach Klärung der Eigentumsverhältnisse, ebenfalls stark ansteigen. Schätzungen beziffern das Investitionsvolumen in den neuen Bundesländern für 1991 auf rd. 500 Mio DM. Was die Beschäftigung betrifft, so sind schon jetzt erste Kapazitätsengpässe in der Bauwirtschaft in den neuen Bundesländern feststellbar. Die Baubranche wird darüber hinaus verstärkt Investitionsgüter nachfragen und damit die Produktion in vorgelagerten Sektoren und bei den Zulieferern ankurbeln. Es ist schon jetzt ersichtlich, daß gerade die Baubranche einen grundlegenden Pfeiler für den Aufbau der ostdeutschen Wirtschaft darstellt.

Zwar wird aufgrund der Konjunkturschwäche im Ausland der Export leicht zurückgehen. Gefährlicher für das Wachstum dieser Branche und damit der gesamten Wirtschaft dürften allerdings die mit einer erhöhten Nachfrage und gleichzeitiger Kapazitätsauslastung verbundenen Preissteigerungen sein. Wegen der Inflationsgefahr wird es dann zu einer Verknappung von Zentralbankgeld, z.B. durch weitere Diskontsatzerhöhungen, und damit zu Zinserhöhungen kommen. Da Zinsen für die Fremdfinanzierung im Wohnungsbau eine wichtige Rolle spielen (Kreditaufnahme), dürfte es zu einer Abschwächung der Wohnungsbaunachfrage, insbesondere in den neuen Bundesländern, kommen. Insgesamt gesehen ist aber die Baubranche als Wachstumssektor einzustufen.

3.2.11 Ergebnis der Ermittlung von Wachstumsbranchen

Als Ergebnis des ersten Untersuchungsschrittes ergibt sich eine Liste von Sektoren bzw. Branchen, von denen in naher Zukunft positive Auswirkungen auf Beschäftigung und Investitionen zu erwarten sind. Folgende Sektoren sind als Wachstumsbranchen zu nennen:

- Elektrizitäts- und Fernwärmeversorgung,
- Gasversorgung,
- Chemische Industrie,
- Kunststoffwaren,
- Gummiverarbeitung,
- NE-Metalle,
- Stahl- und Leichtmetallbau,
- Maschinenbau,
- ADV-Geräte,
- Straßenfahrzeugbau,
- Luft- und Raumfahrzeugbau,
- Elektrotechnik,
- Feinmechanik, Optik,
- EBM-Waren,
- Holzbearbeitung,
- Holzverarbeitung,
- Papiererzeugung,
- Papierverarbeitung,
- Ernährungsgewerbe (ohne Getränkeherstellung),
- Bauhauptgewerbe,
- Ausbaugewerbe.

3.3 Standortanforderungen der Wirtschaftszweige

Nachdem im ersten Schritt die Wachstumsbranchen ermittelt wurden, von denen wahrscheinlich in den nächsten Jahren positive Entwicklungen auf das Wirtschaftswachstum ausgehen werden, sollen in diesem Untersuchungsschritt die Standortanforderungen der Wachstumsbranchen herausgearbeitet werden.

Hierzu muß zunächst angemerkt werden, daß für die Ermittlung der Standortanforderungen neuere branchenbezogene Untersuchungen nicht vorliegen; detaillierte Untersuchungen liegen schon weiter zurück. Daher muß neben diesen älteren sektoralen Untersuchungen auf allgemeinere Analysen über die Beurteilung der Standortfaktoren durch die Unternehmen zurückgegriffen werden[210].

---

210 Vgl. *K. Lammers, R. Soltwedel* (1987); vgl. *R. Clemens, H. Tengler* (1983); vgl. *R. Clemens, H. Tengler* (1983a); vgl. *K. Lüder, W. Küpper* (1983); vgl. *Rheinisch-Westfälisches Institut für Wirtschaftsforschung* (1989); vgl. *D. Fürst, K. Zimmermann* (1973) und *H. Brede* (1971).

Die Standortanalysen zeigen, daß die Unternehmen aus den verschiedenen Sektoren bei ihren Standortansprüchen nicht sehr weit auseinander liegen. An der Spitze der Rangskala der Standortfaktoren stehen Gewerbeflächenangebot, Verkehrsanbindung, Arbeitskräfteangebot, öffentliche Finanzhilfen, Zusammenarbeit mit den Behörden und die allgemeine Infrastrukturausstattung. Hinzu kommen Faktoren wie Energie-, Transport- und Lohnkosten und in zunehmendem Maße das regionale Wohnraumangebot.

Eine Befragung von in Schleswig-Holstein angesiedelten Unternehmen durch Lammers und Soltwedel ergab folgende Rangfolge bei den einzelnen Standortfaktoren[211]:
(1) umfassendes Angebot an Ansiedlungsflächen,
(2) wirtschaftsfreundliches Verhalten von Behörden,
(3) Sonderabschreibungen nach §3 Zonenrandförderungsgesetz,
(4) Investitionszulagen nach §1 Investitionszulagengesetz[212],
(5) Qualität der Straßenanbindung sowie allgemeine Investitionszuschüsse,
(6) ERP-Regionalkredite, Zinszuschüsse aus dem Mittelstandstrukturprogramm.

Weiterhin ergab die Untersuchung, daß neben der großen Bedeutung der öffentlichen Förderhilfen die Verfügbarkeit von Arbeitskräften und die Höhe des Lohnniveaus in Schleswig-Holstein als positiv empfunden wurden. Bei der Akquisition von qualifizierten Arbeitskräften in größerem Umfang ergaben sich für die Unternehmen z.T. erhebliche Probleme. Dieser Mangel an gut ausgebildeten Arbeitskräften wurde als ein Grund für eine Ansiedlung von Unternehmen im engeren Hamburger Umland angegeben. Es ist davon auszugehen, daß die Region Ludwigslust/Hagenow aufgrund ihrer Lage zum Wirtschaftsraum Hamburg mit den gleichen Problemen konfrontiert wird wie die schleswig-holsteinischen Regionen.

Aus den Ergebnissen der verschiedenen Standortanalysen kann der Schluß gezogen werden, daß sich auch die sektoralen Anforderungen nicht wesentlich geändert haben. Bei der folgenden Darstellung des Standortbedarfs wird daher für zusammengefaßte Wachstumsbranchen eine Bewertung für ausgewählte Indikatorengruppen vorgenommen, die auf Ergebnissen der 70er und 80er Jahre basiert.

---

211 Vgl. *K. Lammers, R. Soltwedel* (1987), S. 19.
212 Diese Fördermaßnahme dürfte heute nur noch in den neuen Bundesländern eine Rolle spielen. In den alten Bundesländern ist sie bereits abgeschafft.

Tab. 28: Standortanforderungen einzelner Wirtschaftsbereiche für ausgewählte Standortfaktoren

Standortfaktoren	Chemie, Kunststoff	Maschinen-, Fahrzeugbau, ADV-Geräte	Elektrotechnik, Feinmechanik	Holz, Papier	Nahrungsindustrie
Gewerbeflächenangebot	++	++	++	++	++
Verkehrsanbindung	++	++	++	++	++
öffentliche Verwaltung	+	++	++	+	o
Facharbeiter	+	++	+	++	o
sonstige Arbeitskräfte	++	+	++	+	++
öffentliche Finanzhilfen	+	+	+	++	+
Telekommunikation	+	+	+	+	+
Wohnungsangebot	o	o	o	o	o
Energiekosten	++	+	o	+	+
Transportkosten	-	-	-	-	-
Kundennähe	o	-	o	o	+

++ sehr wichtig; + wichtig; o weniger wichtig; - unwichtig

Quelle: P.-H. Burberg, W. Michels, P. Sallandt (1983), S. 106 ff.; Rheinisch-Westfälisches Institut für Wirtschaftsforschung (1989), S. 160 ff.; K. Lammers, R. Soltwedel (1987); eigene Analysen.

Tabelle 28 zeigt, daß bei allen Branchen das Gewerbeflächenangebot, die überregionalen Verkehrsanbindungen und die Telekommunikation eine wichtige Rolle spielen. Neben Flächen in Zentrumsnähe für Betriebe des Handwerks mit räumlich eng begrenztem Kundenkreis sind vor allem überörtliche Flächen mit guten überregionalen Verkehrsanbindungen (Autobahn, Gleisanschluß) für eine Region wichtig[213]. Die Anforderungen der Unternehmen an die Art und Qualität der Gewerbeflächen ist dabei sehr unterschiedlich. In eine Bewertung des regionalen Gewerbeflächenangebotes durch die Unternehmen gehen neben sofortiger Verfügbarkeit, Größe und Zuschnitt der Grundstücke auch ihre Lage, Preise, Erschließungskosten und baurechtlichen Vorgaben ein[214].

Die verkehrliche Anbindung wird auch in Zukunft ein standortentscheidender Faktor für die Unternehmen bleiben. Bei der Beurteilung der Verkehrslage spielen weniger die Verkehrsträger, sondern vielmehr die Schnelligkeit der Verkehrsverbindungen eine wichtige Rolle. Während die Bedeutung der Straßenverbindung eindeutig feststeht, kommen der Schiene und dem Luftverkehr in der Zukunft eine bedeutende Rolle zu. Angesichts der heute schon sichtbaren Engpässe auf den überörtlichen Fernstraßen werden in der Zukunft der Gleisanschluß sowie kombinierte Ladeeinrichtungen stärker an Bedeutung gewinnen.

---

213 Vgl. *H. Kleinschneider* (1989), S. 144.
214 Vgl. *P.-H. Burberg, W. Michels, P. Sallandt* (1983), S. 110.

Die modernen Telekommunikationssysteme sind für die Unternehmen von zunehmender Bedeutung. Der schnelle Austausch von Daten und Informationen ist für viele Unternehmen ein wichtiger Faktor im Wettbewerb mit der Konkurrenz. Unter regionalen Gesichtspunkten können Standorte, die Möglichkeiten zur Nutzung moderner Telekommunikationsdienste besitzen, ebenfalls wichtige Standortvorteile gewinnen[215].

Aus Tabelle 28 geht auch hervor, daß ein ausreichendes Arbeitskräftereservoir an Facharbeitern und ungelernten Arbeitern für die meisten Branchen ebenfalls wichtig, ja sogar unerläßlich ist. Allerdings dürfte der Faktor Arbeit für die Untersuchungsregion unter quantitativen Gesichtspunkten aufgrund der hohen Arbeitslosigkeit eher eine geringere Bedeutung besitzen. Entscheidender dürfte hier allerdings die Berufs- und Qualifikationsstruktur sein. Dieser Sachverhalt gilt für fast alle Branchen.

Weitere wichtige Standortanforderungen der Unternehmen sind die reibungslose Zusammenarbeit mit den kommunalen Behörden und die Förderung von Investitionen. Neben der Suche geeigneter Gewerbeflächen spielt für die Unternehmen bei ihren Investitionsentscheidungen ein gutes wirtschaftliches "Klima" eine wichtige Rolle. Beispiele aus den alten Bundesländern zeigen, daß durch eine gute Zusammenarbeit mit den Gemeinden[216] Abwanderungen von Unternehmen an einen anderen Produktionsstandort vielfach verhindert wurden.

Bei den anderen ausgewählten Standortfaktoren stellen die einzelnen Wirtschaftszweige unterschiedliche Anforderungen. So spielt die Kundennähe für die meisten Sektoren im Vergleich zu anderen Standortfaktoren eher eine untergeordnete Rolle. Hingegen wird die Kundennähe von der Lebensmittelindustrie als wichtiger Faktor eingestuft. Die Energiekosten spielen beispielsweise nur für die Chemische Industrie eine sehr wichtige Rolle.

3.4 Vergleich der Standortanforderungen mit dem Standortangebot

In diesem Kapitel werden die Standortanforderungen der Wirtschaftsbranchen mit dem Standortangebot in der Region Ludwigslust/Hagenow verglichen. Als Ergebnis ergeben sich Sektoren,

---

215 Vgl. *H. Kleinschneider* (1989), S. 146.
216 Als Beispiel für eine gute Zusammenarbeit mit der kommunalen Verwaltung sei hier eine wirtschaftsfreundliche Bauleitplanung, die den ortsansässigen Unternehmen die Erschließung von Erweiterungsflächen ermöglicht, angeführt.

- deren Standortanforderungen mit dem Standortangebot übereinstimmen (standortangepaßte Wachstumsbranchen) und
- deren Standortanforderungen sich nicht mit dem Angebot der Untersuchungsregion decken.

Während erstere als Zielgruppe feststehen, ist bei der zweiten Gruppe zu überprüfen, inwieweit das Standortangebot kurzfristig durch Maßnahmen der kommunalen Wirtschaftsförderung den Anforderungen angepaßt werden kann. Ist eine Anpassung kurzfristig möglich, so können diese Branchen ebenfalls zu den standortangepaßten Wachstumsbranchen gezählt werden. Die übrigen Branchen stellen nicht-standortangepaßte Wachstumsbranchen dar, die für die kommunale Wirtschaftsförderung nicht vorrangig als Zielgruppe in Betracht kommen.

Die Stärken-Schwächen-Analyse hat ergeben, daß die Region Ludwigslust/Hagenow eine sehr günstige Verkehrsanbindung besitzt. Damit erfüllt sie die Anforderungen aller Wirtschaftszweige im Bereich der Verkehrsinfrastruktur.

Etwas differenzierter muß der Bereich der Gewerbeflächen gesehen werden. Insgesamt gesehen dürfte das Angebot an Gewerbeflächen in der Untersuchungsregion den meisten Anforderungen der Unternehmen genügen. Es sind zur Zeit allerdings nur wenige Flächen bereits erschlossen. Kurzfristig, d.h. bis Ende des ersten Quartals 1992, werden weitere Flächen hinzukommen. Von Nachteil dürfte allerdings sein, daß im Landkreis Ludwigslust Gewerbegrundstücke in unmittelbarer Nähe zur Autobahn noch nicht verfügbar sind. Damit ist zur Zeit das Angebot an Flächen in günstiger Lage etwas eingeschränkt. Dennoch wird dadurch keine Branche als Zielgruppe ausgeklammert.

Das Angebot an öffentlichen Wirtschaftsförderungsprogrammen ist ebenfalls sehr umfangreich. Der Region Ludwigslust/Hagenow kommt dabei die Tatsache zugute, daß die regionale Wirtschaftsförderung kurzfristig in den neuen Bundesländern flächendeckend und ohne Beschränkung auf Entwicklungsschwerpunktorte gewährt wird.

Das Angebot anderer Standortfaktoren ist allerdings eingeschränkt. So steht zwar einerseits ein ausreichendes Arbeitskräfteangebot in der Region zur Verfügung. Andererseits weist die Qualifikation des Arbeitskräftepotentials Mängel auf. Die bereits ergriffenen Maßnahmen im Bereich der Aus- und Weiterbildung in überbetrieblichen Ausbildungseinrichtungen und Beschäftigungs- und Qualifizierungsgesellschaften dürften aber kurz- bis mittelfristig dazu beitragen, daß sich das Angebot den Anforderungen der Unternehmen angleicht. Zudem kann davon ausgegangen werden, daß ansiedlungswillige Unternehmen kurzfristig gewisse Schwächen in Kauf nehmen und einheimische Arbeitskräfte in betrieblichen Weiterbildungsmaßnahmen den grundlegenden Anforderungen entsprechend ausbilden werden. Spezielle Fachkenntnisse, wie die Bedienung von Maschinen, werden überdies in den Betrieben vermittelt. Es kann daher davon ausgegangen werden, daß die Wirtschaft noch am ehesten in der Lage ist, den konkreten Qualifikationsbedarf zu bestimmen.

Im Bereich der Telekommunikation können ebenfalls beim Angebot Schwächen verzeichnet werden. Die Stärken-Schwächen-Analyse hat im Bereich der Telekommunikation allerdings ergeben, daß die Telekom kurzfristig den Engpaß im Fernmeldesektor beseitigen wird[217]. Damit dürfte das Angebot kurzfristig an die Anforderungen angepaßt werden können.

Gleiches gilt für das Wohnungsangebot. Durch die Ausweisung zusätzlicher Wohngebiete und die Sanierung bestehender Wohngebäude wird ebenfalls von diesem Standortfaktor keine Einschränkung hinsichtlich der sektoralen Anforderungen ausgehen.

Im Bereich der Energieversorgung dürften kurzfristig Engpässe auftreten. Allerdings ist der Aufbau von Gasversorgungsnetzen geplant und dürfte im nächsten Jahr in größerem Umfang in der Region durchgeführt werden. Es ist jedoch fraglich, ob damit die Anforderungen energieintensiver Branchen, wie z.B. der Chemischen Industrie[218], kurzfristig voll erfüllt werden können. Daher werden die Chemische Industrie, die Kunststoff- und Gummiverarbeitung und die NE-Metalle zum jetzigen Zeitpunkt nur unter Vorbehalt in die Zielgruppe aufgenommen. Mittel- bis langfristig kann davon ausgegangen werden, daß sich das vorhandene Angebot mit den Standortanforderungen voll decken wird. Die kommunale Wirtschaftsförderung sollte daher bei der Neuansiedlungswerbung energieintensive Branchen ausklammern. Sollten sich Ansiedlungsinteressenten um einen Standort in der Region Ludwigslust/Hagenow bewerben, muß angesichts der kritischen Arbeitsmarktlage versucht werden, die Standortanforderungen zu erfüllen.

---

[217] Vgl. Kapitel 2.2.6.2.
[218] Die Energieintensität, gemessen als Anteil der Energiekosten am Produktionswert, betrug 1981 in der Chemischen Industrie 14,0 vH. In der Stahlindustrie wies die Energieintensität einen Wert von 9,2 vH auf. Im Vergleich dazu betrug der Energiekostenanteil im Maschinenbau 2,1 vH und in der Elektrotechnik 2,2 vH. Vgl. *Rheinisch-Westfälisches Institut für Wirtschaftsforschung* (1989), S. 161.

3.5 Standortangepaßte Wachtumsbranchen

Als Ergebnis des Vergleichs der Standortanforderungen der Wachstumsbranchen mit den Standortanforderungen in den Landkreisen Ludwigslust und Hagenow kann festgehalten werden, daß alle im folgenden aufgezählten standortangepaßten Wachstumsbranchen als Zielgruppe im Bereich der Ansiedlungsförderung in Frage kommen:

- Elektrizitäts- und Fernwärmeversorgung,
- Gasversorgung,
- Chemische Industrie,
- Kunststoffwaren,
- Gummiverarbeitung,
- NE-Metalle,
- Stahl- und Leichtmetallbau,
- Maschinenbau,
- ADV-Geräte,
- Straßenfahrzeugbau,
- Luft- und Raumfahrzeugbau,
- Elektrotechnik,
- Feinmechanik, Optik,
- EBM-Waren,
- Holzbearbeitung,
- Holzverarbeitung,
- Papiererzeugung,
- Papierverarbeitung,
- Ernährungsgewerbe (ohne Getränkeherstellung),
- Bauhauptgewerbe,
- Ausbaugewerbe.

Im Hinblick auf die vorhandene Wirtschaftsstruktur in der Region ist dabei eine Konzentration auf die Branchen
- Stahl- und Leichtmetallbau,
- Maschinenbau,
- ADV-Geräte,
- Straßenfahrzeugbau,
- Elektrotechnik,
- Feinmechanik, Optik,
- EBM-Waren und
- Ernährungsgewerbe (ohne Getränkeherstellung)

sinnvoll. Im Bereich des Baugewerbes und der Leichtindustrie (Holz- und Papierindustrie) sollte sich die kommunale Wirtschaftsförderung verstärkt auf das heimische Potential stützen. Dies bedeutet aber nicht, daß die anderen Zielgruppen unberücksichtigt bleiben sollen.

Im Zusammenhang mit der Zielgruppenanalyse ist auch die Frage nach dem räumlichen Bezug einer Neuansiedlungswerbung interessant. Hierbei bieten sich zwei Möglichkeiten an. Einerseits kann eine Konzentration auf wenige Zielgruppen erfolgen, für die bundesweit geworben wird. Andererseits könnte auch eine Konzentration auf Betriebe aus den oben ermittelten Zielgruppen erfolgen, die bisher Produktionsstätten im alten Zonenrandgebiet unterhalten. Es ist durchaus möglich, daß Betriebe, die Erweiterungs- oder Verlagerungsinvestitionen durchführen wollen, aufgrund der in einigen Regionen des Zonenrandgebietes weggefallenen Fördermittel der GRW für die Region Ludwigslust/Hagenow starkes Interesse zeigen. Für eine solche Maßnahme ist aber eine gute Konzeption erforderlich, die den Eindruck einer besonders aggressiven Wirtschaftsförderung bei den Verantwortlichen in den Nachbarregionen vermeidet.

4 Empfehlungen

4.1 Handlungsfelder

Aus der Stärken-Schwächen-Analyse der Region Ludwigslust/Hagenow und der Zielgruppenanalyse ergibt sich der Handlungsbedarf für die kommunale Wirtschaftspolitik in der Region Ludwigslust/Hagenow. Die Beschreibung des Handlungsbedarfs erfolgt für einzelne Handlungsfelder, für die jeweils die Hauptaufgaben erläutert werden. Dabei besteht eine enge Verzahnung zwischen den Handlungsfeldern[219].

Zu den für die Untersuchungsregion relevanten Handlungsfeldern, die unmittelbar mit höchster Priorität angegangen werden sollten, zählen die Bereiche
- Wirtschaft,
- Arbeitsmarkt,
- Infrastruktur,
- Wohnungswesen und Städtebau,
- Landwirtschaft und Umwelt.

4.1.1 Wirtschaft

Der Strukturwandel in der Region Ludwigslust/Hagenow wird auch weiterhin durch einen Abbau der Beschäftigung in der Landwirtschaft gekennzeichnet sein. In den bestehenden Betrieben des sekundären Sektors ist aufgrund des erforderlichen strukturellen Wandels, der mit einer höheren Kapitalintensität des Faktors Arbeit einhergeht, vorerst ein weiterer Abbau von Arbeitsplätzen zu erwarten. Es wurde bereits festgestellt, daß der tertiäre Sektor nicht alleine Motor für eine positive wirtschaftliche Entwicklung der Region Ludwigslust/Hagenow sein kann. Für eine weitere Ausdehnung des Handels- und Dienstleistungsbereiches ist eine zusätzliche Nachfrage und damit zusätzliche Kaufkraft erforderlich. Aufgrund der schlechten Arbeitsmarktlage zum gegenwärtigen Zeitpunkt muß davon ausgegangen werden, daß diese zusätzliche Kaufkraft nicht vorhanden ist und somit vorerst ein gewisser Sättigungsgrad des tertiären Sektors erreicht ist. Für einen wirtschaftlichen Aufschwung in der Region, auch im tertiären Bereich, besitzt daher nach wie vor der sekundäre Sektor eine wesentliche Bedeutung.

---

219 Beispielsweise können langfristige Akquisitionsaktivitäten im Bereich des Handlungsfeldes Wirtschaft positive Auswirkungen auf das Handlungsfeld Arbeitsmarkt haben (Abbau von Arbeitslosigkeit durch Neuansiedlungen von Betrieben).

Für die Zukunft kann daher davon ausgegangen werden, daß für den Strukturwandel neben dem Dienstleistungssektor vor allem die Industriebetriebe der in der Zielgruppenanalyse ermittelten Wachstumsbranchen und das Handwerk von Bedeutung sind. Besonders vom produktions- und dienstleistungsorientierten Handwerk dürften aufgrund des hohen Nachholbedarfs im Bauwesen und im Infrastrukturbereich sowie der wichtigen Funktion als Lieferant von Vorleistungen für neu angesiedelte und alte, sanierte Unternehmen positive Impulse für das wirtschaftliche Wachstum der Region ausgehen.

Zur Überwindung der negativen Seite des Strukturwandels[220] ist daher ein von allen Trägern der kommunalen Wirtschaftspolitik in beiden Landkreisen akzeptierter Zielkatalog erforderlich, aus dem eine langfristige Strategie zur Lösung der wirtschaftlichen Probleme und der weiteren wirtschaftlichen Entwicklung abgeleitet werden kann. Hauptaufgabe der kommunalen Wirtschaftspolitik in der Region Ludwigslust/Hagenow muß dabei der Abbau der Arbeitslosigkeit sein. Alle anderen Ziele, wie regionales Wirtschaftswachstum, Konjunkturstabilität und Stärkung der kommunalen Finanzkraft, haben sich diesem Oberziel unterzuordnen.

Die Erfüllung dieses Ziels ist unter Berücksichtigung der kommunalen und regionalen Möglichkeiten vor allem Aufgabe der kommunalen Wirtschaftsförderung. Wichtige Ansatzpunkte zur Erfüllung des Ziels Abbau der Arbeitslosigkeit sind
- die Bestandspflege,
- Existenzgründungen und
- Neuansiedlungen.

Die Gewerbebestandspflege konzentriert sich auf wirtschaftsfördernde Aktivitäten zur Sicherung der Existenz der bestehenden Betriebe in der Region Ludwigslust/Hagenow. Zu diesen Aktivitäten zählen neben der Wirtschaftsförderung und -beratung vertrauensbildende Maßnahmen zwischen den Wirtschaftsförderern der beiden Landkreise auf der einen Seite und den Unternehmen und Verbänden auf der anderen Seite[221]. Dabei müssen neben Abwanderungstendenzen, die zur Zeit eher unwahrscheinlich sein dürften, vor allem wirtschaftliche Problemsituationen der Betriebe frühzeitig erkannt werden, um ihnen helfen zu können und so dem Abbau weiterer Arbeitsplätze entgegenzuwirken.

---

220 Grundsätzlich ist der Strukturwandel der Wirtschaft ein lang andauernder, i.e.S. nie endender Prozeß. Vgl. auch *H. Kleinschneider* (1989), S. 142 f.
221 Ergebnisse der Befragung ergaben, daß im Bereich der Vertrauensbildung in beiden Landkreisen z.T. ein erheblicher Nachholbedarf besteht.

Im Rahmen der Gewerbeerhaltungsstrategie stellt die Vermittlung von Kooperationen zwischen Unternehmen ein weiteres wichtiges Instrument dar. Dadurch können z.B. Zulieferer, die Verträge mit westdeutschen Auftraggebern abgeschlossen haben, ihre momentane Liquiditätsposition sichern, gleichzeitig erste unternehmerische Erfahrungen in ihren Märkten sammeln und diese dazu nutzen, durch die Entwicklung eigener Unternehmenskonzepte die Wettbewerbsfähigkeit ihrer Produkte und ihres Produktionsapparates zu erhöhen. Letztlich muß die kommunale Wirtschaftsförderung den Umstrukturierungsprozeß unterstützen, damit die in der Region ansässigen Betriebe so schnell wie möglich wettbewerbsfähig werden.

Als weitere Zielgruppe sind besonders die Existenzgründer durch geeignete Maßnahmen zu fördern, um damit in der Region einen leistungsfähigen Bestand an kleinen und mittleren Unternehmen aufzubauen. Gleichzeitig kann dadurch auch das Potential für zukünftige Unternehmensgründungen erweitert werden. Existenzgründungen sind allerdings mit hohen finanziellen und persönlichen Risiken verbunden. Die Erfahrungen zeigen, daß ein Großteil der Existenzgründer bereits nach wenigen Jahren scheitert[222]. Existenzgründer haben nur dann dauerhaften Erfolg, wenn sie sich langfristig am Markt behaupten können. Daher sollte die kommunale Wirtschaftsförderung an den Rahmenbedingungen ansetzen und durch Beratung und Hilfen bei der Standortwahl die Startbedingungen der Existenzgründer erleichtern.

Ein weiterer Ansatzpunkt besteht in der Akquisition neuer Gewerbebetriebe (Neuansiedlungen). Die großen wirtschafts- und gesellschaftspolitischen Umwälzungen in den neuen Bundesländern und in Osteuropa und die gute wirtschaftsgeographische Lage deuten darauf hin, daß es in der Region Ludwigslust/Hagenow noch Entwicklungsmöglichkeiten gibt, die es auszunutzen gilt. Für eine Neuansiedlungsstrategie kommen zunächst grundsätzlich alle potentiellen Investoren in Betracht. Im Rahmen einer aktiven Ansiedlungspolitik empfiehlt sich jedoch die Auswahl solcher Branchen, die langfristig positive Effekte auf die Wirtschaftsstruktur und vor allem auf den Arbeitsmarkt bewirken[223].

Chancen für die Akquisition von neuen Unternehmen könnten sich auf kurze bis mittlere Sicht insbesondere in den Branchen ergeben, die in den letzten Jahren steigende Beschäftigungszahlen und eine hohe Kapazitätsauslastung aufwiesen und deren Möglichkeiten zur Erhöhung des betrieblichen Produktionspotentials, etwa durch

---

[222] Vgl. auch *H. Kleinschneider* (1989), S. 148.
[223] Vgl. auch die Zielgruppenanalyse in Kapitel 3.

die Ausschöpfung organisatorischer Produktivitätsreserven, begrenzt sind. Zu diesen Branchen zählen die folgenden Sektoren[224]:

- Kunststoffverarbeitung,
- Gummiverarbeitung,
- NE-Metalle,
- Maschinenbau,
- Fahrzeugbau,
- Elektrotechnik,
- EBM-Waren,
- Holzverarbeitung.

Die Unternehmen aus diesen Branchen können zu Verlagerungen oder Neugründungen in der Untersuchungsregion veranlaßt werden, sofern Expansionsbarrieren in Form eines unzureichenden Angebots an Facharbeitskräften und/oder zu geringer Gewerbeflächenreserven am altem Standort kurzfristig nicht beseitigt werden können. Langfristig empfiehlt es sich, durch Marktanalysen und Auswertung zusätzlicher Informationen wie Geschäftsberichte von Unternehmen der Wachstumsbranchen oder in der Presse geäußerter Ansiedlungsabsichten die Zielgruppe der Investoren systematisch aufzubauen und kontinuierlich auf dem aktuellen Stand zu halten[225]. Die verantwortlichen Entscheidungsträger sollten sich bei ihren Aktivitäten allerdings nicht ausschließlich auf die Neuansiedlungsförderung konzentrieren. Denn es ist zu beachten, daß die einzelnen potentiellen Investoren, die für eine Ansiedlung in der Region in Frage kommen, trotz Zielgruppenanalyse kaum oder nicht bekannt sind. Zudem sind die Streuverluste von notwendigen Werbemaßnahmen sehr hoch und das zur Verfügung stehende Instrumentarium sehr begrenzt[226].

Neben den aufgezeigten Ansatzpunkten der kommunalen Wirtschaftsförderung bestehen im Bereich des Handlungsfeldes Wirtschaft weitere Möglichkeiten, den Abbau der Arbeitslosigkeit zu fördern. In diesem Zusammenhang ist nochmals auf die stabilisierende Wirkung öffentlicher Investitionen hinzuweisen. In Bezug auf die Beschäftigungswirkungen von öffentlichen Investitionen in der Region Ludwigslust/Hagenow ist allerdings zu berücksichtigen, daß trotz der Vergabe öffentlicher Aufträge an die einheimischen Unternehmen die alten Bundesländer zu einem großen Teil durch Verkäufe von Vorleistungs- und Ausrüstungsgütern einschließlich

---

224 Vgl. Kapitel 3.5 und B. Görzig, J. Schintke, M. Schmidt (1990), S. 112.
225 Vgl. auch P.-H. Burberg, M. König, A. Tillessen (1988), S. 115.
226 Vgl. auch H. Kleinschneider (1989), S. 141.

der auftretenden Multiplikatorwirkungen profitieren werden. Dennoch kann davon ausgegangen werden, daß öffentliche Investitionen zu einer besseren Auslastung der Kapazitäten in vielen Unternehmen und damit auch zu einer Sicherung bestehender Arbeitsplätze in der Untersuchungsregion beitragen.

Insgesamt gesehen dürften die Ausgangsbedingungen für die ökonomische Entwicklung der Region trotz der bestehenden Schwächen in vieler Hinsicht besser als in anderen Regionen Mecklenburg-Vorpommerns sein. Die Fortschritte bei der Privatisierung der Treuhandbetriebe und die geringe Zahl der Liquidationen in der Region deuten auf eine Stabilisierung der industriellen Basis hin, die eine wichtige Voraussetzung für zukünftige Beschäftigungszuwächse darstellt.

4.1.2 Arbeitsmarkt

Die Analyse des Arbeitskräftepotentials ergab, daß sich einerseits auf der quantitativen Seite die Arbeitslosigkeit bei den landwirtschaftlichen Berufen, aber auch in einigen Berufen des gewerblichen Sektors in der Region Ludwigslust/Hagenow weiter verstärken wird. Zwei wichtige Ursachen für die hohe Arbeitslosigkeit und Unterbeschäftigung in den beiden Landkreisen sind zweifellos die mangelnde Kapitalausstattung und die zu geringe Nachfrage nach in der Region hergestellten Produkten. Im Zuge dieser Entwicklung ist besonders ein Anstieg von nur schwer vermittelbaren Dauerarbeitslosen zu erwarten. Andererseits konnte für die Region in Teilbereichen des Arbeitsmarktes ein Mangel an qualifizierten, den technologischen Anforderungen entsprechenden Arbeitskräften festgestellt werden. Auch kann schon jetzt ein Mangel an gut qualifizierten Arbeitskräften für die Baubranche beobachtet werden.

Hauptziel einer regionalen Arbeitsmarktpolitik sollte - wie im Bereich des Handlungsfeldes Wirtschaft - in erster Linie der Abbau der Arbeitslosigkeit sein. Eine aktive Arbeitsmarktpolitik sollte sich daher auf folgende Aspekte konzentrieren:

- Unterstützung der Unternehmen im Bereich der beruflichen Erstausbildung und der Weiterbildung,
- Maßnahmen zur Akquisition junger Führungskräfte für die Region,
- Koordination der Aktivitäten der Wirtschaftsförderung mit der Arbeitsmarktpolitik, um das arbeitsmarktpolitische Instrumentarium auf die berufliche Arbeitskräftenachfrage der ansässigen und der sich ansiedelnden Unternehmen auszurichten,
- weiterer Ausbau der Aus- und Weiterbildungseinrichtungen,
- Verbesserung der Qualifikationsstruktur der Arbeitslosen,

- Nutzung von Beschäftigungs- und Qualifizierungsgesellschaften und von Arbeitsbeschaffungsmaßnahmen zu einer geordneten Freisetzung von Arbeitskräften und zu gezielter beruflicher Weiterbildung.

In diesem Zusammenhang sind eine Abstimmung und Koordination zwischen den unterschiedlichen Akteuren auf dem Arbeitsmarkt wie Unternehmen, Gewerkschaften, Arbeitsämtern, Wirtschaftsförderern und Kammern eine wichtige Voraussetzung für die Lösung der anstehenden Probleme.

Die Steigerung der Qualität der Erstausbildung ist für ein attraktives Arbeitskräftepotential in den beiden Landkreisen unter dem Gesichtspunkt entscheidend, daß ein hoher Anteil derjenigen, die Ausbildungsstellen suchen, ausschließlich oder zusätzlich eine Ausbildung im Westen Deutschlands anstrebt[227]. Im Gegensatz zu den Pendlern, die durch familiäre Bindungen und Wohnungseigentum zumindest teilweise in der Region verbleiben, ist die Abwanderungsgefahr hinsichtlich der jungen Auszubildenden als besonders groß einzuschätzen. Es kann davon ausgegangen werden, daß ein Wohnsitzwechsel dieser Bevölkerungsgruppe stattfinden wird, sobald sich ihr Lebens- und Arbeitsschwerpunkt erst einmal in die alten Bundesländer verlagert hat. Die Folgen einer derartigen Entwicklung sind negativ zu beurteilen, da damit wichtige Ressourcen für die weitere wirtschaftliche und soziale Entwicklung der Untersuchungsregion verloren gehen.

Zusätzlich ist für die weitere wirtschaftliche Entwicklung der Untersuchungsregion die Akquisition junger Führungskräfte aus dem wirtschaftlichen und technischen Bereich von großer Bedeutung. Prognosen des Qualifikationsbedarfs in der Bundesrepublik Deutschland bis zum Jahr 2010 gehen davon aus, daß sich der Anteil der Fach- und Hochschulabsolventen am Erwerbspersonenpotential von 19 vH im Jahre 1987 auf 28 vH im Jahre 2010 erhöhen wird[228]. Um zukünftige Führungskräfte rechtzeitig für die Region zu interessieren, sollte eine langfristige Strategie entwickelt werden. Zu dieser Strategie gehören z.B. Maßnahmen, über Betriebspatenschaften Studierende langfristig an die ansässigen Unternehmen zu binden. Dazu müssen die Wirtschaftsförderer, Verbände und Unternehmen gemeinsam nach Möglichkeiten von Betriebspatenschaften suchen.

---

[227] So haben sich ca. 30 vH der 16- bis 19jährigen Ausbildungssuchenden in den neuen Ländern in den Altbundesländern um einen Ausbildungsplatz beworben; rd. 42 vH sind ohne Einschränkungen bereit, einen Ausbildungsplatz im Westen anzunehmen. Vgl. *K. Schober* (1991), S. 236.
[228] Vgl. *M. Tessaring* (1991), S. 45 ff.

Im Bereich der Weiterbildung und Umschulung wird ein hoher Bedarf noch über Jahre hinaus erwartet. In diesem Zusammenhang sind besonders Qualifizierungs- und Weiterbildungsmaßnahmen ein geeignetes Mittel. Sie erhöhen Beschäftigungschancen nicht nur in der schwierigen Phase des wirtschaftlichen Umbruchs, sondern auch langfristig und wirken damit einer strukturellen Verfestigung der Arbeitslosigkeit entgegen[229]. Für eine zukunftsorientierte Weiterbildungs- und Qualifizierungspolitik ist dabei von großer Bedeutung, daß die Maßnahmen an den vorhandenen Kenntnissen und Fähigkeiten der Arbeitnehmer ansetzen, um Motivationsdefizite bei den Teilnehmern zu vermeiden. Daher bedürfen auch die Bildungsinhalte der Weiterbildungsinstitutionen einer ständigen qualitativen Überprüfung.

Die regionale Arbeitsmarktpolitik sollte darauf achten, daß den Arbeitskräften mit der Qualifizierung möglichst breite Anwendungsspielräume eröffnet werden, ohne dabei Spezialisierungsvorteile vor allem bei der technischen Weiterbildung zu verhindern[230]. Schwerpunkte der Weiterbildung sollten neben der Durchführung von Lehrgängen in der Betriebswirtschaftslehre und im kaufmännischen Bereich vor allem die eher berufspraktischen Bereiche und die gewerblich-technische Qualifizierung sein. Hierbei spielen fachbezogene Weiterbildungen und die Unterweisung in neuen Informations- und Kommunikationstechniken eine wesentliche Rolle.

Für den Bereich der Umschulungen konnte in der Stärken-Schwächen-Analyse zur Zeit kein exakter Umschulungsbedarf ermittelt werden. Schon jetzt ist allerdings absehbar, daß ein Großteil der Arbeitskräfte aus der Landwirtschaft dringend in andere, nicht landwirtschaftliche Berufe umgeschult werden muß. Für die anderen Bereiche empfiehlt sich eine andere Strategie. Es kann davon ausgegangen werden, daß sich langfristig die in der Zielgruppenanalyse ermittelten Wachstumsbranchen in der Region Ludwigslust/Hagenow niederlassen werden. Dadurch werden neben Berufen des Baugewerbes vor allem Berufe der Metall- und Elektrotechnik und einige kaufmännisch orientierte Dienstleistungsberufe verstärkt nachgefragt. Hinzu kommen Berufsgruppen wie Ingenieure und Techniker. Bei den Umschulungsmaßnahmen sollte zusätzlich berücksichtigt werden, "daß ein Wechsel in verwandte Berufe, d.h. in Berufe mit ähnlichen Tätigkeitsmerkmalen, eher möglich ist als der Wechsel in fachfremde Berufstätigkeiten."[231]

---

229 Vgl. *W. Klauder, G. Kühlewind* (1991), S. 12.
230 Vgl. *Forschungsinstitut der Friedrich-Ebert-Stiftung, Abt. Wirtschaftspolitik* (Hrsg., 1990), S. 19.
231 *R. Thoss, H. Kleinschneider* (1982), S. 59.

Da kurzfristig Investitionen nicht in ausreichendem Maße zu erwarten sind, bleiben nach wie vor beschäftigungsstabilisierende Maßnahmen wie Arbeitsbeschaffungsmaßnahmen (ABM) sowie Qualifizierungs- und Beschäftigungsgesellschaften ein wichtiges Mittel der regionalen Arbeitsmarktpolitik. Zu den öffentlichen ABM-Stellen ist negativ anzumerken, daß vielfach den privaten Betrieben Aufträge und damit Beschäftigungsmöglichkeiten entgehen. Es muß aber beachtet werden, daß durch größere ABM-Projekte nicht nur die Arbeitslosigkeit gemildert wird, sondern daß die soziale, wirtschaftliche und ökologische Infrastruktur im kommunalen Bereich kurzfristig verbessert werden kann[232]. Hierzu ist eine Kombination von Arbeitsbeschaffungs- mit Weiterbildungs- und Umschulungsmaßnahmen als geeignet anzusehen. Vorrangig sollte dabei benachteiligten Gruppen wie arbeitslosen Frauen, Schwerbehinderten, Alleinerziehenden und Jugendlichen der Wieder- oder Ersteinstieg in das Erwerbsleben erleichtert werden.

4.1.3 Infrastruktur

Der Bereich der Verkehrsinfrastruktur ist durch ein gut ausgebautes Straßennetz gekennzeichnet. Dieses trägt dazu bei, daß die wirtschaftsgeographische Lage als besonders herausragende Stärke der Region Ludwigslust/Hagenow gekennzeichnet werden kann. In diesem Zusammenhang ist vor allem die Autobahn A 24 (Berlin-Hamburg) zu nennen, die für die Untersuchungsregion einen wesentlichen Standortvorteil bedeutet. Aus Sicht der Region wäre ein Weiterbau der Autobahn A 141 nach Norden bis Wismar begrüßenswert. Zusätzlich sollten beide Landkreise die Bemühungen um einen südlichen Ausbau der Autobahn über Stendal nach Magdeburg unterstützen.

Weitere Straßenbauvorhaben zur besseren Anbindung an die überregionalen Wirtschaftszentren sind in der Region im allgemeinen nicht notwendig[233]. Im intraregionalen Straßennetz sind dagegen Instandsetzungen und Verbreiterungen notwendig, um den zukünftigen Anforderungen gerecht zu werden. Besonders der Bau von Umgehungsstraßen in den Städten der beiden Landkreise ist für die Verbesserung des Verkehrsflusses wichtig.
Die Bedeutung der Straße wird durch die Vollendung des Europäischen Binnenmarktes 1992 und die teilweise Verlagerung der Läger auf die Straße (Just-in-Time-Lieferung) voraussichtlich weiter steigen.

---

[232] Ein Beispiel hierfür sind die ABM im Zusammenhang mit der Naturparkgestaltung am Schaalsee.
[233] Eine Ausnahme bildet die neue Elbbrücke bei Dömitz und damit eine bessere Verkehrsanbindung an den Raum Hannover.

Da gleichzeitig die Belastungen auf den überregional bedeutsamen Straßen auch in der Untersuchungsregion weiter ansteigen werden, ist der Ausbau der bestehenden Eisenbahnstrecken in der Region eine dringend erforderliche Maßnahme. Nach Möglichkeit sollten die wichtigsten Strecken vollständig elektrifiziert werden, insbesondere die Fernverbindung Berlin-Hamburg und die Verbindung von Hagenow-Land nach Schwerin. Nur eine rasche Modernisierung wird die Wettbewerbsposition der Bahn hinreichend stärken können.

Aufgrund der Belastungen des Straßennetzes sollten, u.a. aus umweltpolitischen Gründen, Strategien entwickelt werden, einen Teil des zusätzlichen Verkehrsaufkommens auf die Schiene zu bringen. Hierzu bietet sich der kombinierte Verkehr (Container- und Huckepackverkehr) sowie der Ausbau moderner Güterverteil- und -verkehrszentren als wichtiger, in die Zukunft weisender Lösungsansatz an.

Um hohen Verkehrsbelastungen in den Städten durch den wachsenden Individualverkehr vorzubeugen und die Mobilität für alle Bevölkerungsgruppen zu sichern, ist ein zeitgemäßes, bedarfsgerechtes Angebot des ÖPNV flächendeckend aufzubauen. Neben dem Aufbau eines regionalen Verkehrsverbundes sind Möglichkeiten alternativer Beförderungsformen des Paratransits für die dünnbesiedelten Räume abseits der Hauptverkehrslinien zu überprüfen.

Der Ausbau der Telekommunikationsinfrastruktur in den beiden Kreisen ist zur Angleichung der innerdeutschen Standortbedingungen unerläßlich. Telefax, Teletex und andere Formen der Datenfernübertragung (z.B. Datex-P) sowie weitere Dienste wie Bildschirmtext und paketvermittelnde Dienste, sollten zumindest in den Schwerpunkträumen gewerblicher Entwicklung in ausreichendem Maß bereitgestellt werden.

Im Bereich der Ver- und Entsorgungsinfrastruktur sind z.T. erhebliche Defizite abzubauen. Die Entsorgungssicherheit im Bereich der Abfallbeseitigung ist für ansiedlungsinteressierte Unternehmen eine unverzichtbare Voraussetzung. Für beide Landkreise stellt sich daher die Aufgabe, genügend Deponiekapazität bereitzustellen, um zukünftige Entsorgungsengpässe zu verhindern. Hierfür ist ein Ausbau größerer zentraler Einrichtungen nach dem neuesten Stand der Deponietechnik eine Aufgabe von hoher Priorität. Dabei kommt es darauf an, auftretende Bodenbelastungen, z.B. durch Sickerwasser aus Altdeponien, in Zukunft zu vermeiden. Im Landkreis Hagenow sind dazu weiterführende Planungen notwendig. Aber auch im Landkreis Ludwigslust sollten wegen langer Planungsvorlaufzeiten die Arbeiten an einer langfristigen Abfallentsorgungskonzeption aufgenommen werden. Der Aufbau eines gemeinsamen Abfallentsorgungskonzeptes für Westmecklenburg ist in diesem Zusammenhang ein wichtiger Schritt in die richtige Richtung.

Akuter Handlungsbedarf besteht in beiden Landkreisen bei der Verbesserung der Trinkwasserversorgung und Abwasserbehandlung. Aufgrund der hohen Nitratbelastung des Trinkwassers sollte ein Konzept erarbeitet werden, das auf eine enge Kooperation zwischen Landwirtschaft und Wasserwirtschaft abstellt. Dabei ist wegen der ungünstigen geologischen Bedingungen (Vorherrschen von Sandböden) ein flächendeckender Grundwasserschutz notwendig, um die schon bestehenden und zukünftigen Wassergewinnungsgebiete langfristig zu sichern.

Stark sanierungs- und erweiterungsbedürftig ist die Infrastruktur im Bereich der Abwasserbehandlung, die in beiden Kreisen gegenüber der durchschnittlichen Situation in den neuen Ländern als schlecht eingestuft werden muß[234]. Es muß davon ausgegangen werden, daß mittel- bis langfristig ein Teil der ländlichen Gebiete nicht an Kanalisation und Kläranlagen angeschlossen werden kann, da eine Verlegung des Kanalsystems mit einem zu hohen Kostenaufwand verbunden wäre. In diesem Bereich sind daher angepaßte dezentrale Lösungsmöglichkeiten zu entwickeln. Der geringe Entsorgungsgrad und die unzureichende Ausstattung der Kläranlagen mit biologischen und weitergehenden Klärstufen hat in beiden Landkreisen zu einer überhöhten Belastung der Fließgewässer geführt. Um die Gewässergüteklasse II zu erreichen, ist daher eine Modernisierung vorhandener und Errichtung weiterer Kläranlagen dringend erforderlich. Diese müssen aufgrund der hohen Belastungen technisch geeignet sein, giftige Stickstoffverbindungen unschädlich zu machen[235].

Für den Bereich der Wasserver- und -entsorgung sollten Konzepte erarbeitet werden, um die vor Ort zuständigen Gemeinden angesichts des hohen Aufwandes bei der Durchführung und Finanzierung der notwendigen Investitionen zu entlasten. Als Möglichkeiten bieten sich regionale Entwicklungsgesellschaften an, die nach Abschluß der Investitionen in Zweckverbände überführt werden können.

Der Ausbau der Strom- und Gasversorgungsnetze in der Region erscheint durch das finanzielle Engagement der HEW bei der WEMAG bzw. der HGW-Hanse-Gas GmbH sichergestellt. Trotz der Bedeutung der großen regionalen Versorgungsunternehmen

---

234 Vgl. *Deutscher Bundestag* (Hrsg., 1991a), S. 79.
235 Die bei der Abwasserbehandlung anfallenden Klärschlämme stellen ein spezielles Entsorgungsproblem dar. Sofern nicht eine genaue Prüfung des Schadstoff-, vor allem des Schwermetallgehaltes, eine Unbedenklichkeit für die landwirtschaftliche Verwertung ergibt, kommt als möglicher Entsorgungspfad nur eine Deponierung in Betracht.

für eine sichere und preisgünstige Energieversorgung sollten die Kommunen und Kreise aber auch ihre eigenen energiepolitischen Handlungsspielräume nutzen. Als Grundlage dazu eignen sich kommunale und regionale Energieversorgungskonzepte, die detailliert über Möglichkeiten des Einsatzes lokaler Versorgungssysteme (z.B. Biogas, Kraft-Wärme-Kopplung), von Energieeinsparpotentialen bei der Raumwärmeversorgung und deren Umsetzung in den einzelnen Kommunen Aufschluß geben sollten. Dabei können kreiseigene oder kommunale Energieberatungsstellen bei den noch zu bildenden Stadtwerken sowie eine mit den Anforderungen der Energieversorgungskonzepte abgestimmte Bauleitplanung wirksame Instrumente der kommunalen Energiepolitik darstellen[236].

4.1.4 Stadtentwicklung und Dorferneuerung

Die Ergebnisse der in den beiden Landkreisen durchgeführten Unternehmensbefragung belegen, daß die Unternehmen in der Region den "weichen" Standortfaktor Wohnversorgung hoch bewerten. Diese Aussage deckt sich mit Erkenntnissen in den alten Bundesländern, daß angesichts der Wohnungsknappheiten dieser Faktor in der Bedeutung aller Standortfaktoren gestiegen ist.

Die Wohnungsversorgung ist vor allem hinsichtlich ihrer qualitativen Ausprägung in weiten Segmenten des Wohnungsmarktes nicht ausreichend. Eine zügige qualitative Verbesserung ist allerdings am ehesten bei den privaten Wohnungen zu erwarten, die in beiden Landkreisen einen erheblichen Teil des Gesamtwohnungsbestandes darstellen. Für die Wohnungen der öffentlichen Wohnungsgesellschaften besteht ein hoher Handlungsbedarf in Bezug auf die Beseitigung z.T. schwerwiegender baulicher Mängel, die zum einen auf unterlassene Ersatzinvestitionen, zum anderen auf die schlechte Bausubstanz in den in Platten- und Blockbauweise errichteten Neubaugebieten zurückzuführen sind. Sofortige Ersatzinvestitionen sind daher unbedingt erforderlich. Angesichts der knappen Finanzausstattung der öffentlichen Wohnungsgesellschaften sollte alternativ von beiden Landkreisen ein Konzept für eine Teilprivatisierung erarbeitet werden.

Eine Verbesserung des Wohnumfeldes ist auch mit zusätzlichen Maßnahmen im Bildungs- und Kulturbereich zu erreichen. Hierbei sollte vor allem ein vielfältiges und interessantes Angebot im Bereich Kultur und Sport aufgebaut werden. Dadurch wird

---

236 Die Bauleitplanung kann z.B. durch die Bevorzugung von Ost-West-Zeilen der Bebauung (ausgiebige Südbefensterung bei kleinen Nordfenstern) die passive Nutzung der Sonnenwärme verbessern helfen.

gleichzeitig eine grundlegende Identifikationsmöglichkeit der Einwohner mit der Region geschaffen. Diese Maßnahmen dienen auch zur Verbesserung des Selbst- und Fremdbildes (Image) der Untersuchungsregion.

Neben den unmittelbaren Maßnahmen im Wohnungswesen sind von den in der Region verantwortlichen Entscheidungsträgern Konzeptionen im Bereich des Städtebaus zu entwickeln. Dazu zählen die Sanierung alter Stadtkerne, Verbesserungen des städtischen Erscheinungsbildes und Planungen über die Verwendung der freiwerdenden Militärflächen nach dem Abzug der sowjetischen Streitkräfte. Zusätzlich müssen auch Konzeptionen zur Dorferneuerung im ländlichen Raum entwickelt werden. Alle diese Konzeptionen sollten dazu beitragen, daß eine möglichst optimale Ausschöpfung der von Bund und Land zur Verfügung gestellten Mittel für Städtebau und Dorferneuerung erfolgt. Dazu ist auch eine verstärkte Beratung der Bürger erforderlich.

4.1.5 Landwirtschaft und Umwelt

Die Landwirtschaft ist vom Strukturumbruch in der Region Ludwigslust/Hagenow besonders betroffen. Es ist zu erwarten, daß der Abbau von Arbeitsplätzen in diesem Sektor weiter zunehmen wird. Die in den nächsten Jahren zu erwartende Änderung der EG-rechtlichen Rahmenbedingungen wird auf die Landwirtschaft zusätzlichen Anpassungsdruck ausüben. Hauptziel des strukturellen Wandels sollte die Entwicklung effizienter Unternehmensformen, wettbewerbsfähiger Betriebe und umweltverträglicher Landnutzungsstrukturen und Produktionsverfahren sein.

Die intensive Großraumlandbewirtschaftung hat zu erheblichen Umweltschäden geführt. Insbesondere die weitverbreitete Belastung des Grundwassers mit Nitrat und Pflanzenschutzmittelwirkstoffen, der naturferne Ausbau der Fließgewässer und die Ausräumung der Landschaft bedürfen der Sanierung bzw. Korrektur. Beide Landkreise sollten - am besten gemeinsam - Strategien entwickeln, mit denen die eingetretenen Schäden zügig beseitigt und neue Konflikte zwischen Landwirtschaft und Umwelt verhindert werden können.

In beiden Landkreisen finden sich ökologisch wichtige und besonders schützenswerte Naturräume wie z.B. der Schaalsee im Landkreis Hagenow oder das Elbtal im Landkreis Ludwigslust, die - durch ihre jahrzehntelange abgeschiedene Lage im Grenzgebiet - zu Naturlandschaften von überregionaler Bedeutung geworden sind. Weniger grenznahe Landschaften weisen demgegenüber eine teilweise hohe

Beeinträchtigung ihres Naturraumpotentials auf. So wurde durch die großflächige Produktionsweise der Landwirtschaft die kleinräumige Gliederung der Agrarlandschaft aufgehoben und damit die Erhaltung artenreicher Lebensgemeinschaften behindert. Die Folge war eine Biotopverinselung, die aus ökologischer Sicht gefährlich ist, da der Austausch mit Nachbarbiotopen zumindest erschwert wird[237].

Die Informationen zum Bereich Umwelt reichen für eine hinreichende und wirksame Maßnahmenplanung nicht aus. Verbesserungen bei der Informationsgewinnung und -verarbeitung sind erforderlich.

4.2 Maßnahmen

Aufbauend auf der Stärken-Schwächen-Analyse und der Zielgruppenanalyse sowie der Darstellung des Handlungsbedarfs werden im folgenden Maßnahmen zu den einzelnen Handlungsfeldern in Form eines Aktionsprogrammes vorgestellt. Das vorgeschlagene Aktionsprogramm kann allerdings nicht umfassender Art sein. Vielmehr enthält dieses Kapitel ein "Ideenbündel", mit dem vielfältige Maßnahmen zu einer besseren wirtschaftlichen Entwicklung vorgestellt werden.

Einige der im folgenden vorgestellten Maßnahmen wurden während der Erarbeitung des Gutachtens bereits eingeführt (z.B. Aufbau einer Wirtschaftsförderungsgesellschaft für den Landkreis Ludwigslust, Existenzgründerseminare) bzw. konzeptionell in Angriff genommen (z.B. Gründerzentren, Gewerbeakquisitionskampagne, Faltblatt mit Informationen über beide Landkreise).

4.2.1 Wirtschaft

4.2.1.1 Organisatorische Maßnahmen im Bereich der Wirtschaftsförderung

Neben den in den folgenden Kapiteln des Handlungsfeldes Wirtschaft aufgeführten Aktivitäten, die sich auf bestimmte Zielgruppen konzentrieren, sind weitere Maßnahmen im organisatorischen Bereich der Wirtschaftsförderung in der Region Ludwigslust/Hagenow erforderlich. Die hier vorgeschlagenen Maßnahmen verbessern nicht nur die Funktionsweise der kommunalen Wirtschaftsförderung, sondern kommen auch allen Zielgruppen zugute. Als organisatorische Verbesserungen bieten sich in der Untersuchungsregion an:

---

237 Vgl. auch G. Kaule (1986), S. 31.

(1) Aufbau einer leistungsfähigen Wirtschaftsförderungsgesellschaft (WFG)

Hauptziel der kommunalen Wirtschaftsförderung ist die Verbesserung der regionalen Arbeitsmarktsituation. Als organisatorische Voraussetzung zur Durchsetzung dieses Ziels sind WFG'en oder Wirtschaftsförderungsämter auf kommunaler und Kreisebene notwendig. Die langjährigen Erfahrungen haben gezeigt, daß die WFG'en auf Kreis- oder regionaler Ebene folgende Vorteile haben[238]:
- Die Beschäftigten von WFG'en besitzen eine bessere Qualifikationsstruktur gegenüber dem Verwaltungspersonal in den Wirtschaftsförderungsämtern.
- I.d.R. kann das erforderliche Fachpersonal auf dem freien Markt schneller gefunden und angestellt werden.
- Die WFG in Form einer GmbH kann als organisatorische Einheit mit unternehmerischem Selbstverständnis ihr Fachwissen besser einsetzen.
- Die Aufgabenerfüllung erfolgt im allgemeinen mit erheblichem Zeitvorsprung vor der öffentlichen Verwaltung.
- Durch die Einbeziehung öffentlich-rechtlicher Finanzinstitute können schnellere Lösungen von finanziellen Problemen, vor allem bei längerfristigen Vorfinanzierungen, gefunden werden[239].
- In Kreisen mit vielen Gemeinden trägt die WFG zu einer Kosteneinsparung bei[240].
- Als quasi verwaltungsunabhängige Einrichtung stellt die WFG gerade in den neuen Bundesländern einen idealen Partner für Vertrauen schaffende Kontakte mit der privaten Wirtschaft dar.

Die WFG soll in der Untersuchungsregion dazu beitragen[241],
- die Wirtschaft zu fördern und Arbeitsplätze zu schaffen,
- die einheimische Wirtschaft umfassend zu beraten und zu fördern mit dem Ziel, die Existenz der Betriebe und ihrer Arbeitsplätze zu sichern,
- potentielle Investoren für eine Ansiedlung in den Landkreisen zu gewinnen und dafür alle notwendigen Maßnahmen zu ergreifen,

---

238 Für den Landkreis Ludwigslust wurde im zweiten Quartal 1991 eine Wirtschaftsförderungsgesellschaft gegründet. Anfang Juni 1991 hat sie mit einem hauptamtlichen **Geschäftsführer** ihre Arbeit aufgenommen.
239 Auf diese Weise muß der öffentliche Haushalt mit seinen vielfältigen Vorschriften bei dringenden Problemen nicht in Anspruch genommen werden.
240 So müßte eine Vielzahl der Gemeinden in der Region Ludwigslust/Hagenow einen Experten für die Wirtschaftsförderung einstellen. Dies ist aber aufgrund der öffentlichen Haushaltslage weder sinnvoll noch möglich.
241 Vgl. auch *Wirtschaftsförderungsgesellschaft für den Landkreis Ludwigslust* (1991), S. 1.

- die Gemeinden und Landkreise bei den Planungen im Bereich der Wirtschaft und des Arbeitsmarktes zu unterstützen und bei der Verbesserung des Standortangebotes zu beraten und
- den Fremdenverkehr in den Landkreisen zu fördern.

Langfristig sollte der Arbeitsschwerpunkt in der Entwicklung und Umsetzung von Gewerbeerhaltungs-, Gewerbeakquisitions- und Existenzgründerkonzeptionen liegen. Für eine wirkungsvolle Arbeit der Wirtschaftsförderungsgesellschaft ist es unerläßlich, daß die Bereiche Gewerbebestandspflege, Existenzgründungen und vor allem der Bereich Gewerbeakquisition zentral von der WFG gesteuert werden, um den Verwaltungsaufwand und Reibungsverluste zu minimieren.

Dazu benötigt sie von der Kreisverwaltung, den kommunalen Ämtern und den Gemeinden fortlaufend Informationen, die zur Arbeitserleichterung formalisiert sein sollten. Unabhängig von der Organisation der Wirtschaftsförderung ist gerade in der heutigen Umbruchsituation ein schneller und koordinierter Informationsfluß notwendig.

(2) Aufbau eines Kreisinformationssystems

Um zur richtigen Zeit die richtigen wirtschaftspolitischen Maßnahmen treffen zu können, benötigen die regionalen Entscheidungsträger eine ausreichende Informationsgrundlage. Daher sollten die beiden Landkreise ein Kreisinformationssystem aufbauen, in dem die gewonnenen Informationen abgespeichert werden und somit abrufbar sind. Unter einem Informationssystem wird in diesem Zusammenhang ein Computersystem verstanden, "dem räumliche Daten sowie Verarbeitungs- und Präsentationsmethoden zugeordnet sind."[242]

Ziel der Informationsbeschaffung ist hierbei nicht die Gewinnung aller nur denkbaren Informationen, sondern die Erhebung der für Entscheidungen notwendigen Informationen. Es müssen diejenigen Daten erhoben werden, die den Entscheidungsträgern Hinweise über besonders gravierende Entwicklungen geben und einen notwendigen Handlungsbedarf (Richtung und Inhalte) anzeigen. Zusätzlich sollte ein Teil der Daten dazu verwendet werden, den Informationsbedarf der privaten (ansiedlungswilligen) Unternehmen zu decken[243].

---

242 Vgl. *K. Türke* (1984), S. 198.
243 Vgl. hierzu auch Anhang A9.

Zweckmäßigerweise sollte das Informationssystem aus den Teilbereichen
- Standortdaten,
- Arbeitsmarkt und
- Betriebsprofile

bestehen[244]. In diesem Zusammenhang sollte das Teilsystem 'Arbeitsmarkt' aufgrund der allgemeinen Zielsetzung (Abbau der Arbeitslosigkeit als Hauptziel) vom Teilsystem 'Standortdaten' getrennt aufgebaut werden.

Das Teilsystem 'Standortdaten' enthält Informationen (Daten) über alle Standortfaktoren (mit Ausnahme des Arbeitskräftepotentials). Hierbei besitzen die Standortfaktoren Gewerbeflächenpotential und Infrastrukturangebot absolute Priorität, um für Anfragen von Unternehmen die relevanten Informationen möglichst schnell zur Verfügung stellen zu können. Das Teilsystem 'Arbeitsmarkt' enthält alle relevanten Daten über die Entwicklung von Arbeitsangebot und -nachfrage nach Berufsgruppen. Zusätzlich sollten Informationen über den regionalen Ausbildungs- und Umschulungsbereich enthalten sein.

Das Teilsystem 'Betriebsprofile' stellt Informationen für die Gewerbeerhaltung und die Existenzgründer bereit. Während die Daten für die Teilsysteme Standortdaten und Arbeitsmarkt vor allem aus den amtlichen Statistiken gewonnen und fortgeschrieben werden können, enthält das Teilsystem 'Betriebsprofile' unternehmensbezogene Indikatoren. Hierunter fallen z.B. Angaben zum Betrieb (Stammsitz, Branche, Produkte usw.) und seiner Entwicklung (Bilanzen, Flächen, Gebäude, Arbeitsplätze usw.)[245]. Dieser Teilbereich des Kreisinformationssystems muß daher durch die Auswertung von Fragebögen, Firmenbesuchen und Analysen der lokalen Presse aufgebaut werden. Die Datenbeschaffung dürfte somit für dieses Teilsystem am schwierigsten sein.

Neben diesen in einer Datenbank enthaltenen Informationen umfaßt ein Kreisinformationssystem standardisierte Programme zur Einspeisung, Pflege und Aufbereitung der Daten. Es ist zusätzlich durch Methodenbausteine für statistische Analysen, Prognosen und Modellrechnungen gekennzeichnet. Ein Kreisinformationssystem sollte außerdem über graphische Ausgabemöglichkeiten und eine gute Dokumentation aller Funktionen des Kreisinformationssystems verfügen.

In diesem Zusammenhang muß vor einer zu starken Standardisierung gewarnt werden. Der Installation eines Kreisinformationssystems sollte vielmehr eine sorgfältige Analyse des tatsächlichen Informationsbedarfs vorausgehen.

---

244 Vgl. auch *P.-H. Burberg, M. König, A. Tillessen* (1988), S. 117.
245 Vgl. ebenda.

(3) Anschluß an eine Mailbox/Datenleitung

Für weitere Serviceleistungen der Bestandspflege empfiehlt sich die Einrichtung einer stehenden Datenleitung an ein großes Datenbanknetz oder sogar der Anschluß an ein westdeutsches Mailboxsystem. Damit kann den Unternehmen in beiden Landkreisen eine kostengünstige Möglichkeit geboten werden, kurzfristig Informationen über wirtschaftliche Vorgänge oder technische Aspekte (DIN-Normen, Patente usw.) abzufragen.

Ein Mailbox-Anschluß bietet zusätzlich die Möglichkeit, direkt mit anderen Teilnehmern zu kommunizieren und so wichtige Informationen auszutauschen. Die Kosten eines Mailbox-Anschlusses dürften allerdings höher als bei einer gemieteten Standleitung liegen. So muß ein Mailbox-Teilnehmer neben einer einmaligen Einrichtungsgebühr monatliche Grundgebühren und Telefonkosten entrichten. Insgesamt dürften bei einer hohen Nachfrage die Kosten pro verschickter Seite z.B. beim Telefax niedriger sein.

(4) Aufbau ständiger Arbeitskreise

Die beiden Landkreise Ludwigslust und Hagenow sollten folgende beratende Arbeitskreise (AK), die sich aus Experten in Form von Verwaltungspersonal, Kammervertretern, Praktikern und Wissenschaftlern aus der Region zusammensetzen, zu verschiedenen Politikbereichen einrichten:
- AK Wirtschaft und Arbeitsmarkt,
- AK Technologie,
- AK Tourismus,
- AK Soziales,
- AK Landwirtschaft und Umwelt.

Ziel der Arbeit sollte ein informeller Austausch über wichtige Vorgänge in beiden Landkreisen, die Suche nach neuen Konzepten und Lösungswegen sowie die Vorbereitung und Begleitung von Aktionsprogrammen sein. Durch eine Einbeziehung aller Beteiligten kann die Arbeit der Kreis- und Gemeindeverwaltungen unterstützt und so eine gewisse Bürgernähe erreicht werden.

(5) Arbeitsgemeinschaft der westmecklenburgischen Wirtschaftsförderung

Beide Landkreise sollten darauf hinwirken, daß sich die Wirtschaftsförderer aller Städte und Landkreise Westmecklenburgs zu einer Arbeitsgemeinschaft zusammenschließen. Ziel dieser Arbeitsgemeinschaft ist der Austausch von Informationen[246], die Erarbeitung gemeinsamer Wirtschaftsförderungsmaßnahmen für die Region Westmecklenburg (z.B. Veranstaltung einer regionalen Wirtschaftsmesse) und die Verbesserung der Attraktivität der Region.

(6) Erhöhung des Personalumfangs in der Wirtschaftsförderung

Damit die Wirtschaftsförderung ihre Aufgaben schnell und effektiv durchführen kann, ist unbedingt eine Aufstockung des Personalbestandes in den für Wirtschaftsförderung zuständigen Institutionen erforderlich. Dies trifft besonders für das Amt für Wirtschaftsförderung des Landkreises Hagenow zu.

4.2.1.2 Maßnahmen zur Gewerbeerhaltung

In der schwierigen Phase der Umstrukturierung von Betrieben kommt den Maßnahmen der Gewerbeerhaltung eine besondere Bedeutung zu. Die Wirtschaftsförderung sollte dabei mit ihren Maßnahmen den in der Region ansässigen Unternehmen helfen, den Strukturwandel zu bewältigen, und möglichst viele Arbeitsplätze sichern. Als Instrumente zur Gewerbeerhaltung (Bestandspflege) bieten sich an:

(1) Beratung

Wichtigste Maßnahme im Bereich der Bestandspflege ist die Beratung von Unternehmen. Der Beratungsbedarf der Unternehmen erstreckt sich hierbei auf Fragen der Organisations-, Investitions- und Finanzplanung. Zusätzlich kann die Wirtschaftsförderung als Mittler für Kontakte zu Banken und staatlichen Behörden auftreten.

Als Formen der Beratung bietet sich vor allem das persönliche Beratungsgespräch an. Die Wirtschaftsförderer sollten die Möglichkeiten einer Betriebsbesichtigung vor

---

246 Ein Ziel des Informationsaustausches sollte es sein, daß die kommunale Wirtschaftsförderung in Gesprächen mit den Investoren (z.B. über Grundstückspreise) eine bessere Verhandlungsbasis gewinnt.

Ort nutzen. Dadurch kann ein besseres Bild der betrieblichen Situation gewonnen werden und damit die Beratung problemorientierter erfolgen.

Ein wichtiger Bereich ist eine Beratung bei öffentlichen Investitions- und Finanzhilfen. Hierbei sollte die Wirtschaftsförderung die Unternehmen bei der Akquisition von Finanzmitteln aus den öffentlichen Fördertöpfen von EG, Bund und Land unterstützen. Die Unternehmensbefragung ergab, daß im Bereich der Investitions- und Finanzhilfen noch erhebliche Informationsdefizite bei den Unternehmen der Region bestehen. Die Wirtschaftsförderung sollte bemüht sein, die zur Verfügung stehenden Förderprogramme für die Unternehmen der Region möglichst optimal auszuschöpfen. Dafür bietet sich als Einstieg die Erstellung eines Informationsfaltblattes im DIN-A6-Format mit einer kurzen und verständlichen Übersicht über die bestehenden und für die Region wichtigen Wirtschaftsförderprogramme an.

Zusätzlich sollten die Wirtschaftsförderer in der Region darauf hinwirken, daß beim Wirtschaftsministerium des Landes oder bei der Industrie- und Handelskammer zu Schwerin ein Expertensystem für Wirtschaftsförderungsprogramme eingerichtet wird. Ein solches Datenbankprogramm sollte neben allgemeinen Informationen über die einzelnen Förderprogramme (Antragsberechtigter, förderbare Maßnahme, Art und Höhe der Förderung, Konditionen usw.) auch Informationen über Möglichkeiten der Inanspruchnahme mehrerer Förderprogramme für eine Investitionsmaßnahme (Verknüpfung der Förderprogramme) enthalten[247].

(2) Messen

Aufgrund der zunehmenden Internationalisierung der Märkte kann von einer steigenden Bedeutung von Messen, insbesondere von Fachmessen, ausgegangen werden[248]. Deshalb sollte die Wirtschaftsförderung alle interessierten ansässigen Unternehmen ermutigen, an Fachmessen teilzunehmen.

Die Teilnahme an Messen ist in der Phase des Strukturumbruchs eine geeignete Vorgehensweise, den Bekanntheitsgrad wichtiger Unternehmen mit interessanten Produkten aus der Region zu verbessern. Dazu sollten die Wirtschaftsförderer der

---

247 Eine ähnliche On-line-Datenbank mit Namen DASTI wurde in Nordrhein-Westfalen von der WestLB erstellt und den Trägern der Wirtschaftsförderung und vor allem den Banken zur Verfügung gestellt.
248 Dafür spricht auch die Verkürzung des Veranstaltungsturnus wichtiger Fachmessen, wie etwa der Constructa und der IEA-Nutzfahrzeuge-Messe, die beide zukünftig alle zwei, statt wie bisher alle drei Jahre in Hannover stattfinden sollen.

beiden Landkreise Ludwigslust und Hagenow gemeinsam ein Konzept entwickeln, das Schwerpunktbereiche für die Messepräsentation ebenso wie in Frage kommende Branchen/Unternehmen und mögliche Hilfestellungen (einschließlich finanzieller Unterstützung) beinhaltet. Darüber hinaus sollte ein Ansprechpartner mit einschlägiger Messeerfahrung bei der Wirtschaftsförderung zu Verfügung stehen.

Die Erstellung und kostenlose Verteilung eines Messekalenders, der alle Termine der wichtigen Messen in den alten Bundesländern, aber auch im europäischen Ausland beinhalten sollte, kann ein erster Schritt sein.

(3) Kooperation

Eine weitere Möglichkeit der Existenzsicherung ansässiger Unternehmen ist die Vermittlung von Kooperationspartnern aus dem westeuropäischen Raum. Als Zielgruppen sind hierbei Kooperationspartner aus solchen Branchen herauszufiltern, die mit den in der Region ansässigen Unternehmen identisch sind.

Die Suche nach Partnern kann zum einen auch auf Messen erfolgen. Diese haben den Vorteil, daß die Unternehmen direkt Kontakt mit potentiellen Kooperationspartnern aufnehmen können. Zum anderen wird empfohlen, daß von der Möglichkeit, den sogenannten Kooperationsspiegel in den Mitteilungen der westdeutschen Industrie- und Handelskammern zu nutzen, verstärkt Gebrauch gemacht wird. Darüber hinaus sollten Artikel über die betreffenden Unternehmen aus der Region in bedeutenden überregionalen Zeitungen, wie z. B. dem Handelsblatt, oder über Btx mit dem Hinweis auf eine Suche nach Kooperationspartnern veröffentlicht werden. Die Veröffentlichung solcher Artikel in Zeitungen ist ein wichtiges Instrument, um auch ausländische Unternehmen auf Kooperationsmöglichkeiten aufmerksam zu machen. Außerdem sollte überprüft werden, inwieweit für die Kooperationssuche die vielfältigen bestehenden Kontakte der "Wirtschaftsförderungsgesellschaft für den Kreis Borken" genutzt werden können.

(4) Seminare und Veranstaltungen

Gerade in der Phase der betrieblichen Umstrukturierung sollten den Managern der Region über die Wirtschaftsförderung Möglichkeiten angeboten werden, Kenntnisse über eine marktwirtschaftliche Betriebsführung zu erwerben bzw. zu vertiefen. Derartige Seminare könnten von der Wirtschaftsförderung selbst oder mit ihrer organisatorischen Unterstützung auch von anderen Weiterbildungsträgern durchgeführt werden. Als mögliche Themen bieten sich an:

- Bilanz- und Steuerrecht,
- Rechnungswesen und Controlling,
- Investitionsplanung und Finanzierung,
- Marketing und Vertrieb,
- Unternehmensführung und Organisation,
- Beschaffungswesen,
- Arbeitsrecht und
- Volkswirtschaftslehre.

Neben den Seminaren sollte die Wirtschaftsförderung in regelmäßigen Abständen Informationsveranstaltungen, z. B. über technische Neuerungen und deren wirtschaftliche Auswirkungen oder über mögliche Folgen des EG-Binnenmarktes, durchführen[249]. Diese Maßnahmen könnten zudem in einen noch zu gründenden Unternehmerclub eingebettet werden. Dieser Club stellt einen freiwilligen Zusammenschluß der in der Region ansässigen Unternehmensleiter mit dem Zweck dar, in persönlichen Kontaktgesprächen bzw. Diskussionen
- Informationen über Probleme und Lösungsmöglichkeiten auszutauschen,
- gemeinsam Verbesserungswünsche an die Wirtschaftsförderung und die anderen Behörden in beiden Landkreisen heranzutragen und
- gegebenenfalls Informationsveranstaltungen mit Vorträgen und Diskussionen als Mitveranstalter neben der Wirtschaftsförderung durchzuführen[250].

(5) Organisation des Forschungs- und Technologietransfers

Ziel des Technologietransfers ist es, Forschungskapazitäten und Forschungsleistungen der Hochschulen der Wirtschaft zugänglich zu machen und dadurch die Innovations- und Leistungsfähigkeit der in der Region ansässigen Unternehmen zu erhöhen[251]. Obwohl in den Landkreisen selbst keine Forschungseinrichtungen bzw. Hochschulen vorhanden sind, sollten die beiden Landkreise Ludwigslust und Hagenow gemeinsam versuchen, eine Kooperation zwischen der Wirtschaft und den Universitäten und Fachhochschulen in der näheren Umgebung aufzubauen. Als Hoch-

---

[249] Dazu gehören auch Vorträge auswärtiger Wirtschaftsberater, Hochschullehrer, Politiker und anderer interessanter Persönlichkeiten.
[250] Die Existenz eines solchen Unternehmerclubs würde sich zusätzlich positiv auf das Image der Region Ludwigslust/Hagenow auswirken.
[251] Vgl. auch *P.-H. Burberg, W. Michels, P. Sallandt* (1983), S. 195.

schulen für einen Technologietransfer bieten sich Hamburg, Lübeck, Wismar, Rostock und eventuell Kiel an. Die politischen Entscheidungsträger in der Region sollten sich darum bemühen, daß die Universitäten eine gemeinsame Transferaußenstelle (ähnlich dem in Nordrhein-Westfalen im Aufbau befindlichen Modell "Wissenschaft vor Ort") in einer der beiden Kreisstädte einrichten. Damit wird die Kontaktaufnahme zu den Forschungseinrichtungen und damit der Technologietransfer an einem hochschulfernen Standort wesentlich erleichtert[252].

4.2.1.3 Maßnahmen zur Förderung von Existenzgründungen

Existenzgründungen sind mit hohen finanziellen und persönlichen Risiken verbunden. Die Erfahrungen in den alten Bundesländern zeigen, daß viele Existenzgründer schon nach wenigen Jahren scheitern, weil sie sich nicht unter den Wettbewerbsbedingungen des Marktes behaupten können[253]. Vielfach werden diese Probleme, die sich bei der Gründung von neuen Unternehmen ergeben, unterschätzt. Ein wichtiges Instrument zur Stärkung des unternehmerischen Potentials einer Region sollte daher die Förderung von Existenzgründungen sein.

Folgende wirtschaftsfördernde Maßnahmen bieten sich im Bereich der Existenzgründungen an:

(1) Gründerzentren

Gründerzentren[254] sind Standortgemeinschaften von neu gegründeten Unternehmen, die sich noch in einer mit Risiken behafteten Aufbauphase befinden. In Gründerzentren werden diesen Unternehmen neben kostengünstigen Produktionsflächen Gemeinschaftseinrichtungen und Serviceleistungen angeboten. Dazu zählen ein Sekretariat mit bürotechnischen Einrichtungen, Telefonzentrale, EDV-Einrichtungen und Besprechungsräume. Zusätzlich können den Existenzgründern von der Geschäftsführung eines Gründerzentrums Beratungsleistungen wie z.B. Organisationsberatung sowie Investitions- und Finanzplanung angeboten werden.

Grundsätzlich sollte der Aufenthalt eines Existenzgründers im Gründerzentrum auf die Aufbauphase, d.h. auf ca. 4-5 Jahre, beschränkt bleiben. In dieser Zeit können

---

252 Gleichzeitig wird das Bildungsangebot erheblich verbessert.
253 Vgl. *H. Kleinschneider* (1989), S. 148.
254 In der Untersuchungsregion wurde bereits mit der Entwicklung eines Konzepts für die Einrichtung eines Gründerzentrums begonnen.

den Unternehmen Produktions- und Büroflächen kostengünstig vermietet werden. Es bietet sich an, die Flächenmieten mit 1-2 DM/qm im ersten Jahr zu subventionieren. Danach sollten die Mietsätze allerdings jährlich angehoben werden, um die Unternehmen durch Anrechnung von Teilen der Mietkosten stärker an die Wettbewerbsbedingungen heranzuführen. Die Höhe des Anstiegs kann jährlich gestaffelt bzw. von anderen Faktoren (wie z.B. der Schaffung zusätzlicher Arbeitsplätze) abhängig gemacht werden.

Voraussetzung für den Aufbau eines Gründerzentrums ist die Bereitstellung ausreichend großer Gebäude. Als Räumlichkeiten bieten sich in beiden Landkreisen besonders Fabrikhallen von bereits stillgelegten Betrieben an. Diese Hallen sind durch bauliche Maßnahmen für eine bestimmte Anzahl vorgesehener Nutzer aufzuteilen. Im Hinblick auf die festgelegte Verweildauer eines Existenzgründers in dieser Einrichtung sollte auf eine flexible Bauweise geachtet werden. So müssen beispielsweise die Trennwände zwischen den Betrieben in der Halle leicht verschiebbar sein.

Ein Gründerzentrum sollte in Form einer privatrechtlichen Gesellschaft gegründet werden. Träger sind zweckmäßigerweise öffentliche Einrichtungen wie Kreis und Gemeinden. In diesem Zusammenhang wird empfohlen, neben den genannten Institutionen auch Sparkassen und die im Landkreis Ludwigslust bereits gegründete Wirtschaftsförderungsgesellschaft als Träger eines Gründerzentrums zu gewinnen. Letztere könnte auch aufgrund ihrer Aufgaben und Tätigkeit sowie ihres Know-hows die Geschäftsführung (Beratungsleistungen und Management der Einrichtung) übernehmen.

In der Region Ludwigslust/Hagenow sollten nach Möglichkeit zwei Gründerzentren - in jedem Landkreis ein Zentrum - errichtet werden. Eine von beiden Landkreisen getragene GmbH sollte beide Einrichtungen betreiben.

(2) Existenzgründerseminare

Es ist davon auszugehen, daß viele Existenzgründer sich in dem technischen Bereich, in dem sie sich selbständig machen wollen, gut auskennen. Es fehlt jedoch häufig an ausreichenden Kenntnissen im kaufmännischen Bereich, so daß viele junge Unternehmen nach kurzer Anlaufphase scheitern. Deshalb sollte die Wirtschaftsförderung der beiden Landkreise Seminare anbieten, in denen vor allem auf die betriebswirtschaftlichen und rechtlichen Aspekte der Unternehmensführung eingegangen wird[255]. Diese Seminare sollten nach Möglichkeit in Zusammenarbeit mit anderen Bildungsträgern erfolgen, die die in den Anfangsseminaren erworbenen Kenntnisse vertiefen.

Die Durchführung eines Existenzgründerseminars ist im allgemeinen nicht sehr teuer. Teile der Kosten können durch eine Teilnahmegebühr abgedeckt werden. Als Themen für die Zielgruppe der Existenzgründer kommen z.B. in Betracht:
- Einführungsseminar "Selbständig machen mit Erfolg",
- Unternehmensformen und -gründungen,
- Grundlagen der Kostenrechnung,
- Bilanz- und Steuerrecht,
- Investitionsplanung und öffentliche Fördermittel,
- Grundlagen des Controlling,
- Beschaffungswesen,
- Vertrieb und Marketing,
- Lagerverwaltung und
- Einführung in das Arbeitsrecht.

(3) Hilfestellungen bei Finanzierungsproblemen

Für Existenzgründer spielen Fragen der Finanzierung eine besonders wichtige Rolle. Ein Schwerpunkt wirtschaftsfördernder Maßnahmen sollte deshalb auf einer intensiven Betreuung von jungen Unternehmen liegen, die sich in der Gründungs- bzw. Aufbauphase befinden. Dazu zählen auch vermittelnde Gespräche bezüglich der Kreditaufnahme bei den Banken.

In diesem Zusammenhang sollte ein übersichtliches Faltblatt "Existenzgründer" erstellt werden. Inhalt dieses Faltblattes sind Übersichten über
- die Ablaufschritte einer Existenzgründung,
- das Angebot an Existenzgründerseminaren der Wirtschaftsförderung in der Region Ludwigslust/Hagenow und
- die Fördermöglichkeiten von EG, Bund und Land für Existenzgründer.

---

255 Im Landkreis Ludwigslust wurde bereits erfolgreich ein Einführungsseminar zu Existenzgründungsfragen von der Wirtschaftsförderungsgesellschaft für den Landkreis Ludwigslust durchgeführt.

4.2.1.4 Maßnahmen zur Gewerbeakquisition

Die Neuansiedlung von auswärtigen Betrieben ist ein unverzichtbares Instrument der Wirtschaftsförderung zur Verbesserung der Beschäftigungssituation. Dabei ist es keinesfalls empfehlenswert, auf mögliche Interessenten zu warten. Die Wirtschaftsförderung muß sich vielmehr aktiv um die Ansiedlung neuer, zukunftsträchtiger Betriebe bemühen. Folgende Maßnahmen werden für die Gewerbeakquisition empfohlen:

(1) Gewerbeakquisitionskampagne

Zur Zeit sind viele westdeutsche, aber auch ausländische Unternehmen an Investitionen in den neuen Bundesländern interessiert. Gleichzeitig findet ein intensiver Wettbewerb der Städte und Gemeinden um Investoren in den neuen Bundesländern statt. Die Erfahrungen in den alten Bundesländern zeigen, daß letztlich nur diejenigen Standorte erfolgreiche Ansiedlungen erreichen werden, die ihr attraktives Standortangebot rechtzeitig und in geschickter Weise potentiellen Investoren nahebringen.

Da davon auszugehen ist, daß das Ansiedlungspotential langfristig wieder auf das ursprünglich geringe Niveau zurücksinken wird, muß eine Gewerbeakquisitionskampagne so schnell wie möglich in Gang gebracht werden[256]. Dazu ist folgende Vorgehensweise angebracht:
- Konzipierung einer Neuansiedlungswerbung, in der u.a. Umfang, Kosten und Zeitrahmen der Aktion festgelegt werden,
- Festlegung der Zielgruppen,
- Beschaffung von Unternehmensanschriften der Zielgruppen,
- Herstellung eines Werbefaltblattes,
- Abfassung eines besonderen Begleitschreibens und
- Durchführung der Versandaktion.

Als Zielgruppen für die Neuansiedlung konnten folgende Branchen ermittelt werden[257]:
- Stahl- und Leichtmetallbau,
- Maschinenbau,
- ADV-Geräte,
- Straßenfahrzeugbau,
- Elektrotechnik,

---

[256] In der Untersuchungsregion wurde bereits mit der Entwicklung einer Konzeption durch die WFG Ludwigslust begonnen.
[257] Vgl. Kapitel 3.

- Feinmechanik, Optik,
- EBM-Waren und
- Ernährungsgewerbe (ohne Getränkeherstellung).

Die Wirtschaftsförderung in der Region sollte in diesem Zusammenhang entscheiden, ob sich die Gewerbeaquisitionskampagne auf die alten Bundesländer insgesamt oder auf wenige regionale Schwerpunkte konzentrieren sollte. In Anbetracht knapper finanzieller Ressourcen ist eine Konzentration auf nur wenige Regionen empfehlenswert. In diesem Falle sollte sich die Neuansiedlungswerbung auf die ehemalige Grenzregion und den Wirtschaftsraum Hamburg konzentrieren. Es ist durchaus möglich, daß sich Betriebe mit Verlagerungsinteresse in einigen ehemaligen Grenzregionen, in denen die GRW-Förderung weggefallen ist, auch für die Region Ludwigslust/Hagenow interessieren.

(2) Standortkatalog und Faltblatt für die Region Ludwigslust/Hagenow

Für eine Gewerbeakquisitionsaktion ist geeignetes Werbematerial eine wichtige Voraussetzung. Als Möglichkeiten bieten sich Standortkataloge und Werbeschriften an. Vorrangiges Ziel des Standortkatalogs und des Faltblatts ist die Anbahnung von Kontakten mit Investoren. Zusätzlich können der Bekanntheitsgrad und das Image der Untersuchungsregion positiv beeinflußt werden.

Standortkataloge beschreiben detailliert das Standortangebot. Für ihre Erstellung werden exakte Beschreibungen benötigt, die neben umfangreichem Datenmaterial eine ausführliche Darlegung der Kreisentwicklungsplanungen beinhalten. Die Erstellung von Standortkatalogen ist allerdings mit einem erheblichen Zeitaufwand verbunden. Es muß mit einer Vorbereitungszeit von knapp einem Jahr gerechnet werden. Daher wird dieses Werbemittel nur als mittel- bis langfristige Maßnahme empfohlen.

Kurzfristig sollte ein Werbefaltblatt in DIN-A-6-Format entwickelt werden[258], das folgende Aussagen beinhaltet:
- Lage der Region im norddeutschen Raum,
- Verkehrsanbindungen (Autobahn, Bundesstraßen und Eisenbahn),
- historischer Abriß,
- Kultur und Freizeit,
- wirtschaftliche Situation (Sektoren, Spezialitäten, neue Ansätze),

---

258 Zur Zeit wird bereits für die Region Ludwigslust/Hagenow ein Faltblatt konzipiert.

- Gewerbeflächen,
- Wirtschaftsförderung in der Region sowie
- Ansprechpartner.

Das Faltblatt kann auf vielfältige Weise verwendet werden, z.B. für
- die Ansiedlungskampagne,
- auf Messen und für
- andere Public-Relations-Aktionen.

Abschließend sei darauf hingewiesen, daß die beiden Werbemaßnahmen nur dann bei den Adressaten ankommen, wenn ein attraktives Angebot unterbreitet werden kann und die Maßnahmen umfassend, informativ und vor allem ehrlich und professionell aufgezogen sind[259].

4.2.1.5 Gewerbeflächenpolitik

Ziel der Maßnahmen im Bereich der Gewerbeflächenpolitik ist die Bereitstellung geeigneter Gewerbeflächen für neu anzusiedelnde und für die in der Region ansässigen umsiedlungswilligen Unternehmen. Hierbei sollte die Wirtschaftsförderung vor allem darauf hinwirken, daß die beplanten und bewilligten Gewerbeflächen in beiden Landkreisen so schnell wie möglich erschlossen werden und somit zum Verkauf bereitstehen.

Neben einigen der in den Kapiteln 4.2.1.2 bis 4.2.1.4 vorgestellten Maßnahmen, die sich auf die Nutzung der neuen Gewerbeflächen unmittelbar positiv auswirken, sollten folgende Aktivitäten ergriffen werden:

(1) Bedarfsermittlung von Gewerbeflächen

Die kommunale Wirtschaftsförderung sollte kontinuierlich den Bedarf an Gewerbeflächen, der sich durch Neuansiedlungen, Erweiterungen und Verlagerungen ergibt, ermitteln[260]. Durch diese Analysen erhalten die regionalen Entscheidungsträger einen Überblick über die bereits vergebenen Flächen. Dadurch können einerseits bei Anfragen nach Gewerbeflächen gezielte Auskünfte über das Grundstücksangebot gegeben werden. Andererseits erhalten die Träger der Bauleitplanung Informationen,

---

259 Vgl. P.-H. Burberg, W. Michels, P. Sallandt (1983), S. 72.
260 Neben einer Sammlung von Anfragen, die einen Überblick über die potentielle Gewerbeflächennachfrage in der Region Ludwigslust/Hagenow ergibt, kann auch die in Anhang A6 vorgestellte Methode zur Ermittlung des Gewerbeflächenbedarfs Anwendung finden.

aus denen sich der Handlungsbedarf für weitere planerische Maßnahmen (z.B. Beplanung neuer Gewerbegebiete) ergibt.

(2) Liegenschaftspolitik

Beide Kreisverwaltungen und alle Gemeindeverwaltungen sollten eine vorausschauende Liegenschaftspolitik betreiben. Dazu zählt ein Ankauf interessanter Flächen, um die vorhandenen Vorratsflächen zu ergänzen und so langfristig auf Erhöhungen der Gewerbeflächennachfrage flexibel reagieren zu können.

(3) Verteilung von Ansiedlungen innerhalb der Gewerbegebiete

Im Rahmen der Belegung einzelner Gewerbeflächen sollte die Wirtschaftsförderung in Zusammenarbeit mit der jeweiligen Gemeindeverwaltung ein Konzept erstellen, welches die Verträglichkeit der einzelnen Ansiedlungen zueinander beachtet. Grundsätzlich sollten emittierende Betriebe von nicht emittierenden Betrieben getrennt werden. Gleiches gilt für den Verkehr. Nach Möglichkeit sollten Betriebe mit hoher Anfahrtsdichte in der Nähe von Ausfallstraßen des Gewerbegebietes liegen, um andere Betriebe nicht zu behindern.

Bei der Verteilung der Gewerbeflächen innerhalb eines Gewerbegebietes bietet sich auch der Aufbau einer Kreislaufwirtschaft an. Hierbei werden kooperierende Betriebe, bei denen Lieferverflechtungen bestehen, in unmittelbarer Nachbarschaft zueinander angesiedelt (kürzere Transportwege, schnellere Informationswege).

(4) Gewerbeflächenrecycling

Die regionalen Entscheidungsträger in der Untersuchungsregion sollten langfristig die Möglichkeiten des Gewerbeflächenrecyclings nutzen. Damit können zentral und verkehrsgünstig gelegene Flächen, wie z.B. die Kasernen der sowjetischen Armee in den Städten Ludwigslust und Hagenow, einer gewerblichen Nutzung zugeführt werden. Das in diesem Zusammenhang auftretende Problem der Altlasten sollte rechtzeitig angegangen werden, um Gefährdungen von Mensch und Umwelt zu vermeiden. In diesem Zusammenhang könnte eine Erfassung des Altlastenbestandes nach

Typ, Standort, Art der Gefährdung etc. im Rahmen des Kreisinformationssystems[261] ein erster Schritt sein.

Weitere Maßnahmen sind die
- Hilfestellungen bei der Planung von Gewerbeflächen, vor allem für kleinere Gemeinden,
- Kooperation von Kommunen zur gemeinsamen Erschließung,
- finanzielle Unterstützung der kleinen und finanzschwachen Kommunen bei Ankauf und Erschließung von Gewerbeflächen,
- Beachtung ökologischer Gesichtspunkte bei der Beplanung von Gewerbegebieten (Grünflächen, Immissionsschutzgrün) und
- Bereitstellung verbilligter Flächen für die Ansiedlung von Existenzgründern, die bereits das Gründerzentrum verlassen haben.

4.2.2 Arbeitsmarkt

Obwohl das Erwerbspersonenpotential in der Region Ludwigslust/Hagenow durch die Vorruhestandsregelungen, Abwanderungen und den Rückgang der Frauenerwerbstätigkeit sinken wird, ist eine spürbare Entlastung des Arbeitsmarktes von dieser Seite her nicht zu erwarten. Notwendig ist vielmehr eine erhebliche Belebung der Arbeitskräftenachfrage. Die Wirtschaftsförderungs- und Strukturpolitik muß dabei von der regionalen Arbeitsmarktpolitik flankierend unterstützt werden.

Eine besondere Bedeutung kommen der Verbesserung der Erstausbildung, der Erweiterung des Umschulungs- und Weiterbildungsangebots, Betriebspatenschaften sowie den Beschäftigungsgesellschaften und Arbeitsbeschaffungsmaßnahmen zu.

(1) Erstausbildung

Im Bereich der Erstausbildung ist davon auszugehen, daß der größte Teil der Betriebe, die heute nicht ausbilden, erst mit einer Verbesserung der wirtschaftlichen Gesamtsituation wieder Ausbildungsplätze bereitstellen wird. Gleiches gilt für die betriebliche Weiterbildung, für deren Finanzierung die meisten Betriebe zur Zeit nicht aufkommen können. Hier muß der doppelten Gefahr entgegengewirkt werden, daß einerseits viele Jugendliche aufgrund des besseren Ausbildungsangebots in den westlichen Bundesländern dem Arbeitskräftepotential der beiden Landkreise verlo-

---

261 Vgl. Kapitel 4.2.1.1.

rengehen und andererseits viele Arbeitnehmer bei wieder steigender Arbeitskräftenachfrage im Zuge des wirtschaftlichen Aufschwungs den Qualifikationsanforderungen der Unternehmen nicht entsprechen.

(2) Überbetriebliche Ausbildung

Um diesen Gefahren begegnen zu können, sollten die Anstrengungen hinsichtlich einer Ausweitung des überbetrieblichen Ausbildungsangebots noch verstärkt werden. Insbesondere sollten Ausbildungen und Umschulungen, bei denen die Nachfrage nach Ausbildungsplätzen das Angebot erreicht oder übersteigt, ausgebaut werden. Dies gilt vor allem für die Qualifikationen, die von den Wachstumsbranchen des Verarbeitenden Gewerbes und vom Dienstleistungsbereich (insbesondere Versicherungen, Banken und Handel) nachgefragt werden. In diesem Zusammenhang sollten die Ausbildungskapazitäten der Berufsbildungsstätte "START" in Ludwigslust und Hagenow weiter ausgebaut werden. Gleichzeitig mit den Erweiterungen sollte der Landkreis Hagenow als weiterer Gesellschafter in die Gesellschaft eintreten.

Da bestimmte Ausbildungsplätze, z.B. in den Bauberufen, trotz der unzureichenden Lehrstellensituation in den beiden Landkreisen nicht ausreichend besetzt werden können, sollte die Berufsberatung in Zusammenarbeit mit den Ausbildungsträgern durch weitere Beratungs- und Informationsveranstaltungen für diese berufliche Ausbildung werben.

(3) Umschulung und Weiterbildung

Umschulungen sollten sich vor allem auf diejenigen Berufsgruppen konzentrieren, für die nach Abschluß des Strukturwandels Arbeitsplätze in den alten Berufsgruppen nicht mehr bereitgestellt werden können. Der Schwerpunkt der Umschulungen sollte auf den Berufgruppen liegen, die von den in Kapitel 3 ermittelten Wachstumsbranchen stark nachgefragt werden. So kann für die Berufsfelder Bauberufe, Metalltechnik und Elektrotechnik sowie den kaufmännischen Bereich von einem verstärkten zukünftigen Bedarf ausgegangen werden. Bei den Umschulungsmaßnahmen sollte beachtet werden, daß nach Möglichkeit in verwandte Berufe umgeschult wird. Diese Umschulungen sind im Hinblick auf die Motivation der Umschüler leichter durchzuführen als die Vermittlung eines vollkommen neuen Berufs- und Tätigkeitsprofils.

Zur Zeit kann davon ausgegangen werden, daß sich die Arbeitslosigkeit in den landwirtschaftlichen Berufen nur durch Umschulungen abbauen läßt. Für die Arbeitslosen dieser Berufsgruppe müssen neue Berufsfelder erschlossen werden. Angesichts des hohen Bedarfs an Bauberufen bieten sich hier verstärkte Umschulungsmaßnahmen in diese Berufe an.

Umschulungen und Weiterbildungen im kaufmännisch-administrativen Bereich sowie EDV-Schulungen werden in der Region von einer Vielzahl von westdeutschen Bildungsträgern angeboten. Ihr Angebot sollte einer laufenden Qualitätskontrolle unterworfen werden, damit die von den Bildungsträgern gemachten Angebote auch tatsächlich mit dem Qualifizierungsbedarf der Wirtschaft übereinstimmen. Hilfreich wäre hier auch eine freiwillige Selbstverpflichtungserklärung der Bildungsträger bezüglich ihrer Qualitätsstandards.

(4) Betriebspatenschaften

Da die Akquisition von jungen Führungskräften in der Region ein besonderes Problem darstellt, das sich zur Zeit nur begrenzt durch den Zuzug von hochqualifizierten Arbeitnehmern aus anderen Regionen lösen läßt, wird hier die Einrichtung von Betriebspatenschaften vorgeschlagen. Um geeignete Studienanfänger für die Mitarbeit in ortsansässigen Unternehmen zu interessieren, sollte bei der praktischen Umsetzung der Betriebspatenschaften in folgenden Schritten vorgegangen werden[262]:

- Gewinnung von Unternehmen in Zusammenarbeit mit den Kammern und der kommunalen Wirtschaftsförderung,
- Ermittlung geeigneter Studienanfänger aus Wirtschafts- und technisch-naturwissenschaftlichen Fächern mit Hilfe der Forschungs- und Transferstellen bzw. der zuständigen Fachbereiche/Fakultäten der Hochschulen[263],
- Vermittlung von Unternehmen,
- Einführung in die Unternehmen,
- Projekte und Praktika während der Semesterferien im Patenschaftsbetrieb und
- Überleitung in den Beruf.

---

[262] Vgl. *P.-H. Burberg, M. König, A. Tillessen* (1988), S. 125.
[263] Hier ist vor allem an die Universitäten in Hamburg, Lübeck, Kiel, Rostock und Wismar zu denken.

(5) Beschäftigungs- und Qualifizierungsgesellschaften

Im Falle weiterer Betriebsstillegungen sollte geprüft werden, inwieweit die davon betroffenen Arbeitnehmer durch die Gründung von weiteren Beschäftigungs- und Qualifizierungsgesellschaften aufgefangen werden können[264]. Ziel dieser Gesellschaften ist eine Verbindung sinnvoller Beschäftigungsmaßnahmen mit der Weiterqualifizierung der Arbeitnehmer. Die Vorteile der Beschäftigungsgesellschaften gegenüber der vom Arbeitsamt vermittelten Weiterqualifizierung durch Einzelmaßnahmen sind zum einen darin zu sehen, daß die individuelle Entscheidung der Arbeitnehmer für die Teilnahme an beruflichen Weiterbildungsmaßnahmen durch den Erhalt der betrieblichen Zugehörigkeit erleichtert wird. Zum anderen verbessert das integrierte Angebot von Beschäftigung und Qualifikation den Übergang in neue Arbeitsverhältnisse. Hindernisse für die Gründung von Beschäftigungsgesellschaften könnten sich durch die Sanierungs- und Privatisierungspolitik der Treuhandanstalt ergeben. Die Kommunen und Landkreise sollten die zuständigen Treuhandstellen daher frühzeitig für die regional- und beschäftigungspolitische Bedeutung der Beschäftigungsgesellschaften sensibilisieren.

Zur erfolgreichen Umsetzung von Beschäftigungs- und Qualifizierungsgesellschaften sollten folgende Punkte beachtet werden[265]:

- Organisation
  An der Bildung von Beschäftigungsgesellschaften sollten möglichst folgende Gruppen beteiligt sein:
  - die betroffenen Unternehmen,
  - die jeweiligen Kommunen und Landkreise,
  - die Treuhandanstalt,
  - die Arbeitsverwaltung,
  - Arbeitgeber und Gewerkschaften,
  - Bildungsträger und
  - gegebenenfalls externe Berater.

- Art der Beschäftigung
  Mögliche Tätigkeiten wären z.B.:

---

[264] Im Landkreis Ludwigslust wurde am 17.10.1991 bereits die "Projektgesellschaft für Qualifizierung und regionale Strukturerneuerung" mit Sitz in Neustadt-Glewe gegründet. Gesellschafter sind die Stadt Neustadt-Glewe (51 vH) und der Landkreis Ludwigslust (45 vH).
[265] Vgl. *Forschungsinstitut der Friedrich-Ebert-Stiftung, Abteilung Wirtschaftspolitik* (Hrsg., 1990), S. 26 ff.

- die Restaurierung betrieblicher Einrichtungen und Liegenschaften und die Entwicklung neuer Produktlinien,
- gemeinnützige Arbeiten wie die Aufbereitung und Entsorgung von Flächen für Betriebsansiedlungen sowie Infrastrukturmaßnahmen.

Finanziert werden sollte die Beschäftigung über Arbeitsbeschaffungsmaßnahmen, für die die Kommunen oder die Beschäftigungsgesellschaften selbst als Träger auftreten können.

- Analyse des Qualifikationsbedarfs
Unter Berücksichtigung des Qualifikationsbedarfs potentieller Investoren und der Existenzgründer sind die Qualifikationserfordernisse für die einzelnen Beschäftigungsgruppen zu ermitteln.

- Sicherstellung der Weiterbildungskapazitäten
Schulungsräume, Maschinen und Unterrichtsmaterialien müssen in ausreichender Menge und Qualität verfügbar sein. Als Kooperationspartner kommen hier die Weiterbildungseinrichtungen der Region in Betracht.

4.2.3 Infrastruktur

Im folgenden werden Maßnahmen im Bereich des Handlungsfeldes Infrastruktur vorgestellt. Mit diesen Maßnahmen soll vor allem das Standortangebot der Region Ludwigslust/Hagenow verbessert werden. Gleichzeitig wird eine Verbesserung der Erreichbarkeit der zentralen Orte angestrebt.

4.2.3.1 Maßnahmen zur Modernisierung des Straßennetzes

Die Verkehrsinfrastruktur konnte als eine wichtige Stärke der Region herausgestellt werden. Der Bau neuer Straßen sollte sich in beiden Kreisen daher auf die Ausführung schon begonnener Projekte beschränken[266]. Weitere intraregionale Bauprojekte erscheinen nicht sinnvoll. Im Rahmen eines langfristigen Verkehrskonzeptes sollte deshalb der Schwerpunkt der Maßnahmen in folgenden Bereichen liegen:
- Die vorhandenen Verkehrsverbindungen sind hinsichtlich des Straßenbelags, der Fahrbahnbreite und der Randstreifen zu erneuern bzw. auszubauen.

---

[266] Hierzu gehören der Bau der für die Verbindung nach Niedersachsen wichtigen Elbbrücke bei Dömitz im Landkreis Ludwigslust sowie kleinere Straßenbauvorhaben wie der Ausbau der Kreisstraße von Boddin nach Drönnewitz im Landkreis Hagenow.

- Ortsumgehungen sollten für alle zentralen Orte sowie in den Gemeinden gebaut werden, in denen z.b. aufgrund der Nähe zu neuen Gewerbegebieten mit einer erhöhten Verkehrsbelastung zu rechnen ist. Priorität sollte dabei den Ortsumgehungen in den Gewerbe- und Siedlungsschwerpunkten der Untersuchungsregion eingeräumt werden.
- Die vollkommen unzureichende Anbindung der B 195 (Boizenburg-Zarrentin) an die A 24 sollte auch im Hinblick auf eine befriedigende Anbindung des Transportgewerbegebietes so schnell wie möglich ausgebaut werden.
- Zur Erhöhung der Verkehrssicherheit ist ein Ausbau des Netzes der Verkehrsampeln dringend erforderlich. Dies betrifft vor allem die Schnittpunkte des Straßennetzes mit den Bundesstraßen der Region. Mangelnde Einsehmöglichkeiten im Bereich der Kreuzungen in Verbindung mit einer höheren Fahrgeschwindigkeit auf den Bundesstraßen haben dort zu einem erhöhten Gefahrenpotential geführt. Auch für die Kreuzungen der Landesstraßen sollte der Ausbau des Ampelnetzes beschleunigt fortgeführt werden. Planungen für die Errichtung von Ampeln für Kreisstraßen liegen für die Region ebenfalls vor. Hier sollte geprüft werden, ob der geplante Ausbau des Ampelnetzes in einigen kleineren Ortschaften notwendig ist oder durch einfachere Maßnahmen der Verkehrsplanung ersetzt werden kann.
- An den Kreis- und Bundesstraßen sollten Parkbuchten und Parkplätze geschaffen werden.
- Der Ausbau des Rad- und Radwandernetzes sollte nicht allein auf die reinen Erholungsgebiete beschränkt bleiben. Zur Anbindung der Erholungsgebiete über die regional bedeutsamen Verkehrsverbindungen sollten auch diese Straßen mittelfristig mit Radwegen ausgestattet werden. Für die Planung eines umfassenden Radwegenetzes sind zusätzliche detaillierte Konzepte notwendig.

Obwohl nach der Verkehrswegeplanung des Bundes ein Fernstraßenneubau von Schwerin in Richtung Magdeburg/Halle nicht vorgesehen ist[267], sollten beide Landkreise - zusammen mit anderen Regionen - Überlegungen unterstützen, die Straßenverbindungen in Richtung Magdeburg mehrspurig auszubauen, um die großräumige Anbindung der Region nach Süden zu verbessern.

4.2.3.2 Maßnahmen zur Modernisierung des Schienennetzes

Aufgrund der immer größer werdenden Verkehrsbelastung des Straßennetzes sollten die Aktivitäten beider Landkreise darauf abzielen, zusammen mit der Reichsbahn und der Bundesbahn ein Konzept zu entwickeln, um den schienengebundenen Personen-

---

[267] Vgl. *Deutscher Bundestag* (Hrsg., 1991a), S. 141 ff.

und Güterverkehr zu erhöhen und das Streckennetz in der Region zu erhalten. Wichtigste Maßnahmen zur Modernisierung des Schienennetzes sind die dringend notwendige Elektrifizierung und die Schließung bestehender Lücken vor allem auf den Strecken Ludwigslust-Hamburg und Hagenow/Land-Schwerin.

Angestrebt werden sollte auch die Schaffung eines IC-Haltepunkts, z.B. in Ludwigslust, sowie zur besseren Erreichbarkeit der Landeshauptstadt eine Eilzugverbindung auf der Strecke Schwerin-Hamburg. Darüber hinaus sollten die Bemühungen dahin gehen, daß der Streckenabschnitt Schwanheide-Schwerin-Rostock für eine Geschwindigkeitserhöhung auf 140 km/h in den Bundesverkehrswegeplan eingeordnet wird[268].

Schließlich sollte für die verkehrsgünstig liegenden Gewerbegebiete überprüft werden, inwieweit eine Modernisierung bestehender und eine Errichtung neuer Anschlußgleise möglich ist. Insbesondere gilt dies für die Verlegung von Anschlußgleisen in die Gewerbegebiete der Städte der Region und z.B. für das Gewerbegebiet Fahrbinde/Wöbbelin im Landkreis Ludwigslust sowie für das Transportgewerbegebiet bei Gallin und Valluhn im Landkreis Hagenow.

Die Bemühungen um eine Modernisierung und Erweiterung des regionalen Schienennetzes sollten sich auf die genannten Maßnahmen konzentrieren. Ein Neubau weiterer Strecken und die Wiedereinrichtung nach 1945 demontierter Strecken wie der von Lübtheen nach Malliß muß demgegenüber nach der bisherigen Ausbaupolitik der Reichsbahn eher als unwahrscheinlich eingestuft werden.

4.2.3.3 Güterverkehrs- und -verteilzentren

Die beiden Landkreise sollten außerdem darauf hinwirken, daß die Region an moderne Güterverkehrs- und -verteilzentren angeschlossen wird. Zu einem Güterverkehrszentrum (GVZ) gehören neben einer Umschlaganlage für den kombinierten Verkehr Straße/Schiene ein Frachtzentrum der Bahn zur Konsolidierung von Teilladungen, entsprechende Einrichtungen von Spediteuren sowie u.U. gemeinsam nutzbare Service-Einrichtungen. Eine solche Anlage erfüllt eine Schnittstellenfunktion für möglichst viele Verkehrsträger (Straße, Schiene und Wasser) und den Nah- und Fernverkehr. Im Gegensatz zu einem Güterverteilzentrum, in dem in der Regel ein Großunternehmen dominiert, sind alle am Güterverkehrszentrum beteiligten Unternehmen gleichrangig. Die räumliche Nähe der Betriebe zueinander bietet ideale

---

268 Vgl. *Landkreis Hagenow* (Hrsg., 1991a), S. 14.

Möglichkeiten der Kooperation und Koordination, durch die eine sinnvolle Integration einzelner Verkehrsträger erreicht werden kann[269]. Die Planungen der Reichsbahn zum kombinierten Ladungsverkehr Straße/Schiene sehen den Ausbau eines Güterverteilzentrums bislang nur für Rostock vor.

Die positiven Auswirkungen eines Güterverkehrszentrums beschränken sich nicht allein auf die erzielbaren steuerlichen Mehreinnahmen und neu geschaffenen Arbeitsplätze. Wesentlich größer sind die Sekundäreffekte, die ein GVZ auf die Region ausüben kann, zu veranschlagen. Alle zukunftsträchtigen Industriezweige sind von hochwertigen Transport- und Logistikdienstleistungen abhängig. Demzufolge erhöht ein Güterverkehrszentrum als logistischer Kristallisationspunkt nicht nur die Standortqualität für transportintensive Gewerbebetriebe im Einzugsbereich des Güterverkehrszentrums, sondern bringt auch Vorteile im Hinblick auf die europaweite Standortwahl für Neuansiedlungen mit sich.

4.2.3.4 Maßnahmen zur Verbesserung des ÖPNV

Ziel der Maßnahmen des ÖPNV sollte eine Verbesserung des bestehenden Angebots sein. Vor allem der in den ländlichen Teilräumen der Region Ludwigslust/Hagenow lebenden Bevölkerung muß damit eine zusätzliche Alternative zum Individualverkehr angeboten werden, um die zentralen Orte schnell zu erreichen. Wichtigste Maßnahme sollte die Schaffung eines Verkehrsverbundes beider Landkreise sein. Nach Möglichkeit sollten auch die Umlandkreise als Träger in diesen Verbund eingebunden werden. In diesem Zusammenhang ist eine Abstimmung der Fahrpläne der Busgesellschaften, eine einheitliche Tarifgestaltung, eine gemeinsame Erneuerung des Beförderungsmittelbestandes sowie die Abstimmung mit dem Fahrplan der Reichsbahn dringend erforderlich.

Zu überprüfen ist auch die Einrichtung von Formen des sogenannten Paratransits. Hierzu gehören beispielsweise die Einführung von Sammel- und Linientaxen, Bürgerbussen und organisierten Fahrdiensten.

4.2.3.5 Maßnahmen zur Ver- und Entsorgungsinfrastruktur

Angesichts des steigenden Müllaufkommens und der geringen Deponierestlaufzeiten, vor allem im Landkreis Hagenow, sollten die Vorplanungen zur Erweiterung der De-

---

[269] Vgl. *Verkehrsforum Bahn e.V.* (Hrsg., 1991), S. 11 f.

poniekapazität im Landkreis Hagenow beschleunigt fortgeführt werden. Sinnvoll ist in diesem Zusammenhang die Bildung kommunaler Zweckverbände für den Neubau von Kreisdeponien. Begrüßenswert ist hierbei die Gründung eines Zweckverbandes für das westliche Mecklenburg. Weitere Planungen sollten in enger Abstimmung mit diesem überregionalen Zweckverband durchgeführt werden. Dabei sollte im Laufe der wirtschaftlichen Erholung der wieder steigende Anteil des Sondermülls eine stärkere Beachtung finden.

Im Bereich der Trinkwasserversorgung und Abwasserbehandlung sollten die Kommunen dem Vorschlag der Verwaltung in beiden Landkreisen folgen, Zweckverbände für Trinkwasser bzw. die Abwasserentsorgung zu gründen[270]. Dabei ist zu beachten, daß die Trink- und Abwasserrahmenplanungen in beiden Landkreisen fortlaufend an die Entwicklung der Gewerbegebiete, die Bevölkerungsbewegungen und die Entwicklung der Landwirtschaft angepaßt werden. Bei der Durchführung von Baumaßnahmen sollten die Siedlungsschwerpunkte und größeren Gewerbestandorte vorrangig berücksichtigt werden.

Als Grundlage für eine regionale Energiepolitik sollten in den beiden Landkreisen örtliche und regionale Energiekonzepte entwickelt werden[271]. Ihnen käme die Aufgabe zu, Energiesparpotentiale bei der Raumwärmeversorgung zu ermitteln, die bei der Gebäudesanierung berücksichtigt werden könnten. Ferner sollten Möglichkeiten einer zukünftig verstärkten Nutzung örtlicher Energiepotentiale auf der Basis von kleinen, flexiblen Versorgungssystemen (z.B. Blockheizkraftwerke, Wärmepumpen und Biogasanlagen) ausgelotet werden.

Für eine erfolgreiche Umsetzung der Energiekonzepte müßten planerische Rahmenbedingungen durch die Anpassung der Stadterneuerungs- und Bebauungsplanung an die Energiekonzepte geschaffen und ein möglicher Ausbau der kommunalen Eigenversorgung in den geplanten Stadtwerken der Region berücksichtigt werden.

Zur Finanzierung der Infrastrukturinvestitionen könnte angesichts des immensen Kapitalbedarfs auch an privatwirtschaftliche Finanzierungslösungen gedacht werden. Neben Entwicklungsgesellschaften ist hier an Betreibermodelle und Leasinggesell-

---

270 Im Landkreis Hagenow wurde ein Trinkwasser-Zweckverband (Trinkwasserbeschaffungsverband Suhde-Schaale) bereits gegründet. Auch im Landkreis Ludwigslust sind die durch einen Zweckverband zu realisierenden Wasserverbundsysteme geeignet, zu einer Verbesserung der Lebensbedingungen für alle Bewohner des Kreisgebietes beizutragen.
271 Vgl. auch *Deutscher Bundestag* (Hrsg., 1991a), S. 77.

schaften zu denken, wie sie in den alten Bundesländern bereits Anwendung gefunden haben[272].

Gesellschafter regionaler Entwicklungsgesellschaften sind die Kreise und Kammern. Hinsichtlich der Finanzierungsfragen bietet sich die Einbindung öffentlich-rechtlicher Kreditinstitute als weitere Gesellschafter an. Die weiteren Vorteile von Entwicklungsgesellschaften decken sich nahezu mit denen einer WFG[273]:
- schnelle Beschaffung des erforderlichen Fachpersonals,
- schnelle Aufgabenerfüllung und
- bessere Vorfinanzierungsmöglichkeiten ohne die Beachtung langwieriger haushaltsrechtlicher Vorschriften.

Als Gründe für einen Einsatz von Entwicklungsgesellschaften werden i.d.R. angeführt[274]:
- präzise definierte öffentliche Aufgaben mit hohem sachlichen und organisatorischen Schwierigkeitsgrad,
- hohe Dringlichkeit dieser Aufgaben,
- unzureichende Verwaltungskraft und
- unzureichende Finanzierungskraft der für diese Aufgaben zuständigen Gebietskörperschaft.

Für die anstehenden Aufgaben beider Landkreise im Handlungsfeld Infrastruktur treffen die aufgeführten Bedingungskonstellationen zu. Beide Landkreise sollten daher überlegen, ob sich Teile der anstehenden Aufgaben in diesem Bereich auf solche Entwicklungsgesellschaften übertragen lassen. Angesichts knapper Ressourcen wäre einer Entwicklungsgesellschaft für die Region Ludwigslust/Hagenow der Vorzug zu geben.

Vor einer Überbewertung von Betreibermodellen und Leasinggesellschaften ist nach den vorliegenden Erfahrungen zu warnen[275]. Zwar können mit Hilfe dieser Modelle Ausgabenbelastungen für Investitionsobjekte zeitlich in die Zukunft verschoben und Effizienzgewinne infolge besserer Marktübersicht und rationaler Planung der Privatunternehmen realisiert werden. Zumindest zum Teil werden diese Vorteile in der Nut-

---

[272] Bei den praktisch durchgeführten Betreibermodellen werden Planung, Bau, Finanzierung und Betrieb einer Deponie oder Kläranlage auf ein privatwirtschaftliches Unternehmen übertragen. Die Kommunen decken dabei die vertraglich festgelegten Aufwendungen aus den satzungsrechtlich festgelegten Gebühren.
[273] Vgl. Kapitel 4.2.1.1.
[274] Vgl. L. Hartz (1990), S. 53.
[275] Vgl. dazu ausführlicher H. Karrenberg, E. Münstermann (1991), S. 104 f.

zungsphase jedoch durch höhere Refinanzierungskosten und ungünstigere Besteuerungsvorschriften kompensiert.

4.2.4 Stadtentwicklung und Dorferneuerung

Maßnahmen der Stadtentwicklung und Dorferneuerung werden durch eine Vielzahl von Förderprogrammen, Modellvorhaben und Sonderprogrammen des Bundes und der Länder unterstützt. Der Kenntnisstand bei Haushalten und Kommunen über die zahlreichen Programme sollte deshalb weiter verbessert werden, um durch Bündelung sich ergänzender Maßnahmen möglichst schnell Verbesserungen vor allem bei der Wohnversorgung zu erreichen. Ziel sollte es sein, durch beratende und informierende Maßnahmen die zur Verfügung stehenden öffentlichen Mittel optimal auszuschöpfen. Dazu bieten sich Bürgerberatungsstellen in beiden Kreisverwaltungen an, die z.B. über Arbeitsbeschaffungsmaßnahmen finanziert werden könnten.

Ziel der Aktivitäten von Kreis-, Stadt- und Gemeindeverwaltungen sollte auch die Verbesserung der Attraktivität der Region Ludwigslust/Hagenow im Bereich des Wohnumfeldes sein. Dazu sind bestehende Beeinträchtigungen der Wohnumwelt durch Lärm-, Staub- und Geruchsimmissionen abzubauen. Ziel sollte ein weitgehend störungsfreies Wohnen und Leben in der Region Ludwigslust/Hagenow sein[276].

4.2.4.1 Stadtentwicklung

Erste Ergebnisse regionaler Modellvorhaben wie der Projekte zum Schutz historischer Stadtkerne in Ludwigslust und Grabow sollten durch den gemeinsamen Erfahrungs- und Meinungsaustausch auch bei der Stadtentwicklungspolitik in den anderen Kommunen der Region Berücksichtigung finden. Da die für die Sanierung von Stadtkernen erforderlichen Konzeptionen i.d.R. sehr teuer sind, sollten beide Kreisverwaltungen in enger Zusammenarbeit mit den jeweiligen Stadtverwaltungen überprüfen, ob das notwendige Know-how kostengünstiger über Projektarbeiten von Universitäten eingeworben werden kann, z.B. für Bestandsaufnahmen und planerische Vorarbeiten. Vielfach werden die sich daraus ergebenden Bauausführungen durch ungeklärte Eigentumsfragen verhindert. In dieser Situation können beide Landkreise nur auf ein schnelleres Entscheidungsverfahren drängen und versuchen, im eigenen Verwaltungsbereich die Bearbeitungszeiten soweit wie möglich zu verkürzen.

---

276 Vgl. *P.-H. Burberg, M. König, A. Tillessen* (1988), S. 134.

In einigen Städten könnte das zentrale Ortsbild durch die Verlagerung von Betrieben und z.T. durch die Nutzung freiwerdender Militärflächen verbessert werden[277]. Auf diesen freiwerdenden Flächen ließen sich zentrale private und öffentliche Einrichtungen errichten, die so zu einer Attraktivitätssteigerung dieser Städte führen würden.

Für die kommunalen Wohnungsgesellschaften sollte überprüft werden, ob ein Teil der Wohnungsbestände privatisiert werden kann. Mieter, die ihre Mietwohnung kaufen, könnten in diesem Fall einen Bundeszuschuß in Höhe von 20 vH in Anspruch nehmen. Damit erhielten die kommunalen Wohnungsgesellschaften einerseits Mittel, um dringend erforderliche Instandsetzungsarbeiten in anderen Wohnungen durchführen zu können. Andererseits würde durch den Verkauf von Wohnungen ein großer Teil der Nachholinvestitionen entfallen.

4.2.4.2 Dorferneuerung

Ziel von Dorferneuerungsmaßnahmen ist es einmal, negative Entwicklungen wie
- Schließen von zentralen Einrichtungen (Schulen, Kindergärten und -krippen),
- Aufgabe von Geschäften und Läden,
- Neubauten mit städtischen Maßstäben,
- funktionslose landwirtschaftliche Gebäude als bestimmendes Ortsbild,
- Teilung des Dorfes durch überdimensionierte Straßen und
- im Widerspruch zur standortgemäßen Flora stehende Anpflanzungen zu bremsen.

Zum anderen geht es um die bauliche und gestalterische Aufwertung des Dorfes. Dabei muß die Dorferneuerung mehr als Dorfplatzgestaltung oder Ausschmückung durch Blumen sein. Im Rahmen der Dorferneuerung sollte eine in drei Stufen gegliederte Konzeption in beiden Landkreisen erarbeitet werden[278]:
- Zunächst ist die Dorferneuerungsbedürftigkeit zu überprüfen. Dabei handelt es sich um eine Bestandsaufnahme mit Angabe einer groben Entwicklungsrichtung.
- Im zweiten Schritt wird ein Dorfentwicklungskonzept erstellt, das sich gezielt mit den Gestaltungsproblemen im Ortsbild, Fragen zur innerörtlichen Verkehrsführung und der Dorfökologie auseinandersetzt.
- Der abschließende dritte Schritt umfaßt einen Dorfentwicklungsplan für alle zu entwickelnden Bereiche (Gebäudesubstanz, Verkehr, Landwirtschaft, Umwelt). Dabei sollten zukünftige Strategien und präzise Vorschläge (Maßnahmenkatalog) in den Plan einbezogen werden. Der Dorfentwicklungsplan sollte auch Einschät-

---

277 Dies trifft besonders für die Stadt Ludwigslust zu, in der die Firmen "Güldenstern GmbH" und "Mecklenburger Wurstfabrik GmbH" unbedingt aus dem Stadtzentrum in ein neues Gewerbegebiet umgesiedelt werden sollten.
278 Vgl. im folgenden *Hoppe, Berens* (1987), S. 5.

zungen über Kosten und ihre Finanzierung sowie die Dringlichkeit der vorgeschlagenen Maßnahmen enthalten.

In den Dorfentwicklungsplan ist auch die Gemarkung einzubeziehen. Ausgehend von den ökologisch wertvollen bzw. zu renaturierenden Biotopen in den Ortslagen und an den Dorfrändern sind Biotopverbundsysteme zu entwickeln, die die Feldmark gliedern und Inselbiotope verbinden[279]. Bei der vorbereitenden Planung und Ausführung der Programme sollten alle Dorfbewohner zu einer aktiven Mitwirkung angeregt werden. Eine wichtige Rolle können hierbei die teilweise schon gegründeten Förderverbände, Vereine und Initiativen aus dem Bereich Naturschutz und Kulturpflege spielen.

4.2.5 Landwirtschaft und Umwelt

Ziel der Maßnahmen im Bereich Landwirtschaft und Umwelt ist, die Umstrukturierung zu einer wettbewerbsfähigen und umweltverträglichen Landwirtschaft zu fördern, schützenswerte Naturräume zu sichern und die Landschaftsgestaltung zu optimieren.

Da der Landwirtschaft auch in Zukunft erhebliche Bedeutung als Arbeits- und Einkommensbasis zukommen wird, ist die Entwicklung von Unternehmensformen, Betriebsgrößen und Produktionsprogrammen zu unterstützen, die den Bedingungen des Wettbewerbs im EG-Agrarmarkt gewachsen sind. Dabei sollte der Schaffung von Einkommenskombinationen besondere Aufmerksamkeit gewidmet werden. Zur Nutzung von Betriebsgrößen- und Rationalisierungsvorteilen sollten die durch Teilung von LPGen und die Umwandlung in kleinere Kapitalgesellschaften und Familienbetriebe entstandenen Unternehmen Betriebskooperationen neuer Form bilden, um eine leistungsfähige horizontale und vertikale Integration zu erreichen. Die Kooperation sollte sich neben Bezug und Absatz auch auf die Produktions- und Investitionsplanung, die Kapitalbeschaffung sowie die Buchführung beziehen[280]. Teile der überschüssigen Arbeitskräfte, die in der eigentlichen Produktion nicht mehr benötigt werden, könnten in den Bereichen Instandsetzung, Organisation sowie Bezug und Absatz eingesetzt werden, wenn kurzfristig ein weiterer Abbau des Personalbestandes aus sozialen Gründen nicht möglich erscheint.

Es sollte ferner geprüft werden, inwieweit rechtliche Möglichkeiten einen Zusammenschluß von mehreren Betrieben zu einem Großbetrieb zulassen, um die be-

---

279 Vgl. auch *P.-H. Burberg, M. König, A. Tillessen* (1988), S. 136 f.
280 Vgl. *M. Doluschitz, J. Jarosch* (1991), S. 328 ff.

stehenden Fördermöglichkeiten (Zuschüsse, öffentliche Darlehen, zinsverbilligte Kapitalmarktdarlehen) besser ausschöpfen zu können. So kann z.b. durch die Ausweisung von Mitgesellschaftern als Fremdarbeitskräfte und Mitunternehmer die Investitionsförderung landwirtschaftlicher Betriebe u.U. mehrfach in Anspruch genommen werden[281].

Probleme der Kapitalsicherung und Kapitalbeschaffung werden auch in der nahen Zukunft für viele landwirtschaftliche Betriebe bestehen bleiben. Gerade die als juristische Personen organisierten Betriebe sind durch den nicht zufriedenstellenden Zugang zu Fremdkapital benachteiligt, da ihnen die Förderungsprogramme für Familienbetriebe entgehen. Der Sicherung und Aufstockung des Eigenkapitals kommt daher besondere Bedeutung zu. Voraussetzung hierfür ist die Vorlage eines betriebswirtschaftlichen Entwicklungskonzeptes, das den Mitgliedern, die ihr Kapital im Unternehmen belassen, Sicherheiten, z. B. in Form von Darlehensverträgen, späteren Kapitalentzugsmöglichkeiten und befriedigenden Renditen bieten kann. Kommt die Bildung einer neuen Gesellschaft nicht zustande, muß die Liquidation eingeleitet werden. Diese Alternative ist trotz der damit verbundenen Abwertung der Vermögensbestände nicht ausschließlich negativ zu werten. Zum einen hat die Abwertung der Unternehmensaktiva auf einen realistischen Wert für Neueinsteiger den Vorteil, auch größere Produktionseinheiten günstig übernehmen zu können. Zum anderen kann das Unternehmen seine Tätigkeit weitgehend frei von alten Belastungen aufnehmen. Im Falle der Weiterführung der Unternehmen ist vor allem an eine Aufstockung des Eigenkapitalanteils durch die Aufnahme neuer Gesellschafter, z. B. aus den alten Bundesländern oder dem europäischen Ausland, zu denken. Durch solche Ost-West-Partnerschaften kann nicht nur der Kapitaltransfer erheblich beschleunigt werden. Auch ein schneller und intensiver Austausch von technischem Know-how und betriebswirtschaftlichen Kenntnissen wird dadurch wesentlich erleichtert[282].

Zur Lösung der Konflikte zwischen Landwirtschaft und Umwelt kommen auf örtlicher und regionaler Ebene drei Gruppen von Maßnahmen in Betracht[283]:

- Landeskulturelle Maßnahmen
  • Anlage von Uferrandstreifen,
  • Wiederherstellung von Bach- und Flußauen,
  • Erosionsschutzmaßnahmen,

---

281 Vgl. *ebenda*, S. 331.
282 Vgl. *F. Isermeyer* (1991), S. 297 ff.
283 Vgl. *P.-H. Burberg* (1991a), S. 13 ff.

- Einstellung der landwirtschaftlichen Nutzung auf besonders sensiblen Standorten.

- Betriebsorganisatorische Änderungen
  - Erweiterung der Fruchtfolgen,
  - Lösung der Gülleprobleme,
  - Integrierter Pflanzenbau,
  - Alternativer Landbau,
  - Extensivierung der Bodennutzung,
  - Änderung der Fütterungsverfahren.

- Produktionstechnische Verbesserungen
  - Optimierung der Stickstoffdüngung,
  - Verbesserung der Pflanzenschutzverfahren,
  - Konservierende Bodenbearbeitung.

Entsprechend den jeweiligen spezifischen Verhältnissen sind Programmpakete mit aufeinander abgestimmten Maßnahmen zu entwickeln.[284]

Umweltverträgliche Landbewirtschaftung zielt vor allem auf die Vermeidung von Belastungen der Oberflächengewässer und des Grundwassers mit Nähr-, Fremd- und Schadstoffen aus landwirtschaftlichen Produktionsprozessen ab. Das gesetzliche und ordnungsbehördliche Instrumentarium reicht für einen wirksamen Gewässerschutz nicht aus; es ist überdies mit hohen Kontrollkosten verbunden. Zur Umsetzung gewässerverträglicher Landnutzungsformen sind daher Kooperationen zwischen Landwirtschaft und Wasserwirtschaft auf örtlicher und regionaler Ebene zu empfehlen[285]. Durch freiwillige Zusammenarbeit, in die auch die Wasserbehörden und der Naturschutz einbezogen werden sollten, können nach Erfahrungen in Nordrhein-Westfalen innerhalb relativ kurzer Zeit Gewässerbelastungen durch die Landwirtschaft drastisch reduziert werden. Die Kooperation zwischen Landwirtschaft und Wasserwirtschaft basiert auf Bewirtschaftungsvereinbarungen gegen Ausgleichszahlungen. Die Kooperationsverträge sehen i.d.R. folgende Maßnahen vor[286]:

- Einrichtung von Informationssystemen (Bodenbeschaffenheit, Schlagkarteien, N_{min}-Untersuchungen, Wassermeßprogramme, Güllekataster),

---

284 Vgl. *P.-H. Burberg, K. Siedhoff, H. Wiemers* (1990).
285 Vgl. *P.-H. Burberg* (1991b), S. 139 ff.
286 Vgl. *I. Deitmer* (1991), S. 28 ff.

- Beratung der Landwirte (Fruchtfolge, Düngung, Pflanzenschutz),
- Ausgleichszahlungen zur Abdeckung von Einkommenseinbußen.

Für darüberhinausgehende Maßnahmen können z.T. staatliche Programme in Anspruch genommen werden (z.B. Güllelagerbau, Flächenstillegung, Extensivierung). Es ist zu prüfen, ob regions- oder kreisspezifische Gewässerschutzprogramme für weitere Maßnahmen aufgelegt werden sollten, so z.B. für die Einrichtung von Güllebörsen oder Gülleverarbeitungsfabriken[287].

Auf eine insgesamt weniger intensive Landschaftsausnutzung zielt der Vorschlag ab, Teilgebiete der Region (wie die Lewitz) flächendeckend auf extensive und alternative Bewirtschaftungsformen umzustellen[288]. Fördermöglichkeiten bieten das EG-Extensivierungsprogramm und das Grünlandextensivierungsprogramm des Landes Mecklenburg-Vorpommern. Die beiden Landkreise sollten diese Bemühungen unterstützen, z.B. durch Hilfen bei der Antragstellung zur Erlangung öffentlicher Mittel und bei der Schaffung von Absatzwegen für alternativ erzeugte Agrarprodukte.

Die flächenbezogenen Maßnahmen der Landwirtschaft sollten mit der Erarbeitung eines flächendeckenden Biotopverbundsystems für die Region verknüpft werden, das insbesondere die ausgeräumten Landschaften mit einer ökologischen Grundstruktur überzieht. Im Hinblick auf den Fremdenverkehr in Form des Agrar- oder Landtourismus ist die Anlage von Wander-, Reit- und Radwegenetzen zu empfehlen. Alle Maßnahmen werden zweckmäßigerweise in Landschaftsförderungsprogramme integriert. Dazu ist auch die Erarbeitung von Landschaftsrahmenplänen voranzutreiben.

Die besonders schützenswerten Naturrräume der Region sind durch planerische Maßnahmen zu sichern und vor Beeinträchtigungen z.B. durch Fremdenverkehr und Tourismus zu bewahren. Im Grenzbereich zu landwirtschaftlich genutzten Flächen sollten ausreichend dimensionierte Pufferzonen mit extensiver Landbewirtschaftung eingerichtet werden.

Zur Überwindung der Biotopverinselung sind Verbindungen zwischen den vorhandenen Biotopen zu schaffen. Das Gewässersystem der beiden Landkreise mit den Fließgewässern Elde, Suhle, Schilde und Boize bildet durch seine Netzstruktur zusammen mit den ökologischen Vorranggebieten eine gute Basis für ein flächendeckendes Biotopverbundsystem.

---

[287] Die Errichtung von Spezialanlagen zur Güllebehandlung könnte evtl. in das in Vorbereitung befindliche Abfallbeseitigungskonzept des Landes Mecklenburg-Vorpommern integriert werden.
[288] Vgl. Förderverband Natur- und Kulturraum Lewitz e.V. (1991).

Zur Verbesserung der Information über den Zustand der Umwelt sollte ergänzend zu einem Kreisinformationssystem[289] ein umfassendes Umweltinformationssystem aufgebaut werden. Damit kann der Zustand der Umweltmedien Wasser, Boden und Luft kontinuierlich überwacht und fortgeschrieben werden[290]. Die erforderlichen Daten eines Umweltinformationssystems können durch ein flächendeckendes Meßstellennetz gewonnen werden. Durch die Auswertung von ökologischen Indikatoren (z.B. CO_2-, SO_2-Emissionen, Nitratbelastung des Wassers, Veränderung des kommunalen Flächenanteils an Wald- und ökologischen Flächen)[291] können somit zum einen rechtzeitig Probleme erkannt und mit geeigneten Maßnahmen beseitigt werden, zum anderen wird die Planung von Vorhaben, z.B. im Verkehrsbereich, wesentlich erleichtert.

Bei allen Maßnahmen zur Sanierung der Umwelt in den beiden Landkreisen ist zu beachten, daß sie nicht nur dem Natur-, Landschafts-, Biotop- und Artenschutz dienen, sondern auch die Erholungs- und Freizeitfunktion der Landschaft positiv beeinflussen und damit einen wichtigen "weichen" Standortfaktor stärken.

---

289 Vgl. Kapitel 4.2.1.4.
290 Zusätzlich sollten auch die in den beiden Kreisen existierenden Altlasten in das Informationssystem übernommen werden.
291 Vgl. *R. Thoss, W. Michels* (1985), S. 77 ff.

5. Zusammenfassung

Auch in der Region Ludwigslust/Hagenow hat - wie in den übrigen Regionen des Landes Mecklenburg-Vorpommern - die durch die deutsche Einheit offengelegte Wettbewerbs- und Produktivitätsschwäche der ostdeutschen Volkswirtschaft innerhalb kurzer Zeit zu einem erheblichen Beschäftigungsabbau geführt. Bisher konnten diese Arbeitsplatzverluste nicht durch die Schaffung neuer rentabler und zukunftssicherer Arbeitsplätze ausgeglichen werden.

Die Entscheidungsträger in der Region Ludwigslust/Hagenow, vor allem die Wirtschaftsförderer, müssen vor diesem Hintergrund versuchen, durch den Einsatz ihres verfügbaren Instrumentariums die Anpassungsprobleme möglichst schnell zu überwinden, damit der wirtschaftliche Aufschwung der Region nicht unnötig verzögert wird.

Ziel dieses Gutachtens war es,
- eine umfassende Stärken-Schwächen-Analyse für die Region durchzuführen und damit sowohl Vorteile als auch Defizite bei den regionalen Standortfaktoren herauszuarbeiten,
- mit Hilfe einer Zielgruppenanalyse vor allem die für eine Neuansiedlung in Betracht kommenden Wachstumsbranchen abzuleiten und
- Handlungsfelder für die regionale Entwicklungspolitik zu benennen, auf die sich die auf die Stärkung der Standortfaktoren abzielenden Empfehlungen in Form eines "Ideenbündels" beziehen.

In der Stärken-Schwächen-Analyse werden alle für die wirtschaftliche Entwicklung der Region bedeutsamen Standortfaktoren analysiert und bewertet. Dabei steht eine kritische Darstellung des Arbeitskräfte-, Gewerbeflächen- und Infrastrukturpotentials sowie der sektoralen Struktur in beiden Landkreisen im Vordergrund. Daraus wird ein Standortprofil für die Untersuchungsregion abgeleitet, das folgende wichtige Ergebnisse beinhaltet:
- Die wirtschaftsgeographische Lage stellt in Verbindung mit der großräumigen Verkehrsanbindung eine wesentliche Stärke der Region dar.
- Obwohl das Arbeitskräftepotential in beiden Landkreisen aufgrund der hohen Unterbeschäftigung keinen quantitativen Engpaßfaktor darstellt, weist es unter qualitativen Gesichtspunkten zum Teil erhebliche Mängel auf, die durch verstärkte Weiterbildungs- und Umschulungsmaßnahmen abgebaut werden müssen.
- Das Gewerbeflächenpotential wird nach Abschluß umfangreicher Erschließungsmaßnahmen zu Beginn des zweiten Quartals 1992 keinen Engpaßfaktor darstellen.

- Das Infrastrukturangebot weist vor allem im Bereich der Ver- und Entsorgung sowie einiger "weicher" Standortfaktoren erhebliche Mängel auf.
- Die Wirtschaftsstruktur der Untersuchungsregion ist im Vergleich zu den alten Bundesländern unzureichend diversifiziert.

Im zweiten Untersuchungsschritt wird eine Zielgruppenanalyse durchgeführt, um vor allem die Adressaten der regionalen Wirtschaftsförderung im Bereich der Gewerbeakquisition zu bestimmen. Ergebnisse dieser schrittweisen Analyse sind die Wachstumsbranchen,
- von denen in Zukunft positive Effekte auf die Beschäftigung erwartet werden,
- für die die Standortanforderungen mit dem Standortangebot der Untersuchungsregion übereinstimmen oder
- für die das Standortangebot durch kurzfristige Maßnahmen mit den Standortanforderungen in Übereinstimmung gebracht werden kann.

Aus der Stärken-Schwächen-Analyse und der Zielgruppenanalyse erfolgt die Ableitung des Handlungsbedarfs der regionalen Entwicklungspolitik für die Felder
- Wirtschaft,
- Arbeitsmarkt,
- Infrastruktur,
- Stadtentwicklung und Dorferneuerung sowie
- Landwirtschaft und Umwelt.

Zu jedem dieser Handlungsfelder werden Maßnahmen vorgeschlagen, die zu einer Verbesserung der regionalen Arbeitsmarktsituation und des regionalen Standortangebotes beitragen sollen. Der Schwerpunkt der Empfehlungen liegt dabei auf dem Handlungsfeld Wirtschaft, für das differenzierte Maßnahmen vor allem zur Organisation der Wirtschaftsförderung, Gewerbebestandspflege und -akquisition sowie zur Unterstützung von Existenzgründern erarbeitet wurden. Diese richten sich vor allem an die kommunale Wirtschaftsförderung. Die bei den anderen Handlungsfeldern vorgeschlagenen Maßnahmen zielen auf eine Verbesserung des Standortangebotes der Region Ludwigslust/Hagenow ab und sollten in enger Abstimmung mit den zuständigen regionalen Akteuren durchgeführt werden.

ANHANG

		Seite
A1	Bevölkerungsentwicklung in den Gemeinden und Teilräumen des Landkreises Ludwigslust (1950-1990)	162
A2	Bevölkerungsentwicklung in den Gemeinden und Teilräumen des Landkreises Hagenow (1950-1991)	166
A3	Fläche der Gemeinden und Teilräume des Landkreises Ludwigslust 1990 (in qkm)	171
A4	Fläche der Gemeinden und Teilräume des Landkreises Hagenow 1990 (in qkm)	172
A5	Qualifizierungsrichtungen im Landkreis Ludwigslust	173
A6	Methodische Darstellung der Gewerbeflächenbedarfsanalyse	174
A7	Überblick über die Treuhandbetriebe in der Region Ludwigslust/Hagenow (Juni 1991)	178
A8	Überblick über wichtige finanzielle Förderhilfen für die Region Ludwigslust/Hagenow	183
A9	Standortinformationsbedarf der Unternehmen	191

Anhang A1: Bevölkerungsentwicklung in den Gemeinden und Teilräumen des Landkreises Ludwigslust (1950-1990)

Gemeinden/ Teilräume	18.05.1950 abs.	vH	01.01.1971 abs.	vH	31.12.1981 abs.	vH
Alt-Krenzlin[1]	1.654	2,1	1.103	1,7	942	1,5
Balow	628	0,8	506	0,8	411	0,7
Besandten	458	0,6	239	0,4	171	0,3
Blievenstorf	1.715	2,2	679	1,1	1.153	1,9
Brenz[3]	0	0,0	893	1,4	0	0,0
Bresegard[3]	0	0,0	329	0,5	0	0,0
Dadow	339	0,4	254	0,4	193	0,3
Dömitz[1]	4.792	6,1	3.895	6,0	3.455	5,6
Eldena	2.771	3,5	1.681	2,6	1.972	3,2
Eldenburg[1]	800	1,0	472	0,7	376	0,6
Fahrbinde	362	0,5	263	0,4	268	0,4
Glaisin	647	0,8	461	0,7	417	0,7
Göhlen	688	0,9	578	0,9	545	0,9
Göhren[1]	948	1,2	681	1,1	546	0,9
Gorlosen	1.297	1,7	504	0,8	654	1,1
Grabow	8.596	11,0	8.379	13,0	8.543	14,0
Grebs	1.227	1,6	443	0,7	804	1,3
Groß-Laasch	1.368	1,7	1.048	1,6	957	1,6
Heidhof	456	0,6	438	0,7	393	0,6
Karenz[3]	0	0,0	349	0,5	0	0,0
Karstädt	1.177	1,5	825	1,3	687	1,1
Kremmin	668	0,9	415	0,6	363	0,6
Krinitz[3]	0	0,0	277	0,4	0	0,0
Kummer	799	1,0	606	0,9	546	0,9
Lanz[1]	1.884	2,4	1.308	2,0	1.069	1,7
Lenzen[1]	4.067	5,2	3.268	5,1	2.927	4,8
Leussow	624	0,8	399	0,6	359	0,6
Ludwigslust[1]	13.922	17,8	13.145	20,4	13.260	21,7
Lüblow	1.214	1,5	785	1,2	665	1,1
Malliß[1]	2.054	2,6	2.040	3,2	1.954	3,2
Mellen[2]	522	0,7	170	0,3	200	0,3
Milow[1,2]	700	0,9	416	0,6	346	0,6
Möllenbeck[2]	605	0,8	424	0,7	310	0,5
Muchow	845	1,1	547	0,8	436	0,7
Neu-Kaliß	2.663	3,4	2.223	3,4	2.164	3,5
Neustadt-Glewe[1]	6.939	8,9	6.819	10,6	7.556	12,3
Niendorf	472	0,6	403	0,6	291	0,5
Polz	771	1,0	502	0,8	496	0,8
Prieslich	890	1,1	777	1,2	628	1,0
Rüterberg	422	0,5	219	0,3	155	0,3
Steesow[1]	534	0,7	385	0,6	281	0,5
Tewswoos	1.156	1,5	717	1,1	582	1,0
Vielank	1.597	2,0	1.015	1,6	902	1,5
Warlow	815	1,0	560	0,9	509	0,8
Werle	395	0,5	299	0,5	254	0,4
Wöbbelin[1]	1.025	1,3	1.053	1,6	974	1,6
Woosmer	862	1,1	453	0,7	401	0,7
Wootz[1]	1.118	1,4	709	1,1	513	0,8
Zierzow	882	1,1	568	0,9	557	0,9

Gemeinden/ Teilräume	18.05.1950 abs.	vH	01.01.1971 abs.	vH	31.12.1981 abs.	vH
Städtedreieck	32.002	40,8	30.216	46,8	31.003	50,7
Entwicklungs- achse B 191	13.228	16,9	10.520	16,3	10.091	16,5
Sonstiger Raum	33.138	42,3	23.786	36,9	20.091	32,8
LK Ludwigslust	78.368	100,0	64.522	100,0	61.185	100,0

noch Anhang A1:

Gemeinden	31.12.1987 abs.	vH	30.06.1988 abs.	vH	31.12.1988 abs.	vH
Alt-Krenzlin[1]	905	1,5	909	1,5	894	1,5
Balow	368	0,6	364	0,6	367	0,6
Besandten	142	0,2	143	0,2	136	0,2
Blievenstorf	1.190	2,0	1.183	2,0	1.186	2,0
Brenz[3]	0	0,0	0	0,0	0	0,0
Bresegard[3]	0	0,0	0	0,0	0	0,0
Dadow	150	0,2	147	0,2	154	0,3
Dömitz[1]	3.300	5,4	3.296	5,4	3.385	5,6
Eldena	1.940	3,2	1.943	3,2	1.933	3,2
Eldenburg[1]	337	0,6	345	0,6	336	0,6
Fahrbinde	297	0,5	298	0,5	301	0,5
Glaisin	408	0,7	409	0,7	392	0,6
Göhlen	526	0,9	531	0,9	532	0,9
Göhren[1]	539	0,9	532	0,9	535	0,9
Gorlosen	619	1,0	615	1,0	616	1,0
Grabow	8.495	14,0	8.498	14,0	8.513	14,1
Grebs	798	1,3	798	1,3	809	1,3
Groß-Laasch	969	1,6	969	1,6	954	1,6
Heidhof	376	0,6	366	0,6	368	0,6
Karenz[3]	0	0,0	0	0,0	0	0,0
Karstädt	674	1,1	678	1,1	684	1,1
Kremmin	338	0,6	335	0,6	332	0,5
Krinitz[3]	0	0,0	0	0,0	0	0,0
Kummer	552	0,9	558	0,9	574	0,9
Lanz[1]	1.031	1,7	1.034	1,7	1.049	1,7
Lenzen[1]	2.854	4,7	2.832	4,7	2.821	4,7
Leussow	355	0,6	355	0,6	351	0,6
Ludwigslust[1]	13.521	22,3	13.479	22,3	13.417	22,2
Lüblow	676	1,1	672	1,1	660	1,1
Malliß[1]	1.869	3,1	1.873	3,1	1.863	3,1
Mellen[2]	179	0,3	180	0,3	187	0,3
Milow[1,2]	356	0,6	353	0,6	365	0,6
Möllenbeck[2]	300	0,5	297	0,5	294	0,5
Muchow	424	0,7	423	0,7	428	0,7
Neu-Kaliß	2.107	3,5	2.109	3,5	2.119	3,5
Neustadt-Glewe[1]	7.548	12,5	7.606	12,6	7.610	12,6
Niendorf	333	0,5	332	0,5	328	0,5
Polz	489	0,8	487	0,8	480	0,8
Prieslich	590	1,0	591	1,0	582	1,0
Rüterberg	149	0,2	146	0,2	143	0,2
Steesow[1]	268	0,4	269	0,4	267	0,4

Gemeinden	31.12.1987 abs.	vH	30.06.1988 abs.	vH	31.12.1988 abs.	vH
Tewswoos	552	0,9	554	0,9	549	0,9
Vielank	906	1,5	908	1,5	907	1,5
Warlow	506	0,8	515	0,9	513	0,8
Werle	211	0,3	210	0,3	208	0,3
Wöbbelin[1]	932	1,5	924	1,5	920	1,5
Woosmer	398	0,7	388	0,6	391	0,6
Wootz[1]	521	0,9	508	0,8	499	0,8
Zierzow	558	0,9	559	0,9	564	0,9
Städtedreieck	31.207	51,5	31.230	51,6	31.178	51,5
Entwicklungsachse B 191	9.755	16,1	9.753	16,1	9.835	16,3
Sonstiger Raum	19.594	32,4	19.538	32,3	19.503	32,2
LK Ludwigslust	60.556	100,0	60.521	100,0	60.516	100,0

noch Anhang A1:

Gemeinden	30.06.1989 abs.	vH	31.12.1989 abs.	vH	30.06.1990 abs.	vH
Alt-Krenzlin[1]	894	1,5	873	1,5	861	1,5
Balow	364	0,6	362	0,6	357	0,6
Besandten	132	0,2	128	0,2	130	0,2
Blievenstorf	1.191	2,0	1.199	2,0	557	0,9
Brenz[3]	0	0,0	0	0,0	628	1,1
Bresegard[3]	0	0,0	0	0,0	280	0,5
Dadow	148	0,2	142	0,2	144	0,2
Dömitz[1]	3.375	5,6	3.324	5,5	3.288	5,5
Eldena	1.935	3,2	1.942	3,2	1.635	2,8
Eldenburg[1]	331	0,5	323	0,5	355	0,6
Fahrbinde	301	0,5	302	0,5	305	0,5
Glaisin	397	0,7	398	0,7	405	0,7
Göhlen	529	0,9	517	0,9	514	0,9
Göhren[1]	541	0,9	530	0,9	533	0,9
Gorlosen	615	1,0	604	1,0	457	0,8
Grabow	8.486	14,0	8.338	13,9	8.221	13,9
Grebs	790	1,3	792	1,3	443	0,7
Groß-Laasch	959	1,6	963	1,6	956	1,6
Heidhof	365	0,6	359	0,6	362	0,6
Karenz[3]	0	0,0	0	0,0	245	0,4
Karstädt	696	1,2	696	1,2	683	1,2
Kremmin	340	0,6	340	0,6	336	0,6
Krinitz[3]	0	0,0	0	0,0	137	0,2
Kummer	579	1,0	583	1,0	580	1,0
Lanz[1]	1.053	1,7	1.054	1,8	1.041	1,8
Lenzen[1]	2.813	4,6	2.778	4,6	2.771	4,7
Leussow	351	0,6	347	0,6	340	0,6
Ludwigslust[1]	13.366	22,1	13.176	22,0	13.001	21,9
Lüblow	664	1,1	672	1,1	665	1,1
Malliß[1]	1.836	3,0	1.807	3,0	1.803	3,0
Mellen[2]	189	0,3	192	0,3	189	0,3
Milow[1,2]	369	0,6	373	0,6	368	0,6

Gemeinden	30.06.1989 abs.	vH	31.12.1989 abs.	vH	30.06.1990 abs.	vH
Möllenbeck[2]	294	0,5	289	0,5	295	0,5
Muchow	438	0,7	446	0,7	440	0,7
Neu-Kaliß	2.123	3,5	2.117	3,5	2.102	3,5
Neustadt-Glewe[1]	7.686	12,7	7.628	12,7	7.563	12,8
Niendorf	344	0,6	338	0,6	353	0,6
Polz	479	0,8	480	0,8	480	0,8
Prieslich	577	1,0	570	1,0	557	0,9
Rüterberg	142	0,2	147	0,2	150	0,3
Steesow[1]	267	0,4	270	0,5	266	0,4
Tewswoos	543	0,9	539	0,9	521	0,9
Vielank	913	1,5	894	1,5	907	1,5
Warlow	513	0,8	519	0,9	508	0,9
Werle	202	0,3	200	0,3	193	0,3
Wöbbelin[1]	919	1,5	958	1,6	938	1,6
Woosmer	405	0,7	399	0,7	390	0,7
Wootz[1]	501	0,8	513	0,9	509	0,9
Zierzow	563	0,9	556	0,9	555	0,9
Städtedreieck	31.193	51,5	30.801	51,4	30.424	51,3
Entwicklungsachse B 191	9.810	16,2	9.720	16,2	9.361	15,8
Sonstiger Raum	19.515	32,2	19.456	32,4	19.532	32,9
LK Ludwigslust	60.518	100,0	59.977	100,0	59.317	100,0

Anmerkungen zu Anhang A1:
1 Die aufgeführten Gemeinden umfassen Ortsteile, die erst nach dem 1.1.1971 eingemeindet wurden.
2 Milow gehörte bis zum 1.1.1973 zum Kreis Perleberg, Möllenbeck bis zum 1.1.1974 und Mellen bis zum 25.4.1974.
3 Brenz war zwischen dem 1.1.1974 und dem 6.5.1990 in Blievenstorf eingemeindet. Bresegard gehörte zwischen dem 1.9.1973 und dem 6.5.1990 zur Gemeinde Eldena. Karenz war zwischen dem 1.1.1974 und dem 6.5.1990 in Grebs und Krinitz zwischen dem 1.1.1974 und dem 6.5.1990 in Gorlosen eingemeindet.

Quelle: Statistisches Landesamt Mecklenburg-Vorpommern (o.J.) S. 9 f.; Angaben der Kreisverwaltung Ludwigslust; eigene Berechnungen

Anhang A2: Bevölkerungsentwicklung in den Gemeinden und Teilräumen des Landkreises Hagenow (1950-1991)

Gemeinden/ Teilräume	18.05.1950 abs.	vH	01.01.1971 abs.	vH	31.12.1981 abs.	vH
Alt-Zachun[3]	398	0,4	379	0,5	.	0,0
Bandenitz	624	0,6	355	0,5	310	0,4
Bantin	565	0,6	497	0,6	403	0,6
Banzin	494	0,5	441	0,6	392	0,5
Belsch	590	0,6	360	0,5	279	0,4
Bennin	568	0,6	402	0,5	354	0,5
Besitz	873	0,9	592	0,8	468	0,6
Bobzin	492	0,5	392	0,5	342	0,5
Boddin[1]	1.031	1,1	692	0,9	610	0,8
Boizenburg[1]	12.832	13,3	12.412	15,9	12.338	17,1
Brahlstorf[1]	1.454	1,5	1.068	1,4	922	1,3
Bresegard	600	0,6	409	0,5	340	0,5
Camin	647	0,7	539	0,7	494	0,7
Dellien[1]	586	0,6	451	0,6	378	0,5
Dersenow	742	0,8	636	0,8	506	0,7
Dodow	329	0,3	252	0,3	274	0,4
Dreilützow	784	0,8	517	0,7	467	0,6
Drönnewitz	797	0,8	511	0,7	406	0,6
Gallin	733	0,8	581	0,7	473	0,7
Gammelin[1]	762	0,8	422	0,5	346	0,5
Garlitz	850	0,9	664	0,9	579	0,8
Gößlow[1]	720	0,7	446	0,6	361	0,5
Gresse[1]	1.081	1,1	992	1,3	847	1,2
Greven	1.111	1,2	640	0,8	483	0,7
Groß-Krams[2]	.	0,0	259	0,3	.	0,0
Haar[1]	955	1,0	729	0,9	569	0,8
Hagenow	11.375	11,8	10.908	14,0	13.100	18,1
Hoort[3]	812	0,8	618	0,8	861	1,2
Hülseburg	385	0,4	216	0,3	164	0,2
Jessenitz	908	0,9	627	0,8	512	0,7
Kaarßen	1.815	1,9	1.208	1,5	988	1,4
Karft	405	0,4	271	0,3	224	0,3
Kirch-Jesar	721	0,7	567	0,7	480	0,7
Klein-Bengerstorf	641	0,7	443	0,6	326	0,5
Kloddram	315	0,3	265	0,3	211	0,3
Körchow[1]	1.419	1,5	1.067	1,4	858	1,2
Kogel[1]	1.079	1,1	645	0,8	542	0,7
Kuhstorf	934	1,0	711	0,9	605	0,8
Lassahn	1.322	1,4	775	1,0	556	0,8
Lehsen	485	0,5	301	0,4	275	0,4
Luckwitz[1]	600	0,6	476	0,6	322	0,4
Lübtheen[1]	5.737	6,0	5.149	6,6	4.774	6,6
Lüttow	841	0,9	475	0,6	384	0,5
Melkof	632	0,7	562	0,7	482	0,7
Moraas	623	0,6	494	0,6	442	0,6
Neu-Gülze	701	0,7	525	0,7	516	0,7
Neuhaus	2.683	2,8	2.249	2,9	2.134	3,0
Neuhof[1]	651	0,7	448	0,6	330	0,5
Nostorf[1]	674	0,7	433	0,6	342	0,5
Pätow	629	0,7	410	0,5	361	0,5
Parum[1]	602	0,6	463	0,6	365	0,5
Picher	1.243	1,3	939	1,2	846	1,2

Gemeinden/ Teilräume	18.05.1950 abs.	vH	01.01.1971 abs.	vH	31.12.1981 abs.	vH
Pritzier	860	0,9	728	0,9	680	0,9
Redefin	1.415	1,5	785	1,0	903	1,2
Rodenwalde	893	0,9	738	0,9	551	0,8
Schwanheide	997	1,0	1.000	1,3	809	1,1
Setzin[1]	883	0,9	689	0,9	638	0,9
Stapel[1]	1.433	1,5	1.049	1,3	831	1,1
Strohkirchen	552	0,6	419	0,5	336	0,5
Sückau	332	0,3	202	0,3	162	0,2
Sumte[1]	933	1,0	642	0,8	509	0,7
Teldau[1]	1.830	1,9	1.335	1,7	1.090	1,5
Tessin/Boizenburg	648	0,7	491	0,6	459	0,6
Tessin/Wittenburg	405	0,4	315	0,4	271	0,4
Toddin	679	0,7	443	0,6	414	0,6
Tripkau	2.039	2,1	1.308	1,7	926	1,3
Valluhn	427	0,4	294	0,4	236	0,3
Vellahn	1.289	1,3	1.074	1,4	1.000	1,4
Warlitz	734	0,8	574	0,7	443	0,6
Waschow	323	0,3	389	0,5	343	0,5
Wiebendorf	298	0,3	220	0,3	164	0,2
Wittenburg[1]	6.846	7,1	5.659	7,3	5.210	7,2
Zarrentin[1]	3.632	3,8	2.725	3,5	2.413	3,3
Hagenow-Wittenb.	18.713	19,4	16.959	21,8	18.652	25,8
Boizenb.-Hagenow*	19.788	20,5	17.690	22,7	17.026	23,5
Sonstiger Raum	57.797	60,0	43.313	55,6	36.651	50,7
LK Hagenow	96.298	100,0	77.962	100,0	72.329	100,0

* Ohne Stadt Hagenow.

noch Anhang A2:

Gemeinden/ Teilräume	31.07.1989 abs.	vH	31.12.1989 abs.	vH	30.06.1990 abs.	vH
Alt-Zachun[3]	326	0,5	324	0,5	320	0,5
Bandenitz	347	0,5	345	0,5	342	0,5
Bantin	350	0,5	348	0,5	345	0,5
Banzin	363	0,5	353	0,5	338	0,5
Belsch	280	0,4	272	0,4	267	0,4
Bennin	333	0,5	333	0,5	323	0,5
Besitz	453	0,6	458	0,6	457	0,6
Bobzin	336	0,5	342	0,5	328	0,5
Boddin[1]	574	0,8	565	0,8	560	0,8
Boizenburg[1]	11.978	16,6	11.950	16,7	11.774	16,7
Brahlstorf[1]	875	1,2	856	1,2	855	1,2
Bresegard	351	0,5	354	0,5	357	0,5
Camin	447	0,6	450	0,6	428	0,6
Dellien[1]	346	0,5	339	0,5	341	0,5
Dersenow	500	0,7	496	0,7	481	0,7
Dodow	409	0,6	406	0,6	414	0,6
Dreilützow	433	0,6	431	0,6	424	0,6
Drönnewitz	348	0,5	346	0,5	344	0,5

Gemeinden/ Teilräume	31.07.1989 abs.	vH	31.12.1989 abs.	vH	30.06.1990 abs.	vH
Gallin	482	0,7	488	0,7	488	0,7
Gammelin[1]	337	0,5	331	0,5	326	0,5
Garlitz	536	0,7	526	0,7	518	0,7
Gößlow[1]	360	0,5	348	0,5	345	0,5
Gresse[1]	667	0,9	659	0,9	654	0,9
Greven	667	0,9	665	0,9	662	0,9
Groß-Krams[2]	213	0,3	.	0,0	213	0,3
Haar[1]	529	0,7	522	0,7	525	0,7
Hagenow	14.416	20,0	14.260	19,9	14.092	20,0
Hoort[3]	508	0,7	502	0,7	490	0,7
Hülseburg	159	0,2	160	0,2	154	0,2
Jessenitz	440	0,6	440	0,6	428	0,6
Kaarßen	928	1,3	929	1,3	917	1,3
Karft	226	0,3	228	0,3	216	0,3
Kirch-Jesar	471	0,7	467	0,7	460	0,7
Klein-Bengerstorf	328	0,5	334	0,5	330	0,5
Kloddram	182	0,3	179	0,2	177	0,3
Körchow[1]	851	1,2	849	1,2	846	1,2
Kogel[1]	533	0,7	534	0,7	534	0,8
Kuhstorf	595	0,8	580	0,8	586	0,8
Lassahn	526	0,7	549	0,8	558	0,8
Lehsen	253	0,4	249	0,3	249	0,4
Luckwitz[1]	276	0,4	272	0,4	266	0,4
Lübtheen[1]	4.548	6,3	4.509	6,3	4.442	6,3
Lüttow	325	0,5	325	0,5	330	0,5
Melkof	432	0,6	425	0,6	411	0,6
Moraas	423	0,6	427	0,6	420	0,6
Neu-Gülze	493	0,7	488	0,7	488	0,7
Neuhaus	2.104	2,9	2.101	2,9	2.072	2,9
Neuhof[1]	288	0,4	281	0,4	285	0,4
Nostorf[1]	296	0,4	298	0,4	289	0,4
Pätow	369	0,5	373	0,5	363	0,5
Parum[1]	329	0,5	322	0,4	321	0,5
Picher	786	1,1	779	1,1	760	1,1
Pritzier	645	0,9	626	0,9	627	0,9
Redefin	622	0,9	847	1,2	607	0,9
Rodenwalde	503	0,7	506	0,7	501	0,7
Schwanheide	779	1,1	773	1,1	771	1,1
Setzin[1]	543	0,8	531	0,7	515	0,7
Stapel[1]	772	1,1	762	1,1	743	1,1
Strohkirchen	310	0,4	306	0,4	302	0,4
Sückau	151	0,2	158	0,2	156	0,2
Sumte[1]	496	0,7	490	0,7	484	0,7
Teldau[1]	1.068	1,5	1.056	1,5	1.037	1,5
Tessin/Boizenburg	464	0,6	454	0,6	437	0,6
Tessin/Wittenburg	268	0,4	265	0,4	215	0,3
Toddin	472	0,7	473	0,7	481	0,7
Tripkau	881	1,2	875	1,2	870	1,2
Valluhn	217	0,3	216	0,3	208	0,3
Vellahn	974	1,4	972	1,4	960	1,4
Warlitz	455	0,6	443	0,6	440	0,6
Waschow	288	0,4	280	0,4	279	0,4
Wiebendorf	153	0,2	156	0,2	154	0,2
Wittenburg[1]	5.726	7,9	5.676	7,9	5.520	7,8
Zarrentin[1]	2.383	3,3	2.382	3,3	2.381	3,4

Gemeinden/Teilräume	31.07.1989 abs.	vH	31.12.1989 abs.	vH	30.06.1990 abs.	vH
Hagenow-Wittenb.	20.478	28,4	20.278	28,3	19.940	28,2
Boizenb.-Hagenow*	16.448	22,8	16.351	22,8	16.124	22,8
Sonstiger Raum	35.169	48,8	34.985	48,9	34.537	48,9
LK Hagenow	72.095	100,0	71.614	100,0	70.601	100,0

* Ohne Stadt Hagenow.

Gemeinden/Teilräume	15.10.1990 abs.	vH	28.02.1991 abs.	vH
Alt-Zachun[3]	320	0,4	313	0,4
Bandenitz	380	0,5	339	0,5
Bantin	349	0,5	351	0,5
Banzin	347	0,5	346	0,5
Belsch	280	0,4	274	0,4
Bennin	320	0,4	311	0,4
Besitz	458	0,6	455	0,6
Bobzin	325	0,5	325	0,5
Boddin[1]	569	0,8	571	0,8
Boizenburg[1]	11.850	16,6	11.573	16,5
Brahlstorf[1]	852	1,2	852	1,2
Bresegard	360	0,5	354	0,5
Camin	429	0,6	421	0,6
Dellien[1]	343	0,5	343	0,5
Dersenow	485	0,7	482	0,7
Dodow	417	0,6	424	0,6
Dreilützow	428	0,6	424	0,6
Drönnewitz	343	0,5	345	0,5
Gallin	491	0,7	486	0,7
Gammelin[1]	323	0,5	325	0,5
Garlitz	525	0,7	517	0,7
Gößlow[1]	341	0,5	341	0,5
Gresse[1]	663	0,9	648	0,9
Greven	657	0,9	658	0,9
Groß-Krams[2]	211	0,3	213	0,3
Haar[1]	525	0,7	521	0,7
Hagenow	14.193	19,9	14.003	20,0
Hoort[3]	497	0,7	498	0,7
Hülseburg	160	0,2	160	0,2
Jessenitz	538	0,8	425	0,6
Kaarßen	919	1,3	913	1,3
Karft	213	0,3	213	0,3
Kirch-Jesar	466	0,7	454	0,6
Klein-Bengerstorf	332	0,5	329	0,5
Kloddram	179	0,3	180	0,3
Körchow[1]	854	1,2	857	1,2
Kogel[1]	534	0,7	534	0,8
Kuhstorf	583	0,8	588	0,8
Lassahn	556	0,8	546	0,8

Gemeinden/Teilräume	15.10.1990 abs.	vH	28.02.1991 abs.	vH
Lehsen	251	0,4	242	0,3
Luckwitz[1]	266	0,4	258	0,4
Lübtheen[1]	4.474	6,3	4.438	6,3
Lüttow	329	0,5	331	0,5
Melkof	415	0,6	410	0,6
Moraas	423	0,6	401	0,6
Neu-Gülze	481	0,7	480	0,7
Neuhaus	2.066	2,9	2.041	2,9
Neuhof[1]	283	0,4	282	0,4
Nostorf[1]	287	0,4	296	0,4
Pätow	363	0,5	363	0,5
Parum[1]	325	0,5	322	0,5
Picher	763	1,1	746	1,1
Pritzier	653	0,9	623	0,9
Redefin	626	0,9	613	0,9
Rodenwalde	493	0,7	489	0,7
Schwanheide	772	1,1	757	1,1
Setzin[1]	492	0,7	495	0,7
Stapel[1]	743	1,0	726	1,0
Strohkirchen	302	0,4	298	0,4
Sückau	156	0,2	153	0,2
Sumte[1]	488	0,7	479	0,7
Teldau[1]	1.035	1,5	1.030	1,5
Tessin/Boizenburg	437	0,6	437	0,6
Tessin/Wittenburg	213	0,3	208	0,3
Toddin	490	0,7	497	0,7
Tripkau	858	1,2	847	1,2
Valluhn	208	0,3	206	0,3
Vellahn	951	1,3	943	1,3
Warlitz	437	0,6	434	0,6
Waschow	279	0,4	271	0,4
Wiebendorf	154	0,2	154	0,2
Wittenburg[1]	5.690	8,0	5.607	8,0
Zarrentin[1]	2.385	3,3	2.367	3,4
Hagenow-Wittenb.	20.208	28,4	19.935	28,4
Boizenb.-Hagenow*	16.206	22,8	15.915	22,7
Sonstiger Raum	34.789	48,9	34.306	48,9
LK Hagenow	71.203	100,0	70.156	100,0

* Ohne Stadt Hagenow.

Anmerkungen zu Anhang A2:
1 Die aufgeführten Gemeinden umfassen Ortsteile, die erst nach dem 1.1.1971 eingemeindet wurden.
2 Groß-Krams gehörte zwischen dem 1.1.1971 und dem 6.5.1990 zu Redefin. Daher sind die Bevölkerungsdaten von einigen Erhebungen in den Daten der Gemeinde Redefin enthalten.
3 Die Gemeinden Alt Zachun, Neu Zachun und Hoort wurden nach dem 1.1.1971 zusammengelegt. Zur Zeit ist Alt Zachun wieder eine selbständige Gemeinde.

Anhang A3: Fläche der Gemeinden und Teilräume des Landkreises Ludwigslust 1990 (in qkm)

Gemeinden/Teilräume	Fläche	Gemeinden/Teilräume	Fläche
Alt-Krenzlin	37,57	Ludwigslust	48,62
Balow	12,82	Lüblow	21,42
Besandten	11,64	Malliß	25,17
Blievenstorf	21,38	Mellen	12,71
Brenz	12,39	Milow	21,34
Bresegard	10,69	Möllenbeck	19,20
Dadow	18,91	Muchow	19,05
Dömitz	30,84	Neu-Kaliß	34,02
Eldena	33,97	Neustadt-Glewe	93,92
Eldenburg	25,73	Niendorf	16,97
Fahrbinde	8,59	Polz	10,79
Glaisin	14,57	Prieslich	18,39
Göhlen	13,83	Rüterberg	9,18
Göhren	22,78	Steesow	24,40
Gorlosen	34,11	Tewswoos	26,33
Grabow	47,68	Vielank	38,89
Grebs	14,25	Warlow	13,86
Groß-Laasch	27,21	Werle	10,74
Heidhof	9,35	Wöbbelin	23,51
Karenz	6,83	Woosmer	12,15
Karstädt	19,70	Wootz	30,30
Kremmin	16,86	Zierzow	13,32
Krinitz	12,09		
Kummer	15,09	Städtedreieck	237,13
Lanz	59,99	Entwicklungsachse B 19	146,78
Lenzen	57,27	Sonstiger Raum	776,45
Leussow	19,94		
		LK Ludwigslust	1.160,36

Quelle: Kreisverwaltung Ludwigslust; eigene Berechnungen.

Anhang A4: Fläche der Gemeinden und Teilräume des Landkreises Hagenow 1990 (in qkm)

Gemeinden/Teilräume	Fläche	Gemeinden/Teilräume	Fläche
Alt-Zachun	8,43	Lehsen	7,74
Bandenitz	17,36	Luckwitz	13,04
Bantin	14,26	Lübtheen	57,51
Banzin	12,04	Lüttow	13,32
Belsch	22,46	Melkof	15,18
Bennin	14,90	Moraas	16,77
Besitz	22,27	Neu-Gülze	12,97
Bobzin	6,04	Neuhaus	25,83
Boddin	25,18	Neuhof	15,73
Boizenburg	47,25	Nostorf	19,95
Brahlstorf	21,94	Pätow	10,66
Bresegard	16,57	Parum	16,85
Camin	19,51	Picher	39,08
Dellien	13,69	Pritzier	19,26
Dersenow	22,50	Redefin	28,05
Dodow	6,77	Rodenwalde	23,98
Dreilützow	12,33	Schwanheide	26,51
Drönnewitz	18,25	Setzin	20,60
Gallin	22,70	Stapel	48,83
Gammelin	15,61	Strohkirchen	14,77
Garlitz	18,12	Sückau	11,06
Gößlow	19,43	Sumte	28,34
Gresse	21,25	Teldau	52,04
Greven	39,99	Tessin/Boizenburg	10,26
Groß-Krams	0,00	Tessin/Wittenburg	7,14
Haar	18,52	Toddin	11,03
Hagenow	67,43	Tripkau	37,36
Hoort	22,11	Valluhn	10,93
Hülseburg	9,08	Vellahn	11,64
Jessenitz	28,56	Warlitz	23,70
Kaarßen	41,04	Waschow	7,62
Karft	7,02	Wiebendorf	12,41
Kirch-Jesar	18,76	Wittenburg	46,25
Klein-Bengerstorf	20,36	Zarrentin	29,01
Kloddram	9,20		
Körchow	26,00	Hagenow-Wittenburg	119,72
Kogel	29,85	Boizenburg-Hagenow[1]	194,96
Kuhstorf	15,01	Sonstiger Raum	1.234,91
Lassahn	32,38	LK Hagenow	1.549,59

[1] Ohne Stadt Hagenow

Quelle: Statistisches Landesamt Mecklenburg-Vorpommern; eigene Berechnungen.

Anhang A5: Qualifizierungsrichtungen im Landkreis Ludwigslust

Die Qualifizierungsrichtungen der von den 20 Bildungsträgern angebotenen Umschulungs- und Fortbildungsmaßnahmen sind:
- Arzthelferin
- Baustoffprüfer
- CNC-Techniker
- Dachdecker
- EDV-Grundlehrgänge
- Elektroinstallateur
- Fachgehilfe für Steuer- und Wirtschaftsberatung
- Fachgehilfe für Steuerrecht
- Fliesen-, Mosaik- und Plattenleger
- Florist
- Gas-, Wasserinstallateur
- Haus- und Familienpfleger
- Heizungsbauer
- Hochbau-FA
- Hotelkaufmann/-frau
- Industriemechaniker
- Industriemeister
- Kaufmann für Grundstücks- und Wohnungswirtschaft
- kaufmännische Richtungen (alle)
- Koch
- Krankenpfleger
- Maler, Lackierer
- Maschinenbaumechaniker
- Maurer
- Pflasterer
- Polierer (geprüft)
- Rohrleitungsbau
- Rohrvorrichter
- Schweißer (7 verschiedene Verfahren)
- Straßenbauer
- Tiefbauer
- Tischler
- Umweltschutzassistent
- Verkäufertraining
- Vertriebsingenieur
- Zentrallüftungsbauer
- Zimmerer

Quelle: Arbeitsamt Schwerin, Nebenstelle Ludwigslust.

Anhang A6: Methodische Darstellung der Gewerbeflächenbedarfsanalyse

Ausgangsgröße für die folgenden Bedarfsberechnungen sind die Wirtschaftssektoren, die Gewerbe- und Industrieflächen nachfragen. Tabelle A6/1 gibt einen Überblick über die Gewerbeflächenbeanspruchung durch die einzelnen Wirtschaftszweige.

Tab. A6/1: Gewerbeflächenbeanspruchung durch einzelne Wirtschaftszweige

Wirtschaftszweig	Beanspruchung von GI- und GE-Flächen		
	erheblich	teilweise	keine
Land-, Forstwirtschaft			x
Bergbau, Energie		x	
Verarbeitendes Gewerbe	x		
Baugewerbe	x		
Handel		x	
Verkehr		x	
Kreditinstitute, Versich.			x
Sonst. Dienstleistungen			x
Priv. Haushalte			x
Staat			x

Quelle: K.D. Stark u.a. (1981), S. 72.

Beim Verarbeitenden Gewerbe und der Bauwirtschaft ist davon auszugehen, daß die Unternehmen zu 100 vH Gewerbeflächen beanspruchen. Die Sektoren Bergbau und Energie sowie Handel und Verkehr beanspruchen nur teilweise Gewerbeflächen.

Der Sektor Bergbau und Energie beansprucht Gewerbeflächen z.B. für Kraftwerke und Kokereien. Aufgrund der besonderen Situation in diesem Sektor[1] bleibt der Flächenbedarf dieser Branche hier unberücksichtigt. Die Bereitstellung von Gewerbeflächen für den Wirtschaftsbereich Energie sollte daher, je nach konkretem Bedarf, gesondert erfolgen. Beim Handel beansprucht nur der Zweig Großhandel gewerbliche Flächen. Der großflächige Einzelhandel kann vernachlässigt werden, da diese Betriebe mit einer Geschoßfläche über 1.200 qm nur noch in Sondergebieten untergebracht werden dürfen[2]. Beim Sektor Verkehr beanspruchen lediglich die Unternehmen des Straßenverkehrs und die Speditionen Gewerbeflächen.

Zu Ermittlung der Anteile, mit denen der Handel und der Verkehr in die Bedarfsberechnung eingehen, werden die aktuellen Beschäftigtenanteile der gewerbeflächenbeanspruchenden Branchen an den Wirtschaftszweigen für die Bundesrepublik

---

[1] Es besteht einerseits eine starke Reglementierung dieses Sektors durch Fachgesetze, andererseits ist der Bereich "Bergbau" für die Untersuchungsregion vernachlässigbar. Vgl. auch *M. Bauer, H.W. Bonny* (1987), S. 41 f.
[2] Vgl. §11 Abs. 3 BauNVO.

Deutschland herangezogen. Danach beträgt der Beschäftigtenanteil des Großhandels am Handel 36 vH und der des Straßenverkehrs am gesamten Sektor Verkehr 43 vH[3]. Aufgrund des hohen Nachholbedarfs des Handels in den neuen Bundesländern wird die Quote von 36 vH auf 40 vH korrigiert.

Der Flächenbedarf ergibt sich dann aus der folgenden Gleichung (Symbolverzeichnis s. S. XIII):

$$(1) \quad FL^G = AL^* * \left[\frac{BE_{VG} + BE_{Bau}}{BE_{ges}} * FKZ_{VG} + \frac{0,4*BE_{Ha} + 0,43*BE_V}{BE_{ges}} * FKZ_{SO} \right]$$

Gleichung 1 berücksichtigt die gewerbegebietsbeanspruchenden Beschäftigtenquoten für das Verarbeitende Gewerbe und - leicht modifiziert - für Handel und Verkehr, sodaß sich der Flächenbedarf je Beschäftigten nach Wirtschaftszweigen unterscheidet. Hierbei kann auch der Kreistyp des Untersuchungsraumes Berücksichtigung finden[4].

Da für die Region Ludwigslust/Hagenow die Daten nicht in der oben dargestellten statistischen Abgrenzung vorliegen, wird die Gleichung (2) nach der DDR-Systematik modifiziert, wobei davon ausgegangen wird, daß die Wirtschaftszweige "Industrie" und "Handwerk" dem verarbeitenden Gewerbe entsprechen und der sonstige produzierende Bereich keine Gewerbeflächen beansprucht. Die Gleichung für die Berechnung des Gewerbeflächenbedarfs in der Untersuchungsregion lautet somit:

$$(2) \quad FL^G = AL^* * \left[\frac{BE_{Ind} + BE_{HW} + BE_{Bau}}{BE_{ges}} * FKZ_{VG} + \frac{0,4*BE_{Ha} + 0,43*BE_V}{BE_{ges}} * FKZ_{SO} \right]$$

Die in Gleichung 2 einzusetzenden Beschäftigtenzahlen sind in Tabelle A6/2 dargestellt. Die Flächenkennziffern betragen für das Verarbeitende Gewerbe

---
[3] Vgl. *Statistisches Bundesamt* (Hrsg., 1990), S. 95.
[4] Unter Kreistypen wird eine Einteilung der Regionen in siedlungsstrukturelle Raumtypen wie z.B. "große Kernstädte" oder "ländliche Kreise" verstanden.

221 qm/Beschäftigten und für sonstige Nutzungen 150 qm/Beschäftigten[5]. Bei niedrigen Bodenpreisen wird mehr Fläche pro Beschäftigten nachgefragt. Eine solche Tendenz kann verstärkt in ländlichen Räumen beobachtet werden[6]. Es wird daher ein zweiter Berechnungsschritt durchgeführt, wobei die Flächenkennziffern um jeweils ein Drittel auf 295 qm/Beschäftigten beim Verarbeitenden Gewerbe und auf 200 qm/Beschäftigten bei sonstigen Nutzungen korrigiert werden.

Tab. A6/2: Berufstätige nach Sektoren in den Landkreisen Ludwigslust und Hagenow

Sektor	LK Ludwigslust absolut	vH	LK Hagenow absolut	vH
Landwirtschaft	7.358	21,9	10.514	30,3
Industrie	8.971	26,7	8.294	23,9
Handwerk	974	2,9	1.527	4,4
Bauwirtschaft	4.570	13,6	1.735	5,0
sonst. prod. Bereich	470	1,4	312	0,9
Handel	3.226	9,6	3.436	9,9
Verkehr	2.184	6,5	2.047	5,9
nicht-prod. Bereich	5.847	17,4	6.835	19,7
insgesamt	33.600	100,0	34.700	100,0

Quelle: Statistisches Bezirksamt Schwerin (1990), S. 31; eigene Berechnungen.

Für die Prognose des zukünftigen Arbeitsplatzdefizits AL* wird von drei Szenarien ausgegangen. Szenario I unterstellt, daß für die Planungen des Gewerbeflächenbedarfs lediglich die derzeitige Arbeitslosenzahl maßgeblich ist. Da allerdings angesichts des gewaltigen Strukturbruchs mit einem wesentlich höheren Arbeitsplatzdefizits zu rechnen ist, kann dieses Szenario allenfalls als Untergrenze für den Flächenbedarf aufgefaßt werden. Szenario II geht von einem künftigen Arbeitsplatzmangel in Höhe der derzeitigen Arbeitslosen und der Kurzarbeiter mit 0 Stunden Arbeitszeit aus. Szenario III unterstellt, daß ein zukünftiger Arbeitsplatzmangel in Höhe der derzeitigen Arbeitslosen und aller Kurzarbeiter auftreten wird. Ob Szenario II oder III das realistischere ist, hängt in entscheidendem Maße von der Arbeitsplatzentwicklung in den Unternehmen und von künftigen Neuansiedlungserfolgen ab.

In den meisten Gewerbeflächenbedarfsanalysen wird eine Wiederverwendungsquote für den Gewerbegebietsbestand berücksichtigt[7]. Dabei wird davon ausgegangen, daß ein Teil des Bestandes durch Betriebsstillegung und Verlagerung nach entspre-

---
5 Vgl. M. Bauer, H.W. Bonny (1987), S. 67. Die Flächenkennziffern umfassen die Nettogrundrißfläche sowie innerbetriebliche Reserveflächen und Erschließungsflächen.
6 Vgl. ebenda, S. 67 f.
7 Vgl. M. Bauer, H.W. Bonny (1987), S. 50.

chendem Recycling als Gewerbefläche wiederverwendet werden kann. Dieses Gutachten verzichtet auf eine Berücksichtigung einer Wiederverwendungsquote[8]. Es wird davon ausgegangen, daß
- bestehende Gewerbeflächen z.b. aus städtebaulichen Gründen umgenutzt werden,
- bestehende Betriebe zusätzliche Flächen als Reserveflächen oder z.B. als Parkierungsflächen und Grünflächen nutzen werden und daß
- Teile des Flächenbestandes wegen Altlasten und überalterter Bausubstanz von ansiedlungswilligen Unternehmen gemieden werden.

---

[8] Eine Berücksichtigung von Gewerbeflächenrecycling durch eine Wiederverwendungsquote würde den im Gutachten ermittelten Flächenbedarf weiter reduzieren.

Anhang A7: Überblick über die Treuhandbetriebe in der Region Ludwigslust/Hagenow (Juni 1991)

Ort	Name der Firma	Branche	BE[1]	Stand
Dömitz	Elbe-Holz-Dömitz GmbH	Holzverarbeitung	115	Privatisierung chancenreich
Grabow	Dachpappenwerk Grabow GmbH	Kohlenwertstoffind.	20	reprivatisiert
	Elektro-Geräte-Service-Grabow GmbH	Sonst. Dienstleistungen	27	Privatisierung chancenreich
	Goldleisten GmbH	Holzverarbeitung	90	reprivatisiert
	Grabower Dauerbackwaren GmbH	Ernährungsgewerbe	205	Privatisierung chancenreich
	Grabower Kistenfabrik GmbH	Holzverarbeitung	20	Privatisierung chancenreich
	Hoch- und Ausbau-GmbH Grabow	Baugewerbe	230	privatisiert
	Maschinen- und Fahrzeug-GmbH Grabow	Fahrzeugbau	205	Privatisierung chancenreich
	Mecklenburger Zierpflanzen GmbH	Landwirtschaft	62	Privatisierung chancenreich
	MetallgieBerei Grabow GmbH	Metallerzeugung	26	Privatisierung chancenreich
	Rose Brauerei Grabow/Mecklenb. GmbH	Ernährungsgewerbe	58	privatisiert

noch Anhang A7:

Ort	Name der Firma	Branche	BE[1]	Stand
Lenzen	Lenzener Leichtbauplatten GmbH	Holzverarbeitung	39	Privatisierung chancenreich
	Pianofabrik Lenzen GmbH	Musikinstrumente	32	Privatisierung chancenreich
Ludwigslust	Auto-Service-Ludwigslust GmbH	Fahrzeugbau	65	Privatisierung chancenreich
	Bau-GmbH Ludwigslust/Mecklenburg	Baugewerbe	1308	privatisiert
	Baustoffmaschinen AG Ludwigslust	Maschinenbau	550	Privatisierung chancenreich
	Güldenstern GmbH	Ernährungsgewerbe	34	privatisiert
	Ingenieurbüro für Wasserwirtschaft und Umwelttechnik GmbH Ludwigslust	Dienstleistungen	29	-
	Mecklenburger Wurstfabrik GmbH	Ernährungsgewerbe	187	-
	Schlachtbetrieb Ludwigslust GmbH	Ernährungsgewerbe	154	Privatisierung problematisch
	Trans Inter Mecklenburg Speditionsges. mbH	Dienstleistungen	54	-
	WESTA Bau GmbH	Baugewerbe	1283	Privatisierung chancenreich

noch Anhang A7:

Ort	Name der Firma	Branche	BE[1]	Stand
Malliß	Hover GmbH Malliß	Holzverarbeitung	187	privatisiert
	Mallißer Ziegelwerke GmbH	Baugewerbe	178	Privatisierung chancenreich
Neu-Kaliß	Feinpapier Neu-Kaliß GmbH	Papierverarbeitung	496	Privatisierung steht bevor
	Mecklenburger Elde Mühlen GmbH	Ernährungsgewerbe	143	Privatisierung chancenreich
Neustadt-Glewe	Elwana GmbH Neustadt-Glewe	Chemie	46	privatisiert(?)
	Norddeutsche Lederwerke GmbH	Leder- und Textilgewerbe	1050	Beschäftigungsgesellschaft
	RFT-Nachrichtentechnik GmbH	Elektrotechnik	772	Privatisierung problematisch
	Tierzucht Lewitz Neustadt-Glewe GmbH	Landwirtschaft	314	privatisiert(?)
Boizenburg	Boizenburger Fliesen AG	Baugewerbe	1000	privatisiert
	Textilverarbeitungs GmbH Boizenburg	Bekleidungsgewerbe	60	in Verhandlung
	Elbewerft Boizenburg GmbH	Metallverarbeitung	1623	Sanierungskonzept abhängig von der Entscheidung der Berliner Treuhandanstalt
	Elbe Wohnungs- und Verwaltungs GmbH	Dienstleistungen	?	kommunalisiert
	Metallbau GmbH Stadtlengsfeld	Metallbearbeitung	?	privatisiert

noch Anhang A7:

Ort	Name der Firma	Branche	BE[1]	Stand
Brahlstorf	Brahlstorfer Galvanik GmbH	Metallbearbeitung	59	Privatisierung in Verhandlung
Hagenow	August Hildebrandt GmbH	Holzverarbeitung	?	privatisiert
	Gebäudewirtschaft Hagenow	Dienstleistungen	?	kommunalisiert
	Hagast GmbH Hagenow	?	?	Privatisierung in Verhandlung
	Hagenower Bau GmbH	Baugewerbe	246	privatisiert
	Hagenower Verkehrsgesellschaft GmbH	Verkehrsgewerbe	225	Kommunalisierung angestrebt
	HATRI-Wäsche Herbert Brüch & Söhne GmbH Hagenow	Bekleidungsgewerbe	?	privatisiert
	Heide Gummi GmbH	Gummiwarenherstellung	30	Privatisierung in Verhandlung
	Kartoffelveredelung Hagenow GmbH	Ernährungsgewerbe	380	Wahrscheinlich Management-Buy-Out
	Mechanische Werkstätten Hagenow GmbH	Metallbearbeitung	43	privatisiert
	Mecklenburger Handelstransporte GmbH	Verkehrsgewerbe	?	privatisiert
	Mecklenburger Käsewerk Hagenow GmbH	Ernährungsgewerbe	319	?
	Mecklenburger Milchwerke Hagenow GmbH	Ernährungsgewerbe	190	**Generalvollstreckung**
	Schornstein- und Feuerungsbau GmbH	Baugewerbe	?	**privatisiert**

noch Anhang A7:

Ort	Name der Firma	Branche	BE[1]	Stand
Lübtheen	Fahrzeugbau Lübtheen GmbH	Fahrzeugbau	450	Privatisierung offen
	Metall + Haustechnik GmbH	?	?	Management-Buy-Out
	MZI Mecklenburgische Zurichterei und Industrieproduktion GmbH	?	?	privatisiert
Wittenburg	EN-LEIT GmbH	Elektrotechnik	26	privatisiert
	Milchkonservenfabrik Wittenburg GmbH	Ernährungsgewerbe	?	Generalvollstreckung
	TEGAS GmbH	Maschinenbau	300	Privatisierung in Verhandlung
	Tilia-Holz GmbH	Holzverarbeitung	?	Management-Buy-Out
Zarrentin	ZAR-Schuh GmbH	Lederverarbeitung	61	Privatisierung in Verhandlung

Quelle: Angaben der Kreisverwaltungen Ludwigslust und Hagenow.

Anhang A8: Überblick über wichtige finanzielle Förderhilfen für die Region Ludwigslust/Hagenow

Programmbezeichnung	Antragsberechtigter	Förderbare Maßnahmen	Art und Höhe der Förderung	Konditionen
Investitionszulage	Steuerpflichtige i.S.d. Einkommens- und des Körperschaftssteuergesetzes	Anschaffung und Herstellung von neuen, abnutzbaren beweglichen Wirtschaftsgütern (außer geringwertige Wirtschaftsgüter)	Steuerfreie Investitionszulage i.H.v. 12% (bis 31.12.91) bzw. 8% (1.1.92 bis 31.12.94, sofern Beginn vor dem 1.1.93)	
Investitionszuschüsse zur Verbesserung der regionalen Wirtschaftsstruktur -gewerblich-	Unternehmen der gewerblichen Wirtschaft mit überregionaler Bedeutung, Fremdenverkehrsgewerbe	-Errichtung (23%) -Erweiterung (20%) -grundlegende Rationalisierung (15%)	nicht rückzahlbarer, steuerpflichtiger Investitionszuschuß bis zu 23%, je nach Investitionsvorhaben	
ERP-Modernisierungsprogramm	Gewerbliche Unternehmen und Angehörige freier Berufe bis DM 50 Mio. Jahresumsatz (Konzernbetrachtung)	-Allg. Modernisierung vorhandener Anlagen -Errichtung von (Zweig-)Betrieben -Erweiterung der Prod.-Kapazitäten -Produktivitätssteigerung durch technologisch leistungsfähigere Aggregate o.ä.	Zinsgünstiger Kredit bis zu 50% der Investitionen, max. TDM 1000	Zinssatz: 7,5% p.a.-fest für die ges. Laufzeit- Auszahlung: 100% Laufzeit: bis 20 Jahre, davon max. 5 tilgungsfrei, außerplanmäßige Tilgungen jederzeit mögl.

noch Anhang A8:

Programmbezeichnung	Antragsberechtigter	Förderbare Maßnahmen	Art und Höhe der Förderung	Konditionen
ERP-Abfallwirtschaftprogramm	Gewerbliche Unternehmen und Angehörige freier Berufe bis DM 500 Mio. Jahresumsatz (Konzernbetrachtung)	-Bauliche und maschinelle Investitionen für die Errichtung und Erweiterung von Anlagen zur Abfallbeseitigung und -verwertung -Vorhaben des vorsorglichen Umweltschutzes	s.o.	s.o.
ERP-Abwasserreinigungsprogramm	s.o.	-Errichtung u. Erweiterung von Abwasserreinigungsanlagen -neue, umweltfreundliche Prod.-Anlagen (sofern diese die Entstehung von Abwasser zumindest vermindern) -Vorhaben des vorsorglichen Umweltschutzes	s.o.	s.o.

noch Anhang A8:

Programmbezeichnung	Antragsberechtigter	Förderbare Maßnahmen	Art und Höhe der Förderung	Konditionen
ERP-Energiesparprogramm	s.o.	-Errichtung, Erweiterung und Modernisierung baul. und maschineller Anlagen zur -Energieeinsparung u. rationellen E.-Verwendung -Nutzung erneuerbarer Energie	s.o.	s.o.
ERP-Luftreinhaltungsprogramm	s.o.	-Errichtung u. Erweiterung von Anlagen zur Reinhaltung der Luft sowie Maßnahmen gegen Lärm, Geruch und Erschütterungen -neue umweltfreundliche Prod.-Anlagen (sofern sie die Entstehung o.g. E-missionen zumindest vermindern) -Vorhaben des vorsorglichen Umweltschutzes	s.o.	s.o.

noch Anhang A8:

Programmbezeichnung	Antragsberechtigter	Förderbare Maßnahmen	Art und Höhe der Förderung	Konditionen
ERP-Existenzgründungsprogramm	Existenzgründer im Bereich der gewerblichen Wirtschaft und der freien Berufe	Existenzgründung/ Existenzfestigung	s.o.	s.o.
Eigenkapitalhilfeprogramm	Existenzgründer im Bereich der gewerblichen Wirtschaft	Existenzgründung/ Existenzfestigung	Zinsgünstiger Kredit bis i.d.R. 25% der förderungsfähigen Investitionen, i.d.R. max. DM 350000	Zinssatz: 1. bis 3. Jahr zinslos 4. Jahr 2%, 5. Jahr 3% anschl. marktübl. Garantieentgelt: 0,5% p.a., Auszahlung: 98%, Laufzeit 20 Jahre, davon 10 tilgungsfrei
KfW-Investitionsprogramm	Kleine und mittlere Unternehmen der gewerblichen Wirtschaft sowie freiberuflich Tätige bis zu einem Jahresumsatz von DM 500 Mio. (inkl. Verbundunternehmen) Auch bei Treuhandunternehmen	Investitionen in den neuen Bundesländern und Berlin/Ost	Zinsgünstiger Kredit bis zu 75% der Investitionen, i.d.R. max. DM 10 Mio.	Zinssatz: 7,5% p.a. -fest für die gesamte Laufzeit- Auszahlungssatz: 96%, Laufzeit: bis 10 Jahre, davon max. 2 Jahre tilgungsfrei -außerplanmäßige Tilgungen jederzeit mögl.

noch Anhang A8:

Programmbezeichnung	Antragsberechtigter	Förderbare Maßnahmen	Art und Höhe der Förderung	Konditionen
EGKS-Darlehen gemäß Artikel 56	Investoren aus allen Wirtschaftssektoren (Kohle-u. Stahlsektor nur in Ausnahmefällen) und öff. Einrichtungen. Arbeitnehmer aus EGKS-Industrien zur Finanzierung eigener Existenzen	Schaffung von Arbeitsplätzen in EGKS-Revieren oder Arbeitsplatz-Investitionen für ehemalige Arbeitnehmer aus EGKS-Industrien	Zinsgünstiger Kredit von -max. 20000 ECU je neugeschaffenen Arbeitsplatz für ehemalige Arbeitnehmer aus EGKS Industrien -max. 13333 ECU für sonst. neugeschaffene Arbeitsplätze in EGKS-Revieren	Zinssatz: marktüblich, fest für die gesamte Laufzeit, Zinszuschuß: max. 3% für 5 Jahre Laufzeit: 5 Jahre, endfällig
KfW-Wohnraummodernisierungsprogramm	Privatpersonen, Unternehmen, Gemeinden, Kreise, Gemeindeverbände und sonstige Körperschaften u. Anstalten des öff. Rechts	Modernisierung und Instandsetzung von vermietetem und eigengenutztem Wohnraum im Gebiet der ehemaligen DDR und in Berlin/Ost	Zinsgünstiger Kredit in Höhe von max. DM 500/ qm Wohnfläche	Zinssatz: 6,75% p.a. fest für die ersten 10 Jahre, Auszahlung: 100% Laufzeit: bis zu 25 Jahre, bei 5 tilgungsfreien Anlaufjahren

noch Anhang A8:

Programmbezeichnung	Antragsberechtigter	Förderbare Maßnahmen	Art und Höhe der Förderung	Konditionen
KfW-Anschubprogramm	Unternehmen der gewerblichen Wirtschaft, die sich noch im Staatseigentum befinden bzw. bei denen staatliche Institutionen die Mehrheit der Geschäftsanteile halten	-Modernisierungsinvestitionen -Umstrukturierungsinvest. -Beschaffung von dringend benötigten Ersatzteilen und Vormaterialien	Zinsgünstiger Kredit bis zu max 50% der förderbaren Kosten	Zinssatz: abhängig vom Kapitalmarkt, Laufzeit: i.d.R. bis zu 10 Jahre, bei 2 tilgungsfreien Jahren
Investitionszuschüsse zur Verbesserung der regionalen Wirtschaftsstruktur	Gemeinden und Gemeindeverbände	Infrastrukturmaßnahmen	nicht rückzahlbarer Zuschuß bis zu 90%	

noch Anhang A8:

Programmbezeichnung	Antragsberechtigter	Förderbare Maßnahmen	Art und Höhe der Förderung	Konditionen
Kommunalkreditprogramm	Gemeinden, Kreise, Gemeinde- und Zweckverbände, sonst. Körperschaften und Anstalten des öff. Rechts, Eigengesellschaften kommunaler Gebietskörperschaften mit überwiegend kommunaler Trägerschaft	Kommunale Sachanlageninvestitionen	Zinsgünstiger Kredit bis zu 2/3 des Investitionsbetrages	Zinssatz: 6,5% p.a. fest für 10 Jahre, Auszahlung: 100% Laufzeit: bis zu 30 Jahre, davon max. 5 tilgungsfrei - außerplanmäßige Tilgungen jederzeit möglich
Förderung von Unternehmensberatungen für kleinere und mittlere Unternehmen	selbständige Berater oder Beratungsunternehmen, die auf dem Gebiet der ehemaligen Bundesrep. Deutschland oder Berlin/West ihren Sitz und Geschäftsbetrieb oder eine Zweigniederlassung haben	-Beratungen über alle wirtschaftlichen, technischen, finanziellen und organisatorischen Probleme der Unternehmensführung sowie der Umstellung und Anpassung an marktwirtschaftliche Bedingungen -Existenzgründungsberatung -Umweltschutzberatung -Energiesparberatung	Zuschuß in Höhe von 80% der in Rechnung gestellten Beratungskosten, max. DM 3000	

noch Anhang A8:

Programmbezeich-nung	Antragsberech-tigter	Förderbare Maßnahmen	Art und Höhe der Förderung	Konditionen
Bürgschaften		Zur Absicherung und evtl. auch zur Haftungsbeschränkung besteht die Möglichkeit, bei Investitionsvorhaben im Beitrittsgebiet öffentliche Bürgschaften zu beantragen.		
Hinweis		In der Regel (bis auf die Zulage) sind die Anträge vor der Maßnahme zu stellen.		

Quelle: Wirtschaft aktuell (1991), S. 28 f. und Industrie- und Handelskammer zu Schwerin (1991).

Anhang A9: Standortinformationsbedarf der Unternehmen

I. Angaben zum Makrostandort (Gemeinde/Kreis)

1. **Geographische Lage, administrative Grenzen**

2. **Klimatische Bedingungen**

3. **Verkehrslage und -anbindung**

   Verkehrsanbindungen an Autobahnen und Bundesstraßen 1.Ordnung

   Verkehrsanbindungen an die Bundesbahn, differenziert nach:
   - Personenfernverkehr: (IC-Haltepunkt)
   - Güterverkehr: Technische Einrichtungen für den Güterumschlag
   - Personennahverkehr: Welche Nahverkehrsmittel führen wann wohin? (Fahrpläne)
   - Flughafen, Luftverkehrsmöglichkeit: (Entfernung in Autominuten)
   - Hafen (technische Angaben)
   - Güterumschlag

4. **Größe und Zuschnitt der zur Verfügung stehenden Industrie- und Gewerbeflächen bzw. -objekte**

   - Größe (Quadratmeter/Hektar)
   - Flächenzuschnitt
   - Optionsmöglichkeiten für Erweiterungen
   - noch nicht genutzte Industrie- und Gewerbeflächen

5. **Preise für Industrie- und Gewerbegrundstücke (voll erschlossen)**

   Möglichkeiten des Erwerbs von Industrie- und Gewerbeflächen
   - Miete
   - Kauf
   - Pacht
   - Erbpacht

6. **Bevölkerungsstruktur**

   - Bevölkerungsentwicklung
   - Bevölkerungsprognose
   - Altersaufbau
   - Ausländeranteil an der Wohnbevölkerung
   - Schulabschluß
   - berufliche Stellung

7. **Wirtschaftsstruktur**

   Branchenstrukturübersicht spezifiziert nach:
   - Zahl der Betriebe
   - Beschäftigtenzahl: absolut und nach Berufgruppen (Berufe-Wirtschaftszweig-Matrix)
   - Firmenname, Beschäftigtenzahl (geschlechtsspezifisch),
   - Ansiedlungsjahr der wichtigsten Unternehmen

8. **Arbeitsmarktsituation**

    - Erwerbsquote (geschlechtsspezifisch)
    - Arbeitslosenquote, geschlechtsspezifisch und nach Berufsgruppen
    - Berufspendlerstruktur spezifiziert nach Altersgruppen und Wirtschaftsbereichen sowie ausgewählten Ziel- und Herkunftsgemeinden

9. **Ver- und Entsorgungssituation**

    Elektrizitätsversorgung
    - Welche Einspeisespannung steht zur Verfügung bzw. kann zur Verfügung gestellt werden?
    - Welcher Anschlußwert steht zur Verfügung bzw. kann zur Verfügung gestellt werden?
    - Erfolgt Einspeisung ober- oder unterirdisch?
    - Bezugskosten
    - Anschlußkosten
    - Spannungs- und Frequenzabweichungen
    - Zahl der pro Jahr zu erwartenden Netzausfälle und ihre Dauer je nach Anschlußsituation

    Gasversorgung
    - Gasart
    - Gasanschlußwerte (mögliche)
    - Gasabnahme-Tarife
    - Gasanschlußkosten
    - geplante Leitungsstrecken

    Wasserversorgung
    - Wasserarten (Trink- und Brauchwasser), Härten und Analysen
    - Kapazität des Wasserwerks
    - Wasseranschlußwerte (mögliche)
    - Wasserabnahme-Tarife
    - Wasseranschluß-Kosten
    - Entsorgungs-Anschlußwerte
    - Entsorgungs-Anschlußkosten
    - Entsorgungstarife

    Versorgung mit Telefon- und Telexanschlüssen
    Stehen ausreichend Telefonamtsleitungen (Neuanschlüsse) zur Verfügung?

    Abfall- und Abwasserbeseitigung
    - Art und Umfang des Abfall- und Abwasseraufkommens
    - Technologie der Entsorgung:
    Vorfluter
    Klärwerk (mechanisch/biologisch)
    Deponie
    Müllverbrennung
    Kapazitätsauslastung kommunaler Entsorgungseinrichtungen

10. **Kulturelles Angebot, Freizeit- und Erholungsmöglichkeiten (falls nicht in der Gemeinde, Standortangabe)**

    - Theater
    - Orchester
    - Museen, Kunstausstellungen
    - Kirchen

- Bibliotheken
- Kino (Programme)
- sonstige Vergnügungsstätten
- Städtische Vereine, Klubs
- Sportmöglichkeiten (Tennis, Golf, Reiten, Segeln)
- Naherholungsziele mit Unterhaltungsangebot (Freizeitparks)
- Grünanlagen, Parks

11. Zentrale Einrichtungen im öffentlichen und privaten Bereich

Stellen der Kommunal- und Kreisverwaltung (Gewerbeaufsichtsamt, Finanzamt etc.)

Kreditinstitute, Versicherungen

Einrichtungen der Gesundheitsfür- und -vorsorge (Krankenhäuser, Ärzte, Fachärzte, werksärztliche Dienste, Krankenkassen, Apotheken)

Bildungs- und Ausbildungseinrichtungen (falls nicht in der Gemeinde, Standortangabe)
- Kindergärten bzw. Kinderkrippen
- Grundschulen
- Sonderschulen
- Realschulen
- Gymnasien
- Berufsschule
- Fachoberschule
- Fachhochschule/Universität
- Volkshochschule und sonstige Weiterbildungseinrichtungen

Quantität und Qualität des vorhandenen Einzelhandels- und Dienstleistungsangebotes

Unterbringungsmöglichkeiten in der Gemeinde (Hotels, Gaststätten)
- Bettenzahl
- Preise

12. Wohnsituation/Wohnungsmarkt

Wieviel ha Land werden für neue Wohngebiete erschlossen?

Sind entsprechende Bebauungspläne bereits genehmigt?

Sind Mittel für die Erschließungsmaßnahmen vom Rat der Kommune genehmigt oder bereitgestellt?

Kosten der neu zur Wohnbebauung ausgewiesenen Grundstücke pro qm
- für Einfamilienhäuser
- für Mehrfamilienhäuser

Verfügbarkeit von Mietwohnungen/Eigentumswohnungen in Neubauten in der Gemeinde
- wie viele?
- ab wann?
- zu welchem Quadratmeterpreis?
- in welcher Qualität (Wohnungsausstattung)?

Grund(stücks)erwerbsmöglichkeiten für den Bau von Eigenheimen

Angebot, Qualität und Preis von Miet-/Einfamilienhäusern

13. **Genehmigungsbehörden**

    spezifiziert nach Amtsbezeichnung, Anschrift, Telefon und Telex der zuständigen Gesprächspartner

14. **Öffentliche Finanzierungshilfen und sonstige Fördermaßnahmen**

15. **Steuern**

    Hebesätze Grundsteuer A, Grundsteuer B, Gewerbesteuer

II. **Angaben zum Mikrostandort (Grundstücke)**

1. **Nachweis im Grundbuch**

    - postalisch
    - grundbuchlich
    - katastermäßig

    Fläche des Grundstücks
    - Quadratmeter/Hektar
    - Ist das Grundstück vermessen?

    Eigentümer
    - eingetragener Eigentümer
    - wirklicher Eigentümer
    - Wird das Eigentum bestritten?
    - Ist der Vertrags-Verhandlungspartner zum Verkauf legitimiert (**Vollmacht**)?

    Eingetragene Rechte am Grundstück zugunsten des Eigentümers **oder des jeweiligen** Eigentümers des Grundstücks

    Eingetragene Rechte am Grundstück zugunsten Dritter (z.B. Vorkaufsrechte, Wegerechte, Forstrechte)

    Nicht eingetragene Belastungen
    - rückständige Steuern
    - rückständige Anliegerbeiträge
    - sog. Baulasten (evtl. Baulastenverzeichnis)

    Läuft ein Enteignungsverfahren oder ein Umlegungsverfahren oder sind derartige Verfahren in absehbarer Zeit zu befürchten?

2. Vereinbarungen zum Vertragsabschluß

Rückkaufsrecht

Zum Zeitpunkt der Verhandlung bestehende Miet- und Pachtverträge auf dem Kaufgrundstück
- Mieter oder Pächter
- Laufzeit
- Kündbarkeit
- Mieterschutz
- Miet- oder Pachtzinsvorauszahlungen
- Ist der Eintritt in derartige Verträge beabsichtigt?

Bis wann wird das Grundstück freigemacht (incl. Mieter, Pächter)?

Wer zahlt eine evtl. erforderliche Entschädigung an weichende Mieter oder Pächter?

Ist eine Vertragsstrafe für die nicht rechtzeitige Räumung vereinbart?

Gewährleistung, Haftung

Welche vertraglichen Sicherheiten gewährt der Verkäufer?

Eintragungsbewilligung und -antrag

Auflassung

Gegebenenfalls Auflassungsvormerkung und vom Veräußerer gewünschte Abwicklung

Kaufpreis
- Kaufpreis für das reine Grundstück
- Kaufpreis für zu übernehmende Gegenstände
- Kaufpreis für sonstige zu übernehmende Gegenstände
- Wie ist der Kaufpreis zu entrichten (Notar-Anderkonto)?
- Eventuelle Sicherung der Kaufpreiszahlung

Wer trägt die Nebenkosten des Vertrages?
- Vermessung
- Bodenuntersuchung
- Maklerkosten
- Beurkundungskosten
- Katasterauszüge
- Grundbuchkosten

Rücktrittsrechte

Form von Nebenabreden

3. Eignungsvoruntersuchung

Angaben zur Beschaffenheit des Geländes
(nach Möglichkeit Bodengutachten einschließlich Lageplan über Bohrlöcher)
- Nivellement
- Oberflächenbeschaffenheit

- Bodenbeschaffenheit (Bodenprofil, Bodenarten)
- Geologie (Senkungs-, Pressungs-, Druckzonen, Grundwasserverhältnisse)
- Bodenbelastbarkeit
- Bebaubarkeit
- chemische Zusammensetzung des Grundwassers
- Erfordernis einer Grundwasserführung
- Erfordernis einer Regenwasserführung

Öffentlicher Bebauungsplan oder Flächennutzungsplan betreffend das Grundstück
- Bebaubarkeit
- Art der zugelassenen Nutzung
- Grundflächenzahl
- Geschoßflächenzahl
- Baumassenzahl
- Gebäudehöhe
- Grenzabstand
- Fluchtlinien
- Fenster
- Dispense
- Gliederung des Baugebietes laut Bebauungsplan

Baupolizeiliche Auflagen
- noch nicht erfüllte Auflagen
- zu erwartende Auflagen

Zufahrt/Anbindung
- von öffentlicher Straße
- (Verkehrsbeschränkungen bezüglich Gewicht, Höhe, Breite, LKW's etc.)
- von Bundesbahn (Anschluß)
- über fremdes Grundstück (rechtlich gesichert)
- Beschilderung der Einbahnstraßen
- Abbiegemöglichkeiten
- Einfahrt in Hauptverkehrsstraßen
- Öffentliche Verkehrsmittel
- Bus
- Taxistand

Versorgungs- und Entsorgungsanschlüsse, Kapazität, Kosten
- Wasser
- Elektrizität
- Fernheizung
- Telefon
- Fernschreiber
- Schmutzwasserkanal
- Regenwasserkanal
- Regenwasserrückhaltebecken
- Entwässerung (Oberflächenwasser)

Zu welchem Zeitpunkt kann das Grundstück voll erschlossen sein?

Hat das Grundstück Mängel, z.B. Hanglage, Beschaffenheit des Bodens, Grundwasser, Bomben aus dem letzten Krieg?

Liegen Versorgungsleitungen auf dem Grundstück?
- Welche Leitungen?
- Wo liegen diese Leitungen?
- Können diese verlegt werden?

Art der Nachbarschaft (Industrie, Handwerk, Wohnungen etc.)

Ist mit Belästigungen seitens der Nachbarschaft zu rechnen (Geräusch, Lärm, Geruch, sonstige Emissionen)?

Wie sind die Grenzverhältnisse zu den Nachbargrundstücken (Brandmauern, Grenzabstand etc.)?

Sind Beeinträchtigungen der Bebauung durch langfristige Planungen der Stadt zu erwarten (Baugroßraumplanungen, Straßenbau o.ä.)?

Sonstige Beeinträchtigungen (z.B. Hochwasser, Hochspannungsleitungen)

Ist eine Leuchtschrift zulässig?
- Größe
- Richtung
- Entfernung von der Straße
- Höhe am Gebäude
- Farbe

Entfernung zu Kontaktpunkten (Weg-Zeit-Aufwand)
- zum Bahnhof
- zum Stadtzentrum
- zur nächsten Autobahnauffahrt

Entfernung zu Erholungsgebieten/Parkanlagen

Entfernung zu Sportanlagen
- Art der Anlagen
- Kapazität
- jeweilige Entfernung

Sind Hotels in unmittelbarer Nähe?
- Bettenzahl und Übernachtungspreis (Einzel-/Doppelzimmer)
- Entfernung
- Name des Hotels

Quelle: Siedlungsverband Ruhrkohlenbezirk (Hrsg., 1978).

Literaturverzeichnis

Ameln, R. v. (1990)	Planung, Organisation und Instrumente kommunaler Wirtschaftsförderung, in: Ehlers, D. (Hrsg., 1990), Kommunale Wirtschaftsförderung, Schriftenreihe des Landkreistages Nordrhein-Westfalen, Band 5, Köln.
Asmacher, Chr., Schalk, H.-J., Thoss, R. (1987)	Analyse der Wirkungen regionalpolitischer Instrumente, Beiträge zum Siedlungs- und Wohnungswesen und zur Raumplanung, Bd. 120, Münster.
Bauer, M., Bonny, H.W. (1987)	Flächenbedarf von Industrie und Gewerbe - Bedarfsberechnung nach GIFPRO -, Schriftenreihe Landes- und Stadtentwicklungsforschung des Landes Nordrhein-Westfalen, Materialien, Bd. 4.035, Dortmund.
BauNVO	Verordnung über die bauliche Nutzung der Grundstücke - BauNVO, in der Fassung der Bekanntmachung vom 23. Januar 1990.
Becker, T., Schoop, P. (1991)	Die Entwicklung der Produktion und des Konsums von pflanzlichen Produkten auf dem Gebiet der ehemaligen DDR unter EG-Bedingungen, in: Berichte über Landwirtschaft, Bd. 69 (2), S. 261-287.
Belwe, K. (1991)	Zur Beschäftigungssituation in den neuen Bundesländern. Entwicklung und Perspektiven, in: Aus Politik und Zeitgeschichte, Beilage zur Wochenzeitung "Das Parlament" vom 12.7.1991, S. 27-39.
Bölting, H.M. (Hrsg., 1989)	Der ländliche Raum, Entwicklungen, Konzepte, Instrumente, Festschrift zum 60. Geburtstag von Paul-Helmuth Burberg, Beiträge zum Siedlungs- und Wohnungswesen und zur Raumplanung, Bd. 128, Münster.
Brede, H. (1971)	Bestimmungsfaktoren industrieller Standorte. Eine empirische Untersuchung, Berlin.
Brösse, U. (1982)	Raumordnungspolitik, 2. Auflage, Berlin, New York.
Brümmerhoff, D. (1986)	Finanzwissenschaft, München, Wien, Oldenburg.
Bundesanstalt für Landeskunde und Raumordnung (Hrsg., 1991)	Neue siedlungsstrukturelle Gebietstypen für die Raumbeobachtung, in BfLR-Mitteilungen, 4/1991, S. 1-3.
Burberg, P.-H., Michels, W., Sallandt, P. (1983)	Zielgruppenorientierte kommunale Wirtschaftsförderung. Gutachten im Auftrage der Stadt Münster, Beiträge zum Siedlungs- und Wohnungswesen und zur Raumplanung, Bd. 90, Münster.

Burberg, P.-H., König, M., Tillessen, A. (1988)	Wirtschaft und Arbeitsmarkt 2000 im Kreis Borken, Beiträge zum Siedlungs- und Wohnungswesen und zur Raumplanung, Bd. 121, Münster.
Burberg, P.-H., Siedhoff, K., Wiemers, H. (1990)	Gewässerschutzprogramme für landwirtschaftliche Intensivgebiete. Maßnahmen, Verfahren, Durchführung, Beiträge zum Siedlungs- und Wohnungswesen und zur Raumplanung, Bd. 131, Münster.
Burberg, P.-H. (1991a)	Landwirtschaft und Trinkwasserschutz. Probleme und Lösungswege auf örtlicher und regionaler Ebene, in: Seminarbericht 29 der Gesellschaft für Regionalforschung, S. 13-25.
Burberg, P.-H. (1991b)	Kooperative Gewässerschutzplanung - Eine Lösung für den Konflikt zwischen Landwirtschaft und Gewässerschutz?, in: Gewässerschutz in urbanen und ländlichen Räumen - Bestandsaufnahme, Konzepte und Forschungsfragen am Beispiel der Stadt Münster, Materialien zum Siedlungs- und Wohnungswesen und zur Raumplanung, Bd. 31, Münster, S. 139-145.
Clemens, R., Tengler, H. (1983)	Standortprobleme von Industrieunternehmen in Ballungsräumen. Eine empirische Untersuchung im IHK-Bezirk Dortmund, Dortmund.
Clemens, R., Tengler, H. (1983a)	Der Ballungsraum als Industriestandort. Ergebnisse einer empirischen Erhebung im östlichen Ruhrgebiet, in: Raumforschung und Raumordnung, Heft 5/6, S. 195-202.
Deitmer, I. (1991)	Studie über besondere Aufgaben des Gewässer-, insbesondere Grundwasserschutzes: Landnutzung und Landbewirtschaftung, unveröffentlichtes Manuskript des Institutes für Siedlungs- und Wohnungswesen, Münster.
Deutscher Bundestag (Hrsg., 1990)	Unterrichtung durch die Bundesregierung, Jahresgutachten 1990/91 des Sachverständigenrates zur Begutachtung der gesamtwirtschaftlichen Entwicklung, Bundestagsdrucksache 11/8472.
Deutscher Bundestag (Hrsg., 1991)	20. Rahmenplan der Gemeinschaftsaufgabe "Verbesserung der regionalen Wirtschaftsstruktur" für den Zeitraum 1991 bis 1994 (1995), Bundestagsdrucksache 12/895.
Deutscher Bundestag (Hrsg., 1991a)	Unterrichtung durch die Bundesregierung, Raumordnungsbericht 1991, Bundestagsdrucksache 12/1098.
Deutscher Städtetag (Hrsg., 1990)	Statistisches Jahrbuch Deutscher Gemeinden, Köln.

Deutsches Institut für Wirtschaftsforschung, Institut für Weltwirtschaft (Hrsg., 1991)
: Gesamtwirtschaftliche und unternehmerische Anpassungsprobleme in Ostdeutschland. Zweiter Bericht, in: DIW-Wochenbericht 24/91, 58. Jg. vom 13. Juni 1991.

Döhne, U., Gruber, R. (1976)
: Gebietskategorien, Zentrale Orte, Entwicklungsachsen und Entwicklungsschwerpunkte in den Bundesländern, Schriftenreihe Landes- und Stadtentwicklungsforschung des Landes Nordrhein-Westfalen, Materialien, Bd. 1.009, Dortmund.

Doluschitz, M., Jarosch, J. (1991)
: Entwicklungsmöglichkeiten landwirtschaftlicher Betriebe in den neuen Bundesländern und Konsequenzen für das betriebliche Management, in: Berichte über Landwirtschaft, Bd. 69, S. 325-340.

Ehlers, D. (Hrsg., 1990)
: Kommunale Wirtschaftsförderung, Schriftenreihe des Landkreistages Nordrhein-Westfalen, Band 5, Köln.

Erdmann, G. (1980)
: Die Verhinderung großräumiger Abwanderungen aus strukturschwachen Regionen, Raumordnungsziele zur Bevölkerungsverteilung unter veränderten Rahmenbedingungen, Beiträge zum Siedlungs- und Wohnungswesen und zur Raumplanung, Bd. 66, Münster.

Fassbender, H. J. (1991)
: Erste Gedanken über eine Agrarreform in Deutschland, in: Berichte über Landwirtschaft, Bd. 69, S. 12-37.

Fiedler, J. (1991)
: Das mehrstufige differenzierte Bedienungsmodell, in: Der Landkreis 4/91, S. 162-165.

Finke, L. (1984)
: Umweltpotential als Entwicklungsfaktor der Region, in: Informationen zur Raumentwicklung, Heft 1/2, S. 33-42.

Fördergemeinschaft Integrierter Pflanzenbau (Hrsg., 1987)
: Integrierter Pflanzenbau. Bestandsaufnahme und Vorschläge, Heft 2/87, Bonn.

Fördergemeinschaft Natur- und Kulturraum Lewitz e.V. (o.J.)
: Programmentwurf Fördergemeinschaft Natur- und Kulturraum Lewitz e.V., o.O.

Forschungsinstitut der Friedrich-Ebert-Stiftung, Abt. Wirtschaftspolitik (Hrsg., 1990)
: Arbeitsmarktprobleme und Qualifizierungserfordernisse in den fünf neuen Bundesländern. Eine Tagung der Friedrich-Ebert-Stiftung am 13. Dezember 1990 in Magdeburg, Reihe "Wirtschaftspolitische Diskurse", Nr. 13, Bonn.

Franz, W., Schalk, H.-J. (1989)
: Wie effizient ist die regionale Strukturpolitik?, in: Währungsreform und soziale Marktwirtschaft. Erfahrungen und Perspektiven nach 40 Jahren, Schriften des Vereins für Socialpolitik, N.F. Bd. 190, S. 149-162.

Fürst, D., Zimmermann, K. (1973)	Standortwahl industrieller Unternehmen, Schriftenreihe der Gesellschaft für regionale Strukturentwicklung, Bd. 1, Bonn.
Gesellschaft für Absatzberatung mbH (1991)	Gewerbeflächenplanung im Landkreis Ludwigslust. Eine Untersuchung unter besonderer Berücksichtigung des Standortbereiches B 106/ E 26, erstellt im Auftrag des Landkreises Ludwigslust, Hamburg.
Giesen, K. (1991)	Zur aktuellen Lage und den Perspektiven der Forstwirtschaft in den neuen Bundesländern - Möglichkeiten der Entwicklung bäuerlicher Forstwirtschaft, in: Forstarchiv 1991, Heft 6, S. 253-254.
Görzig, B., Schintke, J., Schmidt, M. (1990)	Produktionsvolumen und -potential, Produktionsfaktoren des Bergbaus und des Verarbeitenden Gewerbes in der Bundesrepublik Deutschland, Statistische Kennziffern, 32. Folge, 1970-1989, Berlin.
Hamburger Weltwirtschaftliches Archiv (Hrsg., 1990)	Wirtschaftsdienst, Nr. 12, 1990, S. 595 ff.
Handelsblatt	Ausgaben vom 26.8.1991, 5.9.1991 und 25.9.1991.
Handschuh, K., Otzen, K. (1990)	Wechsel der Zugpferde, in: Wirtschaftswoche, Nr. 1/2 vom 5.1.1990, S. 26-41.
Hartz, L. (1990)	Einsatz privatrechtlicher Instrumente zur Erfüllung öffentlicher Aufgaben in der ehemaligen DDR. Gutachten im Auftrag des Bundesministers für Umwelt, Naturschutz und Reaktorsicherheit, Meckenheim.
Heinze, G.W., Herbst, D. (1982)	Verkehr im ländlichen Raum, Akademie für Raumforschung und Landesplanung, Abhandlungen, Bd. 82, Hannover.
Henckel, D. (1989)	Die räumliche Verteilung von Unternehmen der Biotechnik und der Informationstechnik, in: Informationen zur Raumentwicklung, Heft 4, S. 237-244.
Henrichsmeyer, W. (1991)	Vernachlässigte Aspekte des agrarwirtschaftlichen Strukturwandels in den neuen Bundesländern, in: Agrarwirtschaft, 40. Jg., Heft 3, S. 65 ff.
Heuer, H. (1985)	Instrumente kommunaler Gewerbepolitik, Stuttgart 1985.
Holst, E. (1990)	Die Zukunft selbst gestalten: Beschäftigungs- und Qualifizierungsgesellschaften in der Phase der wirtschaftlichen Neuordnung, Forschungsinstitut der Friedrich-Ebert-Stiftung, Abt. Wirtschaftspolitik (Hrsg.), Reihe "Wirtschaftspolitische Diskurse", Nr. 11, Bonn.

Hoppe, H.,
Berens,
(1987)

Planerische Entscheidungshilfen in der Dorferneuerung für ländliche Gemeinden, Vortrag, gehalten auf dem 597. Lehrgang des Landesverbandes Nordrhein-Westfalen des Volksheimstättenwerkes am 1.9.1987, Bonn.

Hoppe, E.
(1990)

Die Wirtschaftsförderung der Kommunen im Verhältnis zu den Zielen der Raumordnung und Landesplanung, in: Ehlers, D. (Hrsg., 1990), Kommunale Wirtschaftsförderung, Schriftenreihe des Landkreistages Nordrhein-Westfalen, Band 5, Köln.

Hottes, K.,
Kersting, H.
(1977)

Der industrielle Flächenbedarf - Grundlagen und Meßzahlen zu seiner Ermittlung, in: Siedlungsverband Ruhrkohlenbezirk (Hrsg.), Konzeption zur Industrieansiedlung. Ansätze einer Neuorientierung in der Wirtschaftsförderung, Essen.

Industrie- und Handelskammer zu Schwerin
(o.J.)

Verkehrswegekonzept der IHK zu Schwerin, Schwerin.

Industrie- und Handelskammer zu Schwerin
(1991)

Förderhandbuch. Kurzinformation zu Förderprogrammen, Investitionshilfen und Besicherungsbürgschaften für das Land Mecklenburg-Vorpommern. Stand April 1991, Schwerin.

Institut für angewandte Wirtschaftsforschung
(Hrsg., 1990)

Wirtschaftsreport. Daten und Fakten zur wirtschaftlichen Lage Ostdeutschlands, Berlin.

Institut für Arbeitsmarkt- und Berufsforschung der Bundesanstalt für Arbeit
(Hrsg., 1990)

Qualifizierung in den neuen Bundesländern - Hintergründe, Tendenzen, Folgerungen, Materialien aus der Arbeitsmarkt- und Berufsforschung, Nr. 7.

Institut für Wirtschaftsforschung
(1990)

Ifo-Schnelldienst, 3/91.

Isermeyer, F.
(1991)

Umstrukturierung der Landwirtschaft in den neuen Bundesländern, in: Agrarwirtschaft 40, Heft 10, S. 294-305.

IWD-Nachrichten
(1991)

Ausgabe Nr. 18 vom 2.5.1991, S. 2 ff.

Karrenberg, H.,
Münstermann, E.
(1991)

Gemeindefinanzbericht 1991, in: Der Städtetag, Heft 2, S. 80-140.

Kaule, G.
(1986)

Arten- und Biotopschutz, Stuttgart.

Klauder, W.,
Kühlewind, G.
(1991)

Arbeitsmarkttendenzen und Arbeitsmarktpolitik in den neunziger Jahren, in: Aus Politik und Zeitgeschichte, Beilage zur Wochenzeitung "Das Parlament" vom 16.8.1991, S. 3-13.

Klausing, L. (1988)	Differenzierte Flächennachfrage des Verarbeitenden Gewerbes, Beiträge zum Siedlungs- und Wohnungswesen und zur Raumplanung, Bd. 123, Münster.
Kleinschneider, H. (1983)	Zur Koordination von regionaler Wirtschaftsförderung und Berufsbildungspolitik. Eine theoretische Analyse und empirische Überprüfung am Beispiel des Kreises Borken/Westf., Beiträge zum Siedlungs- und Wohnungswesen und zur Raumplanung, Bd. 86, Münster.
Kleinschneider, H. (1989)	Grundsätze kommunaler Wirtschaftsförderung, in: Bölting, H. M. (Hrsg., 1989): Der ländliche Raum, Entwicklungen, Konzepte, Instrumente, Festschrift zum 60. Geburtstag von Paul-Helmuth Burberg, Beiträge zum Siedlungs- und Wohnungswesen und zur Raumplanung, Bd. 128, Münster.
Koch, T. P. (1990)	Landschaftsgestaltung durch Biotopverbund, in: Raumforschung und Raumordnung, Heft 2/3, S. 96-105.
Kommission der Europäischen Gemeinschaften (Hrsg., 1991)	Die Lage der Landwirtschaft in der Gemeinschaft. Bericht 1990, Brüssel, Luxemburg.
Läpple, D. (1989)	Neue Technologien in räumlicher Perspektive, in: Informationen zur Raumentwicklung, Heft 4, S. 213-226.
Lammers, K., Soltwedel, R. (1987)	Verbesserung der Ansiedlungsbedingungen für Unternehmen in Schleswig-Holstein, Kieler Diskussionsbeiträge, Heft 127, Kiel.
Landkreis Hagenow (Hrsg., 1991)	Der Landkreis Hagenow, Hagenow.
Landkreis Hagenow (Hrsg., 1991a)	Verkehrskonzept für den Landkreis Hagenow. 1991-1995. Stand September 1991, Hagenow.
Leimbach, A. (1991)	Unternehmensübernahmen im Wege des Management-Buy-Outs in der Bundesrepublik, in: Schmalenbachs Zeitschrift für betriebswirtschaftliche Forschung, Heft 5, S. 450-463.
Lohkamp-Himmighofen, M. (1990)	Erwerbschancen und Arbeitsbedingungen der ländlichen Bevölkerung. - Ansatzpunkte für beschäftigungspolitische Maßnahmen, Schriftenreihe der Forschungsgesellschaft für Agrarpolitik und Agrarsoziologie, Bonn.
Lüder, K., Küpper, W. (1983)	Unternehmerische Standortplanung und regionale Wirtschaftsförderung, Göttingen.
Maier, F. (1991)	Wirtschaftsförderung. Die Konkurrenz wird härter, in: Industriemagazin, Heft Juli, S. 84-94.

Maurer, R., Sander, B., Schmidt, K.-D. (1991)	Privatisierung in Ostdeutschland - Zur Arbeit der Treuhandanstalt, in: Die Weltwirtschaft, Heft 1, S. 45-66.
Norddeutsche Zeitung	Ausgabe vom 18.6.1991
Ostwald, W. (Hrsg., 1990)	Raumordnungsreport '90. Daten und Fakten zur Lage in den ostdeutschen Ländern, Berlin.
o.V. (1989)	Energieeinsparung oberstes Gebot, in: Der Landkreis, Heft 10, S. 474-475.
o.V. (1989a)	Trends der neunziger Jahre, in: High-Tech, Nr. 12, S. 58-73.
o.V. (1990)	Wohnqualität in der DDR, in: Der Landkreis, Heft 3, S. 135.
o.V. (1991)	Ein Wirtschaftssektor mit Zukunft. Die Genossenschaften in der Bundesrepublik Deutschland, in: Die Wohnungswirtschaft, 6/1991, S. 288-292.
Peschel, K. (1990)	Entwicklungsmöglichkeiten eines künftigen Landes Mecklenburg-Vorpommern aus westdeutscher Sicht, in: Raumforschung und Raumordnung, Heft 4-5, S. 250-259.
Preibisch, W. (1990)	Regelungen zum Wohnungs- und Bauwesen, in: Bundesbaublatt, Heft 11, S. 608-615.
RaumordnungsG	Raumordnungsgesetz in der Fassung der Bekanntmachung vom 19.7.1989.
Rheinisch-Westfälisches Institut für Wirtschaftsforschung (1989)	Analyse der strukturellen Entwicklung der deutschen Wirtschaft - RWI-Strukturberichterstattung -. Schwerpunktthema 1988: Standort der Bundesrepublik Deutschland und Veränderung der Standortfaktoren im sektoralen Strukturwandel, Gutachten im Auftrag des Bundesministers für Wirtschaft, Essen.
Roth, U. (1980)	Wechselwirkungen zwischen der Siedlungsstruktur und Wärmeversorgungssystemen, Bundesminister für Raumordnung, Bauwesen und Städtebau (Hrsg.), Reihe "Raumordnung", Bd. 06.044, Bonn.
Riechmann, V. (1991)	Kommunale Energieversorgung - Aspekte im Spannungsfeld zwischen Kosten, Wettbewerb und Ökologie, in: Der Städtetag, 3/91, S. 241-245.
Rudolph, H. (1990)	Beschäftigungsstrukturen in der DDR vor der Wende. Eine Typisierung von Kreisen und Arbeitsämtern, in: Mitteilungen aus der Arbeitsmarkt- und Berufsforschung, 23. Jg., Heft 4, S. 474-503.
Sachs, W., (1984)	Energiepolitik "Initiativen von unten" in den USA. Global denken, lokal handeln, in: Informationen zur Raumentwicklung, Heft 1/2, 1984, S. 105-120.

Sachse, D., (1990) — Kriterien unternehmerischer Standortwahl, in: Ehlers, D. (Hrsg.), Kommunale Wirtschaftsförderung, Schriftenreihe des Landkreistages Nordrhein-Westfalen, Bd. 5, Köln 1990, S. 39-51.

Schmitt, G. (1991) — Die Zukunft gehört den größeren Familienbetrieben, in: Handelsblatt vom 31.5./1.6.1991.

Schober, K. (1991) — Viel nachzuholen in der Ausbildung Ost '91. Umfang und Struktur der Berufsbildungswünsche Jugendlicher in den neuen Bundesländern, in: Soziale Sicherheit, Heft 8/9, S. 234-236.

Schumpeter, J.A. (1975) — Kapitalismus, Sozialismus und Demokratie, 4. Auflage, München.

Schwarze, J. (1981) — Grundlagen der Statistik, Beschreibende Verfahren, Herne, Berlin.

Schweriner Volkszeitung (1991) — Ausgabe vom 4.7.1991.

Siedlungsverband Ruhrkohlenbezirk (Hrsg., 1978) — Zielgruppe: Investoren. Kommunale Ansiedlungswerbung im Ruhrgebiet, Essen.

Siepmann, U. (1991) — Sanierung ostdeutscher Betriebe: Ansätze und Erfolgsbedingungen, in: List-Forum für Wirtschafts- und Finanzpolitik, Bd. 17, Heft 1, S. 1-8.

Stadt Essen, Amt für Wirtschaftsförderung (Hrsg., 1985) — Flächenrecycling in Essen, Essen.

Stark, K. D., Velsinger, P., Bauer, M., Bonny, H. W., Kricke, J., Schwetlick, D., Striedl, H.-D. (1981) — Flächenbedarfsberechnung für Gewerbe- und Industrieansiedlungsbereiche - GIFPRO -, Schriftenreihe Landes- und Stadtentwicklungsforschung des Landes Nordrhein-Westfalen, Materialien, Bd. 4.029, Dortmund.

Statistisches Bezirksamt Neubrandenburg (1990) — Statistisches Jahrbuch des Bezirkes Neubrandenburg, 1990, Neubrandenburg 1990.

Statistisches Bezirksamt Rostock (1990) — Statistisches Jahrbuch. Bezirk Rostock 1989, Rostock.

Statistisches Bezirksamt Schwerin (1990) — Statistisches Jahrbuch 1990. Bezirk Schwerin, Schwerin.

Statistisches Bundesamt (Hrsg.,1990) — Statististisches Jahrbuch 1990 für die Bundesrepublik Deutschland, Stuttgart.

Statistisches Bundesamt (Hrsg., 1990a)
Volkswirtschaftliche Gesamtrechnungen, Fachserie 18, Reihe 1.3, Konten und Standardtabellen 1989, Hauptbericht, Stuttgart.

Statistisches Landesamt Mecklenburg-Vorpommern (1991)
Statistische Monatshefte Mecklenburg-Vorpommern, Hefte Februar und März, Schwerin.

Statistisches Landesamt Mecklenburg-Vorpommern (o.J.)
Ausgewählte Daten zur Bevölkerung und zum Wohnungsbestand der Gemeinden in Mecklenburg-Vorpommern, Schwerin.

Steffen, G. (1991)
Schwerpunkte betriebswirtschaftlicher Arbeit bei der Umstrukturierung landwirtschaftlicher Unternehmen in den neuen Bundesländern, in: Agrarwirtschaft, Jg. 40, Heft 6, S. 165 ff.

Stoffel, J. (1989)
Handlungsmöglichkeiten zur Stärkung der Zentrenstruktur in polyzentrischen Verdichtungsräumen, Reihe Regional- und Landesplanung der Universität Kaiserslautern, Werkstattbericht Nr. 15, Kaiserslautern.

Stromthemen (1991)
Erste neue Stadtwerke in Ostdeutschland, Heft 5, S. 3.

Tessaring, M. (1991)
Tendenzen des Qualifikationsbedarfs in der Bundesrepublik Deutschland bis zum Jahre 2010. Implikationen der IAB/Prognos-Projektion 1989 für die Qualifikationsstruktur der Arbeitsplätze in Westdeutschland, in: Mitteilungen aus der Arbeitsmarkt- und Berufsforschung, 24. Jg., Heft 1, S. 45-62.

Thoss, R., Kleinschneider, H. (1982)
Arbeitsmarktanalyse und -prognose für den Kreis Borken/Westfalen, Beiträge zum Siedlungs- und Wohnungswesen und zur Raumplanung, Bd. 81, Münster.

Thoss, R. (1983)
Qualitatives Wachstum in den Raumordnungsregionen der Bundesrepublik Deutschland, in: Gleichwertige Lebensbedingungen durch eine Raumordnungspolitik des mittleren Weges, Veröffentlichungen der Akademie für Raumforschung und Landesplanung, Forschungs- und Sitzungsberichte, Bd. 140, Hannover, S. 1-24.

Thoss, R. (1984)
Potentialfaktoren als Chance selbstverantworteter Entwicklung der Regionen, in: Informationen zur Raumentwicklung, Heft 1/2, S. 21-27.

Thoss, R., Michels, W. (1985)
Räumliche Unterschiede der Lebensbedingungen in Nordrhein-Westfalen, gemessen anhand von Indikatoren des Beirats für Raumordnung, in: Funktionsräumliche Arbeitsteilung und Ausgeglichene Funktionsräume in Nordrhein-Westfalen, Veröffentlichungen der Akademie für Raumforschung und Landesplanung, Forschungs- und Sitzungsberichte, Bd. 163, Hannover, S. 73-97.

Treuhandanstalt (Hrsg.) (1991)	Offizielles Firmenverzeichnis der Treuhandanstalt, Berlin.
Türke, K. (1984)	Zum Entwicklungsstand räumlicher Informationssysteme, in: Informationen zur Raumentwicklung, Heft 3/4, S. 195-206.
Unternehmensberatung Vallendor (1991)	Durchführbarkeitsstudie zur Gründung einer Hafentransport- und Verlade-GmbH, Manuskript.
Verkehrsforum Bahn e.V. (Hrsg., 1991)	Güterverkehrszentren, Neukonzeption und Handlungsbedarf, Bonn.
Volkert, B. (1990)	Der Diffusionsprozeß der neuen Biotechnologien steht noch am Anfang, in: Raumforschung und Raumordnung, Heft 2/3, S. 109-116.
WEMAG (Hrsg., 1991)	WEMAG-Kontakte, Ausgabe Juli 1991.
Wendling, W. (1990)	Sicherung ökologischer Vorranggebiete im Grenzbereich zwischen Schleswig-Holstein und Mecklenburg-Vorpommern, in: Raumforschung und Raumordnung, Heft 2/3, S. 101-105.
Wicke, U. (1989)	Umweltökonomie, München.
Wirtschaft aktuell	Ausgabe vom Juni 1991, Borken.
Wirtschaften heute	Ausgabe vom Januar 1992.
Wirtschaftsförderungsgesellschaft für den Landkreis Ludwigslust (1991)	Gesellschaftsvertrag der Wirtschaftsförderungsgesellschaft für den Landkreis Ludwigslust mit beschränkter Haftung, o.O.

SCHRIFTENREIHEN

des Instituts für Siedlungs- und Wohnungswesen
der Universität Münster (SW)
und
des Zentralinstituts für Raumplanung
an der Universität Münster (ZIR)

Die beiden Institute geben gemeinsam drei Schriftenreihen heraus. In der Schriftenreihe BEITRÄGE ZUM SIEDLUNGS- UND WOHNUNGSWESEN UND ZUR RAUMPLANUNG werden Ergebnisse von wissenschaftlichen Untersuchungen, in der Schriftenreihe MATERIALIEN ZUM SIEDLUNGS- UND WOHNUNGSWESEN UND ZUR RAUMPLANUNG Ergebnisse von wissenschaftlichen Veranstaltungen und kleinere Beiträge aus den beiden Instituten veröffentlicht. In der Schriftenreihe MÜNSTERANER WOHNUNGSWIRTSCHAFTLICHE GESPRÄCHE werden die Vorträge und Ergebnisse der gleichnamigen Veranstaltungen des Instituts für Siedlungs- und Wohnungswesen dokumentiert.

Vertrieb: Institut für Siedlungs- und Wohnungswesen der Westfälischen
Wilhelms-Universität Münster, Am Stadtgraben 9, 4400 Münster,
Tel.: (02 51) 83-29 69, 83-29 71

Ein Gesamtverzeichnis der Veröffentlichungen ist beim Institut für Siedlungs- und Wohnungswesen erhältlich.

Die Bände der Schriftenreihen können in der Präsenzbibliothek des Instituts für Siedlungs- und Wohnungswesen, des Zentralinstituts für Raumplanung und in den meisten Universitätsbibliotheken der Bundesrepublik Deutschland eingesehen werden.

BEITRÄGE
zum Siedlungs- und Wohnungswesen und zur Raumplanung

Seit 1988 sind folgende Bände erschienen:

Band 121 (SW)	Paul-Helmuth Burberg / Michael König / Achim Tillessen
	Wirtschaft und Arbeitsmarkt 2000 im Kreis Borken
	Münster 1988, XIII und 194 Seiten, DM 38,–
	ISBN 3-88497-076-3
Band 122 (ZIR)	Wolfgang Appold
	Freiraumschutz durch räumliche Planung. Rechtliche Möglichkeiten eines landesplanerischen Gesamtkonzepts
	Münster 1988, XVI und 142 Seiten, DM 32,–
	ISBN 3-88497-077-1
Band 123 (SW)	Lothar Klausing
	Differenzierte Flächennachfrage des Verarbeitenden Gewerbes
	Münster 1988, X und 83 Seiten, DM 25,–
	ISBN 3-88497-078-X

Band 124 (ZIR)   Uwe Folkerts
Raumordnungsziele im Ländervergleich. Eine rechtliche Untersuchung anhand von Raumordnungsplänen in Bayern, Nordrhein-Westfalen und Schleswig-Holstein
Münster 1988, XVI und 201 Seiten, DM 38,—
ISBN 3-88497-079-8

Band 125 (ZIR)   Marten Pfeifer
Der Grundsatz der Konfliktbewältigung in der Bauleitplanung. Das Verhältnis der Bauleitplanung zu nachfolgenden Genehmigungsverfahren
Münster 1989, XI und 220 Seiten, DM 45,—
ISBN 3-88497-080-1

Band 126 (ZIR)   Gerald Brummund
Die Grundsätze der Raumordnung. Überlegungen zur Neufassung des § 2 Abs. 1 ROG
Münster 1989, VIII und 155 Seiten, — v e r g r i f f e n —
ISBN 3-88497-081-X

Band 127 (ZIR)   Gerald Püchel
Die materiell-rechtlichen Anforderungen der EG-Richtlinie zur Umweltverträglichkeitsprüfung. Eine Untersuchung der Auswirkungen auf die Zulassungen gemäß §§ 4 ff. BImSchG und §§ 17 ff. FernStrG
Münster 1989, XVIII und 210 Seiten, — v e r g r i f f e n —
ISBN 3-88497-082-8

Band 128 (SW)   Horst Max Bölting (Hrsg.)
Der ländliche Raum. Entwicklungen, Konzepte, Instrumente
Festschrift zum 60. Geburtstag von Paul-Helmuth Burberg
Münster 1989, VIII und 188 Seiten, DM 39,—
ISBN 3-88497-083-6

Band 129 (SW)   Christoph Asmacher
Regionale Strukturpolitik in der Bundesrepublik Deutschland: Wirkungsweise und zielkonforme Gestaltung
Münster 1989, XIII und 210 Seiten, DM 35,—
ISBN 3-88497-085-2

Band 130 (ZIR)   Marten Pfeifer
Landschaftsplanung und Bauleitplanung
Münster 1989, XIII und 102 Seiten, DM 28,—
ISBN 3-88497-087-9

Band 131 (SW)   Paul-Helmuth Burberg/Klaus Siedhoff/Hildegard Wiemers
Gewässerschutzprogramme für landwirtschaftliche Intensivgebiete. Maßnahmen, Verfahren, Durchführung
Münster 1990, IX und 164 Seiten, DM 35,—
ISBN 3-88497-088-7

Band 132 (ZIR)	Jörg Wagner Die Harmonisierung der Raumordnungsklauseln in den Gesetzen der Fachplanung Münster 1990, XVI und 200 Seiten, DM 38,— ISBN 3-88497-090-9
Band 133 (ZIR)	Werner Hoppe / Wolfgang Appold (Hrsg.) Umweltschutz in der Raumplanung Symposium aus Anlaß des 25jährigen Bestehens des Zentralinstituts für Raumplanung Münster 1990, VIII und 171 Seiten, DM 28,— ISBN 3-88497-091-7
Band 134 (ZIR)	Andrea Brigitte Menke Das kommunale Mitwirkungsverbot bei der Bauleitplanung Münster 1990, XVII und 237 Seiten, DM 39,— ISBN 3-88497-092-5
Band 135 (ZIR)	Jörg Wagner Die planbezogene Umweltverträglichkeitsprüfung nach dem Entwurf der EG-Richtlinie „Fauna, Flora, Habitat" Zur Fortentwicklung des deutschen Umwelt- und Planungsrechts Münster 1990, XV und 122 Seiten, DM 26,— ISBN 3-88497-093-3
Band 136 (ZIR)	Gerhard Molkenbur Gemeinschaftsrecht und Normenharmonisierung im Baurecht Zur Umsetzung der EG-Bauproduktenrichtlinie (89 / 106 / EWG) Münster 1991, XX und 248 Seiten, DM 40,— ISBN 3-88497-096-8
Band 137 (ZIR)	Klaus-Günther Hahn Das Recht der Landschaftsplanung Bestandsaufnahme, Würdigung und Fortentwicklungsmöglichkeiten Münster 1991, XXI und 358 Seiten, DM 48,— ISBN 3-88497-097-6
Band 138 (SW)	Ingo Deitmer / Hans Joachim Schalk Nordrhein-Westfalen im Binnenmarkt — Analyse der Struktureffekte — Münster 1991, X und 105 Seiten, DM 25,— ISBN 3-88497-099-2
Band 139 (ZIR)	Lieselotte Schlarmann Die Alternativenprüfung im Planungsrecht Münster, 1991, XIV und 178 Seiten, DM 34,— ISBN 3-88497-100-X

Band 140 (ZIR)	Winfried Haneklaus Regionalpolitik in der Europäischen Gemeinschaft Ziele, Kompetenzen und Instrumente von Gemeinschaft, Bund und Ländern nach Inkrafttreten der Einheitlichen Europäischen Akte Münster 1991, XVII und 229 Seiten, DM 38,— ISBN 3-88497-101-8
Band 141 (ZIR)	Susan Wickrath Bürgerbeteiligung im Recht der Raumordnung und Landesplanung Münster 1992, XX und 218 Seiten, DM 38,— ISBN 3-88497-103-4
Band 142 (ZIR)	Christian Bönker Umweltstandards in Verwaltungsvorschriften Münster 1992, XX und 246 Seiten, DM 44,— ISBN 3-88497-104-2
Band 143 (ZIR)	Ralf Peter Niermann Betriebsplan und Planfeststellung im Bergrecht Münster 1992, XXIII und 293 Seiten, DM 46,— ISBN 3-88497-105-0
Band 144 (SW)	Paul-Helmuth Burberg (Hrsg.) Strukturelle Entwicklung und Wirtschaftspolitik Rainer Thoss zum 60. Geburtstag Münster 1992, XII und 390 Seiten, DM 40,— ISBN 3-88497-106-9
Band 145 (SW)	Paul-Helmuth Burberg / Thomas Multhaup / Michael Wolf Aktionsprogramm Kommunale Wirtschaftsförderung für die Region Ludwigslust / Hagenow Münster 1992, XIV und 208 Seiten, DM 38,— ISBN 3-88497-107-7

MATERIALIEN
zum Siedlungs- und Wohnungswesen und zur Raumplanung

Seit 1985 sind erschienen:

Band 28 (SW)
Rückzug des Staates aus der Wohnungspolitik?
Mit Beiträgen von Johann Eekhoff, Theodor Paul, Egon K.-H. Preißler und Peter Sallandt
Münster 1985, VII und 73 Seiten, DM 12,—
ISBN 3-88497-053-4

Band 29 (SW)
Wohnungsleerstände — Was tun?
Mit Beiträgen von Rainer Thoss, Hans Pohl, Rolf Kornemann und Jürgen H. B. Heuer
Münster 1986, 85 Seiten, DM 16,—
ISBN 3-88497-060-7

Band 30 (SW)
Reintegration belasteter Flächen. Wohnungswirtschaftliche und städtebauliche Probleme und Perspektiven der Altlastenbewältigung
Mit Beiträgen von Rainer Thoss, Egon K.-H. Preißler, Jürgen Hachen, Hans-Jürgen Papier, Wolfgang Zwafelink und einem Diskussionsbericht von Hildegard Wiemers
Münster 1987, 58 Seiten, — v e r g r i f f e n —
ISBN 3-88497-070-4

Band 31 (SW)
Gewässerschutz in urbanen und ländlichen Räumen — Bestandsaufnahme, Konzepte und Forschungsfragen am Beispiel der Stadt Münster
Mit Beiträgen von Paul-Helmuth Burberg, Ulrich Otto, Eckehard P. Löhnert, Lutz Hirschmann, Martin Meschenmoser und Norbert Kaschek, Hermann Gaupels, Karl Cammann und Jürgen Sander, Klaus Siedhoff, Johannes Gerhard Foppe, Hermann Kühn, Ulrich Streit und Johann Frahm.
Münster 1991, 150 Seiten, DM 25,—
ISBN 3-88497-098-4

MÜNSTERANER WOHNUNGSWIRTSCHAFTLICHE GESPRÄCHE

Band 1
(SW)

Wohnungswirtschaft ohne Grenzen — Chancen und Risiken nach 1992 —
Mit Beiträgen von Ludwig Trippen, Lujo Tončić-Sorinj, Jürgen Steinert, Karlheinz Zachmann, Günther Herion, Leo Müllender, Volkher Kerl und einem Diskussionsbericht von Hubertus Mehring
Münster 1989, 122 Seiten, DM 40,—
ISBN 3-88497-086-0

Band 2
(SW)

Wohnungswirtschaft ohne Grenzen
— Neue Perspektiven für NRW und seine Regionen? —
Mit Beiträgen von Reinhard Thomalla, Hans Joachim Schalk/Ingo Deitmer/Hubertus Mehring, Herwig Birg, Hans Hämmerlein, Hanns W. Große-Wilde, Horst F. Knickenberg
Münster 1990, 65 Seiten, DM 25,—
ISBN 3-88497-095-X

Band 3
(SW)

Wohnungswirtschaft ohne Grenzen
— Der deutsche Wohnungs- und Kapitalmarkt in den 90er Jahren —
Mit Beiträgen von Hubertus Mehring, Bernd Bartholmai, Jürgen Steinert, Wolf-Albrecht Prautzsch, Hans H. Nachtkamp
Münster 1991, VII und 73 Seiten, DM 25,—
ISBN 3-88497-102-6